工程质量提升与管理创新系列丛书
建筑与市政工程施工现场专业人员能力提升培训教材

资料管理
（资料员适用）

中国建筑业协会　组织编写

江西昌南建设集团有限公司　主　编

中国建筑工业出版社

图书在版编目（CIP）数据

资料管理 ：资料员适用 / 中国建筑业协会组织编写 ；江西昌南建设集团有限公司主编. -- 北京 ：中国建筑工业出版社，2025. 7. --（工程质量提升与管理创新系列丛书）（建筑与市政工程施工现场专业人员能力提升培训教材）. -- ISBN 978-7-112-31251-1

Ⅰ. G275.3

中国国家版本馆CIP数据核字第20251VA742号

本书立足于建筑工程资料管理的实际需求，结合国家最新标准、行业数字化转型趋势以及典型项目案例，系统梳理资料管理人员的核心能力框架。内容涵盖工程准备阶段文件、施工过程记录、竣工验收资料及归档管理，具体包括土建、给水排水、电气、通风空调等专业资料的分类与编制要求。本书面向建筑工程资料员、施工技术人员、监理人员及职业院校师生，既可作为岗位培训教材，亦可作为日常工作的速查手册。

策划编辑：高延伟　李　杰　葛又畅
责任编辑：李　慧　李　杰　葛又畅
责任校对：党　蕾

工程质量提升与管理创新系列丛书
建筑与市政工程施工现场专业人员能力提升培训教材
资料管理
（资料员适用）
中国建筑业协会　组织编写
江西昌南建设集团有限公司　主　编

*

中国建筑工业出版社出版、发行（北京海淀三里河路9号）
各地新华书店、建筑书店经销
北京鸿文瀚海文化传媒有限公司制版
北京圣夫亚美印刷有限公司印刷

*

开本：787毫米×1092毫米　1/16　印张：16½　字数：323千字
2025年8月第一版　2025年8月第一次印刷
定价：**72.00**元

ISBN 978-7-112-31251-1
（45282）

　　建筑与市政工程施工现场专业人员（以下简称施工现场专业人员）是工程建设项目现场技术和管理关键岗位的重要专业技术人员，其人员素质和能力直接影响工程质量和安全生产，是保障工程安全和质量的重要因素。为进一步完善施工现场专业人员能力体系，提高工程施工效率，切实保证工程质量，中国建筑业协会、中国建筑工业出版社联合组织行业龙头企业、地方学协会等共同编写了本套丛书，按岗位编写，共18个分册。为了高质量编写好本套丛书，成立了编写委员会，从2022年8月启动，先后组织了四次编写和审定会议，大家集思广益，几易其稿，力争内容适度，技术新颖，观点明确，符合施工现场专业技术人员能力提升需要。

　　各分册包括基础篇、提升篇和创新篇等内容。其中，基础篇介绍了岗位人员基本素养及工作流程，描述了本岗位应知、应会的知识；提升篇聚焦工作中常见的、易忽略的重（难）点问题，提出了前置防范措施和问题发生后的解决方案，实际指导施工现场工作；创新篇围绕工业化、数字化、绿色化等行业发展方向，展示了本岗位领域较为成熟、经济适用且推广价值高的创新应用。整套教材突出实用性和适用性，力求反映施工一线对施工现场专业人员的能力要求。在编写和出版形式上，对重要的知识难点或核心知识点，采用图文并茂的方式来呈现，方便读者学习和阅读，提高本套丛书的可读性和趣味性。

　　期望本套丛书的出版，能促进从业人员能力素质提升，助力住房和城乡建设事业实现高质量发展。编写过程中，难免有不足之处，敬请各培训机构、教师和广大学员，多提宝贵意见，以便进一步修订完善。

前言

在建筑工程领域，资料管理是贯穿项目全生命周期的重要环节。随着行业标准的不断更新、施工技术的快速发展，以及信息化管理的深入推进，资料员的角色已从传统的"文件整理者"逐步转变为"工程信息管理的核心枢纽"。为适应这一变化，本书以提升资料员的核心能力为目标，整合行业最新规范、实践经验和数字化工具，旨在为从业者提供系统化、实用化的学习资源。

一、本书的编写背景与意义

近年来，国家陆续更新了资料管理的相关规范标准，对工程资料的完整性、规范性和时效性提出了更高要求。与此同时，建筑工程规模扩大、技术复杂度提升，资料管理需覆盖土建、机电、安全、监理等多个专业协同，这对资料员的专业素养和综合能力提出了全新挑战。本书立足于建筑工程资料管理的实际需求，结合国家最新标准、行业数字化转型趋势以及典型项目案例，系统梳理资料员的核心能力框架。

二、本书的核心内容与特色

1.全流程覆盖，强化实操性

本书内容涵盖工程准备阶段文件、施工过程记录、竣工验收资料及归档管理，具体包括土建、给水排水、电气、通风空调等专业资料的分类与编制要求。例如，施工试验记录、隐蔽工程验收、竣工图绘制等关键环节均配有标准化表格填写范例。

2.融入数字化管理技术

针对工程档案数字化需求，本书专设章节讲解档案管理数字化技术（符合《电子文件归档与电子档案管理规范》GB/T 18894—2016）、档案数字化工作流程及工程资料专业管理软件的应用。

3.工程资料管理难点解析

针对竣工验收阶段的资料收集难点，剖析质量验收规范、备案流程及常见问题解决方案，以经典案例与问答相结合的形式，帮助从业者从"被动应对"转向"主动预防"。

三、适用对象与学习建议

本书面向建筑工程资料管理人员、施工技术人员、监理人员及职业院校师生，既可作为岗位培训教材，亦可作为日常工作的速查手册。

四、致谢与展望

本书的编写得到了多位行业专家、学者及一线工作者的支持，随着建筑工程领域的不断发展，对于资料管理的要求也在不断变化，书中难免存在不足之处，欢迎广大读者提出宝贵意见和建议（反馈邮箱：924891151@qq.com），以便我们不断完善和改进。

愿本书能成为广大建筑工程资料员的得力助手，为提升行业资料管理水平贡献一份力量。

目录

基础篇

提升篇

创 新 篇

基础篇

第1章 基本素养

资料员是负责资料的编制、收集、整理、档案管理等内业管理工作的专业技术人员，他们需要通过国家相关部门组织的岗位资格测试，取得相应的证书后方能担任相关岗位的工作。

资料员的工作是一项集工程建设管理和档案资料管理于一体的复合型工作，他们必须掌握一定的工程管理和档案管理知识，具备良好的沟通和协调能力、较强的文字组织能力和熟练操作计算机相关应用软件的能力，还要有良好的职业道德素质、丰富的经验和较强的责任心。

1.1 统一要求

资料员是施工企业项目现场主要管理人员之一。建设工程的质量首先反映在建筑物的实体质量上，即所谓的硬件；其次还反映在该项工程技术资料的质量上，即所谓的软件。这些资料的形成，主要是靠资料员来收集、整理、编制成册，因此，资料员在施工过程中担负着十分重要的责任。

要当好资料员，除了本身要有认真、负责的工作态度外，还必须在职业资格、岗位基本能力、组织管理能力、专业技术能力、职业道德、学习能力等方面满足工程建设管理的需要。资料员的统一要求详见表1-1-1。

资料员的统一要求 表 1-1-1

项次	分类	主要要求
1	职业资格	取得资料员岗位证书的从业人员
2	岗位基本能力	（1）具有语言表达和沟通能力； （2）具有文字组织与编辑能力； （3）具有计算机软件应用能力； （4）具有获取信息与学习提升能力； （5）具有归纳整理与改进创新能力等
3	组织管理能力	（1）具有协调与合作能力； （2）具有分析与决策能力；

续表

3	组织管理能力	（3）具有计划与执行能力； （4）具有指挥与控制能力等
4	专业技术能力	（1）熟练掌握建筑识图、建筑构造、建筑材料、施工工艺与施工组织管理等工程技术知识； （2）具备独立完成工程建设全过程资料的收集、整理、编辑、归档等档案管理能力； （3）熟悉工程竣工验收备案管理、城建档案管理、施工资料管理及建筑业统计的基础知识
5	职业道德	遵纪守法、实事求是、爱岗敬业、团结协作、精益求精
6	学习能力	（1）好学上进，脚踏实地，吃苦耐劳； （2）能够及时获取和熟悉国家及行业有关的方针、政策、法律、法规、规范标准和企业规章制度，不断提高处理问题的能力

1.2　岗位要求

资料员是工程建设管理团队中的核心成员，必须及时跟进工程建设进度，对工程建设项目资料进行编制、收集、整理、归档，并根据程序文件要求对资料进行管理，使项目资料分类、编号、整理、归档、借阅等环节符合规定的要求。资料员的工作职责详见表1-2-1。

资料员的工作职责　　　　　　　　　　表 1-2-1

项次	分类	主要工作职责
1	资料计划管理	（1）参与建立施工资料管理规章制度； （2）参与编制施工资料管理计划
2	资料收集整理	（1）负责建立施工资料台账； （2）负责收集、审查、整理施工资料
3	资料使用保管	（1）负责施工资料的往来传递、追溯及借阅管理； （2）负责管理数据、信息资料； （3）负责检索、处理、存储、传递、追溯、应用施工资料； （4）负责施工资料的安全保管
4	资料归档移交	（1）负责施工资料的立卷、归档； （2）负责施工资料的封存和安全保密工作； （3）负责施工资料的验收与移交
5	资料信息管理	（1）熟练应用专业软件进行施工资料管理； （2）熟练应用施工资料计算机辅助管理系统

1.3 国家工程建设相关法律法规

1.3.1 资料员需重点熟悉的法律法规

（1）《建筑工程施工质量验收统一标准》GB 50300—2013

（2）《房屋建筑工程和市政基础设施工程竣工验收规定》（建质〔2013〕171号文）

（3）《建设工程文件归档规范》GB/T 50328—2014（2019年版）

（4）《建筑工程资料管理规程》JGJ/T 185—2009

（5）《建筑地面工程施工质量验收规范》GB 50209—2010

（6）《建筑地基基础工程施工质量验收标准》GB 50202—2018

（7）《钢结构工程施工质量验收标准》GB 50205—2020

（8）《建筑物防雷工程施工与质量验收规范》GB 50601—2010

（9）《建筑给水排水及采暖工程施工质量验收规范》GB 50242—2002

（10）《玻璃幕墙工程质量检验标准》JGJ/T 139—2020

（11）《混凝土结构工程施工质量验收规范》GB 50204—2015

（12）《屋面工程质量验收规范》GB 50207—2012

（13）《建筑节能工程施工质量验收标准》GB 50411—2019

（14）《砌体结构工程施工质量验收规范》GB 50203—2011

（15）《铝合金结构工程施工质量验收规范》GB 50576—2010

（16）《住宅室内装饰装修工程质量验收规范》JGJ/T 304—2013

（17）《地下防水工程质量验收规范》GB 50208—2011

（18）《人民防空工程施工及验收规范》GB 50134—2004

（19）《智能建筑工程质量验收规范》GB 50339—2013

（20）《给水排水构筑物工程施工及验收规范》GB 50141—2008

（21）《给水排水管道工程施工及验收规范》GB 50268—2008

（22）其他相关的建设工程法律法规、规范标准

1.3.2 熟悉相关标准、规范的查询和管理

随着建筑行业的不断发展，相关的标准、规范也在不断地更新，以满足建筑业的需要。在日常工作中，熟悉相关的标准、规范是资料员的重要工作之一。标准、规范查询常用网站，见表1-3-1。

标准、规范查询常用网站 表 1-3-1

序号	工作类别	常用网站
1	标准管理	国家标准全文公开系统
2		水利部国际合作与科技司标准查询
3		交通运输标准化信息系统
4		工程建设标准化信息网
5		地方标准信息服务平台
6	规范管理	工标网

1.4 相关办公与资料软件

资料员应熟练使用相关办公与资料软件。

1.熟练使用 Office、CAD 等办公软件。

2.熟练使用建设工程资料管理软件，熟悉软件操作流程、操作标准。

1.5 文秘、公文写作

公文的种类简称文种，公文种类主要包括：命令（令）、议案、决定、指示、公告、通告、通知、通报、报告、请示、批复、函、会议纪要。

公文作为传达和贯彻党和国家的方针政策、联系和处理各级机关公务的工具，体现着组织的意志，表达着组织的主张，显现着组织活动的行为目的。因此，公文的种类和体式取决于公文的性质和公务活动的内容与方式。不同的文种反映着公文不同的内容与作用，各机关在拟制公文时，必须从实际需要出发，根据本机关的职权范围、所处地位与发文目的，正确使用文种。在机关单位，除了公文之外，经常用到的还有计划类、总结类、讲话类和信息类等常用文书。

1.5.1 通告

1. 通告的概念

通告适用于在一定范围内公布应当遵守或者周知的事项。

2. 通告的特征

（1）用于宣布一般性事项，有别于公告宣布重大事项。

（2）通告只在国内一定范围内公布，有别于公告向国内也向国外公布。

（3）通告可以由各级机关、人民团体、企业或事业单位发布，有别于公告只能由地位较高的机关发布。

（4）通告不写抬头，无主送单位。

3. 通告的种类

周知类通告。主要是使受文者了解重要情况、重要消息，因此文中不提直接的执行要求。

执行类通告。主要向受文者交代需要遵守、执行的政策、措施以及其他行为规范，具有一定的强制力。

4. 通告的写作格式

通告由标题、正文、发文机关和日期等部分组成。

标题由发文机关、事由、文种构成。根据具体情况，也可使用发文机关加文种、事由加文种或只写"通告"二字。

正文由缘由和通告事项两部分组成。缘由为发布通告的原因和根据，事项为须知和遵守的内容，二者之间用"特通告如下"转承连接。通告事项是面对大众的，应简洁明了，叙述清楚，通俗易懂，便于掌握。结尾部分可提出要求、希望，并用"特此通告"作结，有时也可不写，形式比较灵活。

发文机关和日期，通告正文后要有发布通告的机关名称和日期。

1.5.2 通知

1. 通知的概念

通知适用于批转下级机关公文，转发上级机关和不相隶属机关的公文；发布规章；传达要求下级机关办理和有关单位需要周知或者共同执行的事项；任免或聘用干部。通知大多属下行公文。

2. 通知的种类

（1）印发、批转、转发性通知。用于印发本级机关，批转下级机关，转发上级机关、同级机关和不相隶属机关的公文，以及发布某些行政法规等。

（2）指示性通知。上级机关对下级机关某一项工作作出指示和安排，而根据公文内容又不必用"命令"或"指示"时，可使用这类通知。

（3）知照性通知。用于告知各有关方面周知的事项等。这种通知发送对象广泛，对下级、平级均可发送。

（4）事务性通知。用于上级机关对下级就某一具体事项布置工作，交代任务；同级机关及不相隶属的单位之间就某一项具体工作的进行或某一具体问题的解决要求对方配合、协助办理等。

（5）任免、聘用通知。用于任免或聘用国家机关工作人员等。

3. 通知的写作格式

通知的写作形式多样、方法灵活，不同类型的通知使用不同的写作方法。

（1）印发、批转、转发性通知的写法。标题由发文机关，被印发、批转、转发的公文标题和文种组成，也可省去发文机关名称。正文须把握三点：对印发、批转、转发的文件提出意见，表明态度，如"同意""原则同意""要认真贯彻执行""望遵照执行""参照执行"等；写明所印发、批转、转发文件的目的和意义；提出希望和要求。最后写明发文日期。

（2）批示性通知的写法。标题由发文机关、事由和文种组成，也可省去发文机关名称。正文由缘由、内容、要求等部分组成。缘由要简洁明了，说理充分；内容要具体明确、条理清楚、详略得当，充分体现批示性通知的政策性、权威性、原则性；要求要切实可行，便于受文单位具体操作。

（3）知照性通知的写法。这种通知使用广泛，体式多样，主要是根据通知的内容，交代清楚知照事项。

（4）事务性通知的写法。通常由发文缘由、具体任务、执行要求等组成。会议通知也属事务性通知的一种，但写法又与一般事务性通知有所不同。会议通知的内容一般应写明召开会议的原因、目的、名称，通知对象，会议的时间、地点，需准备的材料等。

（5）任免、聘用通知的写法。一般只写决定任免、聘用的机关、依据，以及任免、聘用人员的具体职务即可。

1.5.3　报告

1. 报告的概念

报告适用于向上级机关汇报工作、反映情况、提出意见或者建议，及答复上级机关的询问。报告属上行文，一般产生于事后和事情过程中。

2. 报告的种类

（1）综合性报告。是将全面工作或一个阶段许多方面的工作综合起来写成的报告，在内容上具有综合性、广泛性，写作难度较大，要求较高。

（2）专题性报告。是针对某项工作、某一问题、某一事件或某一活动写成的报告，在内容上具有专一性。

（3）回复报告。是根据上级机关或领导的查询、提问作出的报告。

3. 报告的写作格式

（1）综合性报告的写法

标题为事由加文种，如《关于2003年上半年工作情况的报告》；或为报告单位、事由加文种，如《东北师范大学教务处关于2003年度工作情况的报告》。

正文须把握三点。1）开头，概括说明全文主旨，开门见山，起名立意。将一定时间内各方面工作的总情况，如依据、目的，对整个工作的估计、评价等作概述，以点明主旨。2）主体，内容要丰富充实。作为正文的核心，将工作的主要情况，主要做法，取得的经验、效果等，分段加以表述，要以数据和材料说话，内容力求既翔实又概括。3）结尾，要具体切实。写工作中存在的问题，提出下步工作具体意见。最后可以"请审阅"或"特此报告"等语作结。

（2）专题报告的写法

标题由事由、文种组成，如《关于招商工作有关政策的报告》。有的报告标题也可标明发文机关。标题要明显反映报告专题事由，突出其专一性。

正文可采用"三段式"结构法。以反映情况为主的专题工作报告主要写情况、存在的问题、今后的打算和意见；以总结经验为主的专题工作报告主要写情况、经验，有的还可略写不足之处和改进措施；因工作失误向上级写的检查报告主要写错误的事实、产生错误的主客观原因、造成错误的责任、处理意见及改进措施等。结尾通常以"请审核""请审示"等语作结。

（3）回复报告的写法

标题与前两种报告大体相同。

正文根据上级机关或领导的查询、提问，有针对性地作出报告，要突出专一性、时效性。

4. 报告的写作要求

（1）写综合报告应注意抓住重点，突出主要矛盾和矛盾的主要方面。在此基础上列出若干观点，分层次阐述。说明观点的材料要详略得当，以观点统领材料。

（2）专题报告，要一事一报，体现专一性，切忌在同一专题报告中反映几件各不相干的事项和问题。

（3）切忌将报告提出的建议或意见当作请示，要求上级指示或批准。

1.5.4 通报

1. 通报的概念

通报适用于表彰先进、批评错误、传达重要精神或者情况，属下行公文。

2. 通报的种类

（1）表彰性通报。主要用来表彰先进，介绍单位或个人成功的经验、做法，以学习先进，见贤思齐，改进与推动工作。

（2）批评性通报。用来批评后进，纠正错误，打击歪风，指出有关单位或个人存在的错误事实，提出解决办法或处理意见。

（3）传达性通报。用于传达上级重要精神与重要情况；引起人们的警觉与注意，对当前的工作起指导作用。

3. 通报的格式和写作要求

通报由标题、主送单位、正文、发文机关和日期组成。

标题由发文机关、事由、文种或事由、文种构成，如《关于一份国务院文件周转情况的通报》《关于人大建议、政协提案办理情况的通报》等。

表彰性通报和批评性通报的正文一般由三部分构成。1）主要事实。表彰性通报要突出主要先进事迹，批评性通报要抓住主要错误事实。2）分析指出事例的教育意义。表彰性通报，要在阐述先进事迹的基础上，提炼出主要经验、意义和值得学习与发扬的精神；批评性通报要分析错误的性质、危害，产生的根源和责任，指出应吸取的主要教训等。3）决定要求。表彰性和批评性的通报，应写明组织结论与予以表彰或处理的决定，同时提出对表彰或批评对象与读者的希望、要求；为了防范和杜绝类似错误发生，批评性通报的结尾处，通常要有针对性地提出防范的措施或规定。传达性通报一般不写决定要求。

在正文右下方要标明发文机关名称，加盖印章，写明发文日期。

情况通报有两种形式：一种只对有关事实作客观叙述；另一种还对有关情况加以分析说明，有时还针对具体问题提出应采取何种对策的指导性意见。

1.5.5　请示

1. 请示的概念

请示是下级机关向上级机关请示指示和批准的公文文种。请示主要用于：1）在实际工作中，遇到缺乏明确政策规定的情况需要处理；2）工作中遇到需要上级批准才能办理的事情；3）超出本部门职权，涉及多个部门和地区的事情，请示上级予以指示。

请示和报告既有相同之处，又有区别。相同之处是两个都是写给上级的上行文，公文里都有陈述意见，反映情况的内容。但二者又有区别。第一，时间有别。请示跟报告相比，时间要求更紧迫。请示写的情况是未解决的，属于将来时，报告写的情况是已做过的，属于过去时。第二，内容的侧重点有别。请示着重于请示批准，报告着重于汇报工作。第三，要求有别，请示要求上级必须回复，报告则不必，只供上级参考。

2. 请示的种类和写作要求

请示按请示目的分，可分为批准性请示和呈转性请示两类。

（1）批准性请示

批准性请示内容比较简单、具体，往往是一些较为细小的实际事项的请求。

请示被批准后，执行机关范围也比较小，常常就是请示单位自己。

批准性请示一般由三部分组成：请示理由、请示内容、请示结语。

请示理由是文章的开头部分，常是导语式的，要简明扼要地讲明请示的背景和根据，及概括地写出请示事项，复杂的一般可以写成一段话，简单的则以一句话概括之。请示理由之后，许多请示中都要紧接着写上一句承上启下的过渡语，它们的基本的格式是"现将……报告如下"，随之点上冒号，但有些极短小的请示也可不写。

请示内容是请示的中心部分，要写得具体，条理清楚，说服力强。请示内容包括提出请示事项和阐述说明道理或事实两项内容，提出请示事项要详细，阐述说明道理要充分，只有这样才能使有关领导心中有数，易下决心。

有些情况简单，有条文和规定可依据，只是出于组织原则报给上级知道，请求批准的请示，请示内容部分只需提出请示事项即可，不必阐述道理。

请示结语是请示的结尾部分，一般是另起一行空两格书写，语气要谦恭。请示结语的通常写法是："特此请示，请审批""以上意见当否，请指示""特此请示，请批复"等。

（2）呈转性请示

呈转性请示，请示事项较为重大复杂，具有一定的普遍意义，不但需要上级批准，还需要上级转发。

呈转性请示和呈转性报告的区别主要有两点：呈转性请示不但要求上级批转，而且一定要有复文，呈转性报告虽也要求上级批转，但不要求上级复文；呈转性请示里要求批转的意见往往是较具体的做法、措施，呈转性报告里要求批转的意见往往是较原则、较概括的政策性意见。

批准性请示和呈转性请示也有较大区别，不仅是要求目的上的区别，而且在执行范围上也有区别。批准性请示执行范围较窄，一般就是请示单位自己；呈转性请示执行范围较宽泛，往往不仅是请示单位，还要包括其他很多相关单位。

呈转性请示一般由三部分组成：请示理由、请示内容、请示结语。

请示理由和批准性请示的写法基本相同，只不过有时语气较批准性请示更为庄重。由于这种请示批准转发后带有指导性，所以有时理由要交代得较详细，以期更加引起领导重视。

请示理由之后的过渡语和批准性请示相同。

请示内容，一般都是请示单位的设想和建议，因为比较复杂，提出请示事项和阐述说明道理两条，缺一不可。阐述道理时，可采取引用理论或摆明事实两种写法。呈转性请示内容部分在书写时要更注意条理分明，较长者要分条分项来写。

请示结语，呈转性请示结语也要另起一行空两格书写。写法与批准性请示结尾略有不同，通常写法是："以上报告，如无不妥，请批转各地贯彻执行""以上意见，如属可行，请批转有关单位执行"，或其他一些类似的说法。

在写请示时，应当注意以下一些事项：要坚持一文一事；请示事项必须明确、具体、可行；不要把请示写成报告或请示报告；不要搞多头请示（请示应主送直接主管机关或主管领导，其他确需了解请示事项的领导机关或领导，采取抄报形式处理。如是受双重机关的领导，也应根据请示内容，择要送一处领导机关，由主送机关答复请示的问题，对另一领导机关采取抄报形式）。请示一般不得越级请示，个别需要越级请示的，常采用两种方式：一种是转呈式，可以既避免越级，又明确主送机关；另一种是在越级请求的同时，把请示抄报被越过的主管机关。除领导直接交办的事项外，请示不要直接送领导者个人，或既写主送机关，又同时主送、抄送给主送机关领导。一般情况下，也不得在上报请示的同时抄送平级和下级机关。

1.5.6　批复

1. 批复的性质和特点

批复是上级机关答复下级机关请示事项的答复性公文，具有权威性、针对性和指示性等特点。1）权威性。批复发自上级机关，代表着上级机关的权力和意志，对下级机关有约束力，特别是那些关于重要事项或问题的批复，常常具有明显的法规作用。2）针对性。凡是批复，必须是针对下级机关请示事项而发，内容单纯，针对性强。3）指示性。批复的目的是指导下级机关的工作，因此批复在表明态度以后，还应当概括地说明方针、政策以及执行中的注意事项。

2. 批复的写作要求

（1）标题。批复的标题有两点需要特别强调：

1）关于发文单位。批复的发文单位即行文主体，既不能不写，也不能随意略写或简化。

2）关于事由。批复的事由大致有两种写法，一种是用表示关联范围的介词"关于"加上请示或批复的事项来表述，如《国务院关于1991—2000年全国治沙工程规划要点的批复》；另一种是在"关于"和请示或批复事项中间再插入一个表态动词"同意"来表述，如《国务院关于同意开放×××航空口岸的批复》。

（2）正文。批复的正文一般由三个部分组成：

1）引语批复的开头通常要引述来文作为批复的依据，引述的方法有四种：第一种是结合请示的日期引述，如"×年×月×日来文收悉"；第二种是结合来文的日期和文号引述，如"×年×月×日×号文收悉"；第三种是引来文日期和来文名称，如"×年×月×日《关于……的请示》收悉"；第四种是引述来文日期和请示事项，如"×年×月×日关于……问题的请示收悉"。

2）主文是批复的主体，这部分应针对下级机关请示的事项，表示同意与否的态度，有时还要阐述同意或不同意的理由。答复请示事项针对性要强，答复要明确具体、简明扼要，表达要准确无误。

3）结尾是批复正文的最后部分，它的写法有三种：第一种是提行写"此复"或"特此批复"；第二种是写希望和要求，给执行请求事项的答复指明方向；第三种是秃尾，就是请示事项答复完毕就告结束，此种结尾方法使用的频率越来越高。

要写好批复还应注意以下几点：第一，要核实请示缘由的真实性，研究请示所提意见或建议的可行性，有些情况应先作调查研究；第二，凡请示事项涉及其他部门或地区的问题，批复前都要与其协商，取得一致意见；第三，及时批复，以免贻误工作，并且对不按行文的正常渠道办理或一文多头的请示，应予以纠正，以免误事。

1.5.7 会议纪要

1. 会议纪要的概念和特点

会议纪要是根据会议记录和会议文件以及其他有关材料加工整理而成的，是反映会议基本情况和精神的纪实性公文。它是会议议定事项和重要精神。它并要求有关单位执行的一种文体，有的需要下发执行的会议纪要，可以"通知"形式发出。

会议纪要有以下几个特点：

（1）综合性。会议纪要是在对会议中各种材料、与会人员的发言以及会议简报等等进行综合分析和概括提炼基础上形成的，具有整理和提要的基本特点。

（2）指导性。这一特性包含两层含义：一是会议本身的权威性；二是会议纪要集中反映了会议的主要精神和决定事项。会议纪要一经下发，将对有关单位和人员产生约束力，起着类似于指示、决定或决议等指挥性公文的作用。会议纪要还可以作为与会同志向单位领导汇报、向群众传达的文字依据。

（3）备考性。一些会议纪要主要不是为了贯彻执行，而是向上汇报或向下通报情况，必要时可作查阅之用。

2. 会议纪要的分类

按照会议性质来分，会议纪要大致有办公会议纪要、专题会议纪要、联席（协调）会议纪要、座谈会议纪要等。

办公会议纪要是记述机关或企业、事业单位等对重要的、综合性工作进行讨论、研究、议决等事项的一种会议纪要。办公会议纪要一般有例行型办公会议纪要，即记述例行办公会议情况及其议决事项的会议纪要，以及现场办公会议纪要，即为解决某重大问题而召集有关方面和有关单位在现场研究、议决或协商的办公会议纪要。

专题会议纪要是专门记述座谈会讨论、研究的情况与成果的一种会议纪要。其主要特点是主题的集中性与观点意见的纷呈性相结合，既要归纳比较集中、统一的认识，又要将各种不同观点和倾向性意见都归纳表达出来。

3. 会议纪要的写法

会议纪要一般分两大部分。开头第一部分一般应写明会议概况，包括会议进行的时间、地点、届次、组织者、出席和列席人员名单、主持人、会议议程和进行情况，以及对会议的总体评价等。第二部分是纪要的中心部分，反映会议的主要精神、讨论意见和议决事项等。根据会议性质、规模、议题等不同，会议纪要大致可以有以下几种写法：

（1）集中概述法。这种写法是把会议的基本情况，讨论研究的主要问题，与会人员的认识、议定的有关事项（包括解决问题的措施、办法和要求等），用概括叙述的方法，进行整体的阐述和说明。这种写法多用于召开小型会议，而且讨论的问题比较集中单一，意见比较统一，容易贯彻操作，写的篇幅相对短小。如果会议的议题较多，可分条列述。

（2）分项叙述法。召开大中型会议或议题较多的会议，一般要采取分项叙述的写法，即把会议的主要内容分成几个大的问题，然后另上标号或小标题，分项来写。这种写法侧重于横向分析阐述，内容相对全面，问题也说得比较细，常常包括对目的、意义、现状的分析，以及目标、任务、政策措施等的阐述。这种纪要一般用于需要基层全面领会、深入贯彻的会议。

（3）发言提要法。这种写法是把会上具有典型性、代表性的发言加以整理，提炼出内容要点和精神实质，然后按照发言顺序或不同内容分别加以阐述说明。这种写法能比较如实地反映与会人员的意见。某些根据上级机关布置，需要了解与会人员不同意见的会议纪要，可采用这种写法。

1.5.8　函

1. 函的概念

函适用于不相隶属机关之间相互商洽工作、询问和答复问题，向有关主管部门请求批准等。函的使用范围广泛，涉及各方面的公务联系。

2. 函的种类

函可分为公函与便函两种。

3. 公函的写作格式

公函包括标题、主送机关、正文、发文机关、日期等。

标题一般由发文机关、事由、文种或事由、文种组成，例如，发函为《关于××（事由）的函》，复函为《关于××（答复事项）的复函》。

正文一般包括三层：简要介绍背景情况；商洽、询问、答复的事项和问题；希望和要求，如："务希研究承复，敬请大力支持我盼"等。

4. 公函的写作要求

（1）要一函一事，切忌一函数事。

（2）要体现平等坦诚精神，文字恳切得体、简洁朴实，用语谦和有礼，切不可盛气凌人。

第2章 工作内容及流程

2.1 建设工程资料的收集

1.建立资料的接收及发放登记制度。

2.建立施工资料台账。施工资料应与工程建设同步，内容包括序号、资料题名、编制单位、编制日期、页数和备注，按照先后顺序分类；同一类型的资料也应按照时间先后顺序进行排序；加强资料管理工作和增强防范意识，做好防火、防盗、防虫、防光、防尘等工作。

3.建立施工资料台账管理系统，做到项目详细、条理清晰并有相关的数据库支持。

2.2 建设工程资料的分类

1.建筑工程资料的分类是按照文件资料的来源、类别、形成先后顺序，以及收集和整理单位的不同来进行分类。具体工程资料的分类整理目前主要参照《建设工程文件归档规范》GB/T 50328—2014（2019年版）和《建筑工程资料管理规程》JGJ/T185-2009分类方法实施。

建设工程归档文件按照单位工程参建单位资料收集范围、资料性质和专业分类，分为工程准备阶段的文件（A类）、监理文件（B类）、施工文件（C类）、竣工图（D类）、工程竣工验收文件（E类）。详见表2-2-1，扫码查看。

表2-2-1
建筑工程文件归档范围

2.归档保存的工程资料，其保存期限应符合下列规定：

1）工程资料归档保存期限应符合国家现行有关标准的规定；当无规定时，不宜少于5年；

2）建设单位工程资料归档保存期限应满足工程维护、修缮、改造、加固的需要；

3）施工单位工程资料归档保存期限应满足工程质量保修及质量追溯的需要。

2.3　建设工程资料的编号

工程资料编号可按照现行的《建筑工程资料管理规程》JGJ/T 185-2009的编号的规定编制：

（1）工程准备阶段文件按《建筑工程资料管理规程》JGJ/T 185-2009中规定的类别和形成时间顺序编号。例如：A1类立项文件的第一份资料为项目建议书的批复文件及项目建议书，编号为：A1-001。

（2）监理资料宜按《建筑工程资料管理规程》JGJ/T 185-2009中规定的分部、子分部、类别和形成时间顺序编号。属于单位工程整体管理内容的资料，编号中的分部、子分部工程代号可用"00"代替，例如：B1类监理管理资料的第一份为监理规划，它的编号为：00-00-B1-001。

（3）施工资料编号宜符合下列规定，如表2-3-1所示：

隐蔽工程验收记录（示例）　　　　　　　　　　表2-3-1

工程名称	××住宅楼	工程资料编号	01-02-C5-001

1）工程资料编号可由分部、子分部、类别、顺序号4组代号组成，组与组之间应用横线隔开。例如：表2-3-1中"编号"01为地基与基础分部工程代号；02为基础子分部工程代号；C5为施工记录文件资料的类别编号；001为顺序号。

2）属于单位工程整体管理内容的资料，编号中的分部、子分部工程代号可用"00"代替（如下所示）：

00-00-××-×××
A　B　　C　　D

A为分部工程代号。

B为子分部工程代号。

C为资料的类别编号。

D为顺序号。

3）同一厂家、同一品种、同一批次的施工物资用在两个分部、子分部工程中时，资料编号中的分部、子分部工程代号可按主要使用部位填写。

4）竣工图宜按《建筑工程资料管理规程》JGJ/T 185—2009中规定的类别和形成时间顺序编号。

5）工程资料的编号应及时填写，专用表格的编号应填写在表格右上角的编号栏中；非专用表格应在资料右上角的适当位置注明资料编号。

2.4　建设工程文件的立卷

1.工程准备阶段文件应按建设程序、形成单位等进行立卷。

2.监理文件应按单位工程、分部工程或专业、阶段等进行立卷。

3.施工文件应按单位工程、分部（分项）工程进行立卷，并应符合下列规定：

（1）专业承（分）包施工的分部、子分部（分项）工程应分别单独立卷；

（2）室外工程应按室外建筑环境和室外安装工程单独立卷；

（3）当施工文件中部分内容不能按一个单位工程分类立卷时，可按建设工程立卷。

2.5 资料员的工作流程

资料员的工作流程如图2-5-1所示。

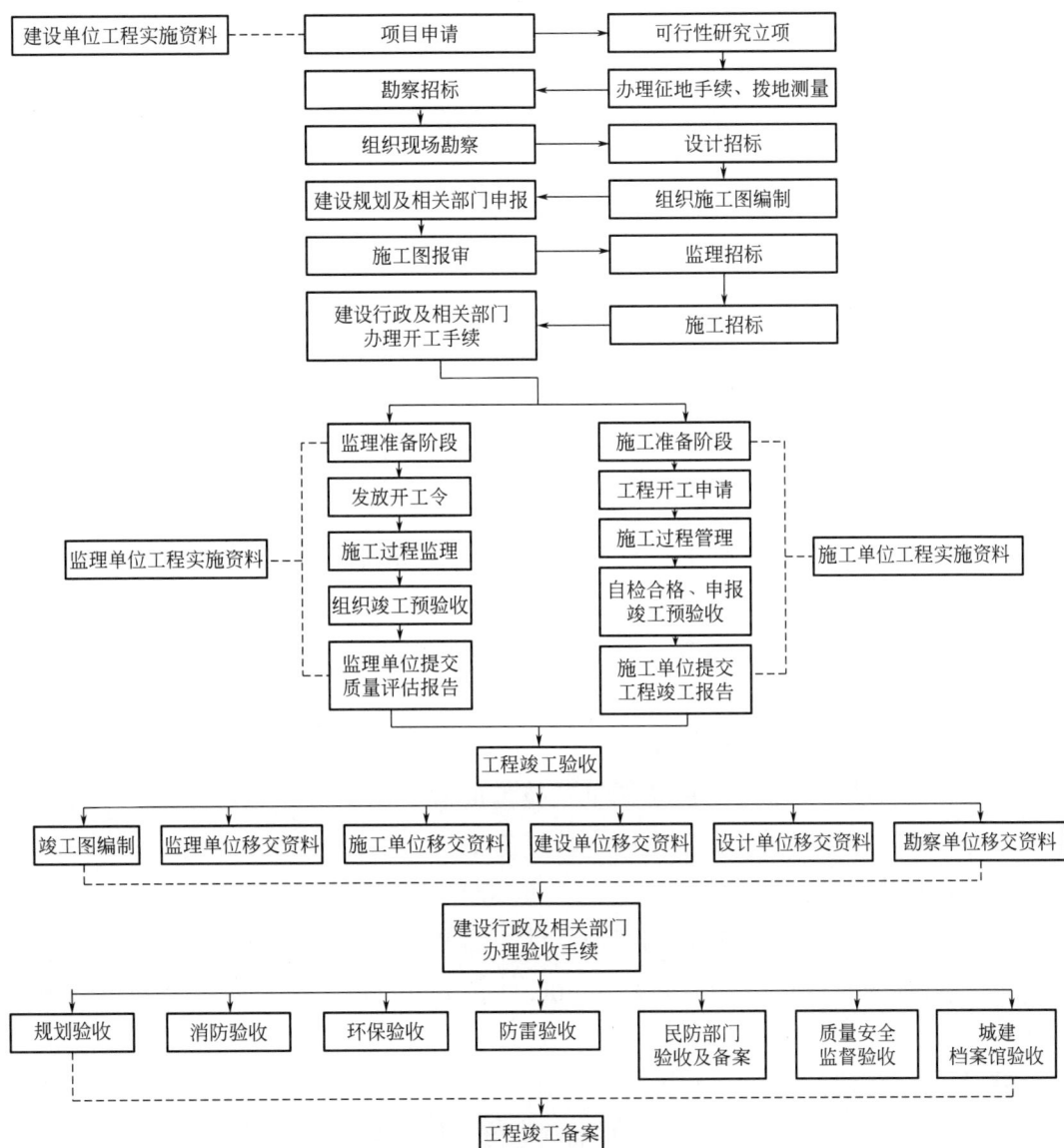

图 2-5-1 资料员的工作流程

第3章 法律规范对资料管理的要求

3.1 《中华人民共和国建筑法》(节选)

第二条 在中华人民共和国境内从事建筑活动,实施对建筑活动的监督管理,应当遵守本法。

本法所称建筑活动,是指各类房屋建筑及其附属设施的建造和与其配套的线路、管道、设备的安装活动。

第三条 建筑活动应当确保建筑工程质量和安全,符合国家的建筑工程安全标准。

第七条 建筑工程开工前,建设单位应当按照国家有关规定向工程所在地县级以上人民政府建设行政主管部门申请领取施工许可证;但是,国务院建设行政主管部门确定的限额以下的小型工程除外。

按照国务院规定的权限和程序批准开工报告的建筑工程,不再领取施工许可证。

第八条 申请领取施工许可证,应当具备下列条件:

(一)已经办理该建筑工程用地批准手续;

(二)在城市规划区的建筑工程,已经取得规划许可证;

(三)需要拆迁的,其拆迁进度符合施工要求;

(四)已经确定建筑施工企业;

(五)有满足施工需要的施工图纸及技术资料;

(六)有保证工程质量和安全的具体措施;

(七)建设资金已经落实;

(八)法律、行政法规规定的其他条件。

建设行政主管部门应当自收到申请之日起十五日内,对符合条件的申请颁发施工许可证。

第十条 在建的建筑工程因故中止施工的,建设单位应当自中止施工之日起一个月内,向发证机关报告,并按照规定做好建筑工程的维护管理工作。

建筑工程恢复施工时,应当向发证机关报告;中止施工满一年的工程恢复施工前，建设单位应当报发证机关核验施工许可证。

第十一条　按照国务院有关规定批准开工报告的建筑工程，因故不能按期开工或者中止施工的，应当及时向批准机关报告情况。因故不能按期开工超过六个月的，应当重新办理开工报告的批准手续。

第三十八条　建筑施工企业在编制施工组织设计时，应当根据建筑工程的特点制定相应的安全技术措施；对专业性较强的工程项目，应当编制专项安全施工组织设计，并采取安全技术措施。

第六十一条　交付竣工验收的建筑工程，必须符合规定的建筑工程质量标准，有完整的工程技术经济资料和经签署的工程保修书，并具备国家规定的其他竣工条件。

建筑工程竣工经验收合格后，方可交付使用；未经验收或者验收不合格的，不得交付使用。

第六十二条　建筑工程实行质量保修制度。

建筑工程的保修范围应当包括地基基础工程、主体结构工程、屋面防水工程和其他土建工程，以及电气管线、上下水管线的安装工程，供热、供冷系统工程等项目；保修的期限应当按照保证建筑物合理寿命年限内正常使用，维护使用者合法权益的原则确定。具体的保修范围和最低保修期限由国务院规定。

3.2 《中华人民共和国安全生产法》（节选）

第一条　为了加强安全生产工作，防止和减少生产安全事故，保障人民群众生命和财产安全，促进经济社会持续健康发展，制定本法。

第二条　在中华人民共和国领域内从事生产经营活动的单位（以下统称生产经营单位）的安全生产，适用本法；有关法律、行政法规对消防安全和道路交通安全、铁路交通安全、水上交通安全、民用航空安全另有规定的，适用其规定。

第二十八条　生产经营单位应当对从业人员进行安全生产教育和培训，保证从业人员具备必要的安全生产知识，熟悉有关的安全生产规章制度和安全操作规程，掌握本岗位的安全操作技能，了解事故应急处理措施，知悉自身在安全生产方面的权利和义务。未经安全生产教育和培训合格的从业人员，不得上岗作业。

生产经营单位使用被派遣劳动者的，应当将被派遣劳动者纳入本单位从业人员统一管理，对被派遣劳动者进行岗位安全操作规程和安全操作技能的教育和培训。劳务派遣单位应当对被派遣劳动者进行必要的安全生产教育和培训。

生产经营单位接收中等职业学校、高等学校学生实习的，应当对实习学生进行相应的安全生产教育和培训，提供必要的劳动防护用品。学校应当协助生产经营单位对实习学生进行安全生产教育和培训。

生产经营单位应当建立安全生产教育和培训档案，如实记录安全生产教育和培训的时间、内容、参加人员以及考核结果等情况。

第二十九条　生产经营单位采用新工艺、新技术、新材料或者使用新设备，必须了解、掌握其安全技术特性，采取有效的安全防护措施，并对从业人员进行专门的安全生产教育和培训。

第三十条　生产经营单位的特种作业人员必须按照国家有关规定经专门的安全作业培训，取得相应资格，方可上岗作业。

特种作业人员的范围由国务院应急管理部门会同国务院有关部门确定。

第三十五条　生产经营单位应当在有较大危险因素的生产经营场所和有关设施、设备上，设置明显的安全警示标志。

第三十八条　国家对严重危及生产安全的工艺、设备实行淘汰制度，具体目录由国务院应急管理部门会同国务院有关部门制定并公布。法律、行政法规对目录的制定另有规定的，适用其规定。

省、自治区、直辖市人民政府可以根据本地区实际情况制定并公布具体目录，对前款规定以外的危及生产安全的工艺、设备予以淘汰。

生产经营单位不得使用应当淘汰的危及生产安全的工艺、设备。

第三十九条　生产、经营、运输、储存、使用危险物品或者处置废弃危险物品的，由有关主管部门依照有关法律、法规的规定和国家标准或者行业标准审批并实施监督管理。

生产经营单位生产、经营、运输、储存、使用危险物品或者处置废弃危险物品，必须执行有关法律、法规和国家标准或者行业标准，建立专门的安全管理制度，采取可靠的安全措施，接受有关主管部门依法实施的监督管理。

第四十条　生产经营单位对重大危险源应当登记建档，进行定期检测、评估、监控，并制定应急预案，告知从业人员和相关人员在紧急情况下应当采取的应急措施。

生产经营单位应当按照国家有关规定将本单位重大危险源及有关安全措施、应急措施报有关地方人民政府应急管理部门和有关部门备案。有关地方人民政府应急管理部门和有关部门应当通过相关信息系统实现信息共享。

第四十六条　生产经营单位的安全生产管理人员应当根据本单位的生产经营特点，对安全生产状况进行经常性检查；对检查中发现的安全问题，应当立即处理；不能处理的，应当及时报告本单位有关负责人，有关负责人应当及时处理。检查及处理情况应当如实记录在案。

生产经营单位的安全生产管理人员在检查中发现重大事故隐患，依照前款规定向本单位有关负责人报告，有关负责人不及时处理的，安全生产管理人员可以向主管的负有安全生产监督管理职责的部门报告，接到报告的部门应当依法及时处理。

第九十七条　生产经营单位有下列行为之一的，责令限期改正，处十万元以下的罚款；逾期未改正的，责令停产停业整顿，并处十万元以上二十万元以下的罚款，对其直接负责的主管人员和其他直接责任人员处二万元以上五万元以下的罚款：

（一）未按照规定设置安全生产管理机构或者配备安全生产管理人员、注册安全工程师的；

（二）危险物品的生产、经营、储存、装卸单位以及矿山、金属冶炼、建筑施工、运输单位的主要负责人和安全生产管理人员未按照规定经考核合格的；

（三）未按照规定对从业人员、被派遣劳动者、实习学生进行安全生产教育和培训，或者未按照规定如实告知有关的安全生产事项的；

（四）未如实记录安全生产教育和培训情况的；

（五）未将事故隐患排查治理情况如实记录或者未向从业人员通报的；

（六）未按照规定制定生产安全事故应急救援预案或者未定期组织演练的；

（七）特种作业人员未按照规定经专门的安全作业培训并取得相应资格，上岗作业的。

第一百零三条　生产经营单位将生产经营项目、场所、设备发包或者出租给不具备安全生产条件或者相应资质的单位或者个人的，责令限期改正，没收违法所得；违法所得十万元以上的，并处违法所得二倍以上五倍以下的罚款；没有违法所得或者违法所得不足十万元的，单处或者并处十万元以上二十万元以下的罚款；对其直接负责的主管人员和其他直接责任人员处一万元以上二万元以下的罚款；导致发生生产安全事故给他人造成损害的，与承包方、承租方承担连带赔偿责任。

生产经营单位未与承包单位、承租单位签订专门的安全生产管理协议或者未在承包合同、租赁合同中明确各自的安全生产管理职责，或者未对承包单位，承租单位的安全生产统一协调、管理的，责令限期改正，处五万元以下的罚款，对其直接负责的主管人员和其他直接责任人员处一万元以下的罚款；逾期未改正的，责令停产停业整顿。

3.3　《建设工程质量管理条例》（节选）

第三条　建设单位、勘察单位、设计单位、施工单位、工程监理单位依法对建设工程质量负责。

第五条　从事建设工程活动，必须严格执行基本建设程序，坚持先勘察、后设计、再施工的原则。

县级以上人民政府及其有关部门不得超越权限审批建设项目或者擅自简化基本建设程序。

第十三条　建设单位在开工前，应当按照国家有关规定办理工程质量监督手续，工程质量监督手续可以与施工许可证或者开工报告合并办理。

第十六条　建设单位收到建设工程竣工报告后，应当组织设计、施工、工程监理等有关单位进行竣工验收。

建设工程竣工验收应当具备下列条件：

（一）完成建设工程设计和合同约定的各项内容；

（二）有完整的技术档案和施工管理资料；

（三）有工程使用的主要建筑材料、建筑构配件和设备的进场试验报告；

（四）有勘察、设计、施工、工程监理等单位分别签署的质量合格文件；

（五）有施工单位签署的工程保修书。

建设工程经验收合格的，方可交付使用。

第十七条　建设单位应当严格按照国家有关档案管理的规定，及时收集、整理建设项目各环节的文件资料，建立、健全建设项目档案，并在建设工程竣工验收后，及时向建设行政主管部门或者其他有关部门移交建设项目档案。

第三十七条　工程监理单位应当选派具备相应资格的总监理工程师和监理工程师进驻施工现场。

未经监理工程师签字，建筑材料、建筑构配件和设备不得在工程上使用或者安装，施工单位不得进行下一道工序的施工。未经总监理工程师签字，建设单位不拨付工程款，不进行竣工验收。

第四十条　在正常使用条件下，建设工程的最低保修期限为：

（一）基础设施工程、房屋建筑的地基基础工程和主体结构工程，为设计文件规定的该工程的合理使用年限；

（二）屋面防水工程、有防水要求的卫生间、房间和外墙面的防渗漏，为5年；

（三）供热与供冷系统，为2个采暖期、供冷期；

（四）电气管线、给排水管道、设备安装和装修工程，为2年。

其他项目的保修期限由发包方与承包方约定。

建设工程的保修期，自竣工验收合格之日起计算。

第四十九条　建设单位应当自建设工程竣工验收合格之日起15日内，将建设工程竣工验收报告和规划、公安消防、环保等部门出具的认可文件或者准许使用文件报建设行政主管部门或者其他有关部门备案。

建设行政主管部门或者其他有关部门发现建设单位在竣工验收过程中有违反国家有关建设工程质量管理规定行为的，责令停止使用，重新组织竣工验收。

3.4　《建设工程安全生产管理条例》（节选）

第六条　建设单位应当向施工单位提供施工现场及毗邻区域内供水、排水、供电、供气、供热、通信、广播电视等地下管线资料，气象和水文观测资料，相邻建筑物和构筑物、地下工程的有关资料，并保证资料的真实、准确、完整。

建设单位因建设工程需要，向有关部门或者单位查询前款规定的资料时，有关部门或者单位应当及时提供。

第十条　建设单位在申请领取施工许可证时，应当提供建设工程有关安全施工措施的资料。

依法批准开工报告的建设工程，建设单位应当自开工报告批准之日起15日内，将保证安全施工的措施报送建设工程所在地的县级以上地方人民政府建设行政主管部门或者其他有关部门备案。

第二十七条　建设工程施工前，施工单位负责项目管理的技术人员应当对有关安全施工的技术要求向施工作业班组、作业人员作出详细说明，并由双方签字确认。

3.5　《中华人民共和国保守国家秘密法实施条例》（节选）

第二十一条　国家秘密载体以及属于国家秘密的设备、产品（以下简称密品）的明显部位应当作出国家秘密标志。国家秘密标志应当标注密级、保密期限。国家秘密的密级或者保密期限发生变更的，应当及时对原国家秘密标志作出变更。

无法作出国家秘密标志的，确定该国家秘密的机关、单位应当书面通知知悉范围内的机关、单位和人员。

第二十二条　机关、单位对所确定的国家秘密，认为符合保密法有关解除或者变更规定的，应当及时解除或者变更。

机关、单位对不属于本机关、本单位确定的国家秘密，认为符合保密法有关解除或者变更规定的，可以向原定密机关、单位或者其上级机关、单位提出建议。

已经依法移交各级国家档案馆的属于国家秘密的档案，由原定密机关、单位按照国家有关规定进行解密审核。

第二十八条　销毁国家秘密载体，应当符合国家保密规定和标准，确保销毁的国家秘密信息无法还原。

销毁国家秘密载体，应当履行清点、登记、审批手续，并送交保密行政管理部门设立的工作机构或者指定的单位销毁。机关、单位因工作需要，自行销毁少量国家秘密载体的，应当使用符合国家保密标准的销毁设备和方法。

第六十八条　在保密检查或者保密违法案件调查处理中，有关机关、单位及其工作人员拒不配合，弄虚作假，隐匿、销毁证据，或者以其他方式逃避、妨碍保密检查或者保密违法案件调查处理的，对直接负责的主管人员和其他直接责任人员依法给予处分；不适用处分的人员，由保密行政管理部门督促其主管部门予以处理。

企业事业单位及其工作人员协助机关、单位逃避、妨碍保密检查或者保密违法案件调查处理的，由有关主管部门依法予以处罚。

第六十九条　网络运营者违反保密法律法规，有下列情形之一的，由保密行政管理等部门按照各自职责分工责令限期整改，给予警告或者通报批评；情节严重的，处5万元以上50万元以下罚款，对直接负责的主管人员和其他直接责任人员处1万元以上10万元以下罚款：

（一）发生泄密事件，未依法采取补救措施的；

（二）未依法配合保密行政管理部门实施保密违法案件调查、预警事件排查的。

第七十三条　中央国家机关应当结合工作实际制定本行业、本领域工作秘密事项具体范围，报国家保密行政管理部门备案。

机关、单位应当加强本机关、本单位工作秘密管理，采取技术防护、自监管等保护措施。违反有关规定造成工作秘密泄露，情节严重的，对直接负责的主管人员和其他直接责任人员依法给予处分。

3.6 《档案管理违法违纪行为处分规定》（节选）

第三条　将公务活动中形成的应当归档的文件材料、资料据为己有，拒绝交档案机构、档案工作人员归档的，对有关责任人员，给予警告处分；情节较重的，给予记过或者记大过处分；情节严重的，给予降级或者撤职处分。

第四条　拒不按照国家规定向指定的国家档案馆移交档案的，对有关责任人员，给予警告或者记过处分；情节较重的，给予记大过或者降级处分；情节严重的，给予撤职处分。

第五条　出卖或者违反国家规定转让、交换以及赠送档案的，对有关责任人员，给予撤职或者开除处分。

第六条　利用职务之便，将所保管的档案据为己有的，对有关责任人员，给予记大过处分；情节较重的，给予降级或者撤职处分；情节严重的，给予开除处分。

第七条　因工作不负责任或者不遵守档案工作制度，导致档案损毁、丢失的，对有关责任人员，给予记过处分；情节较重的，给予记大过或者降级处分；情节严重的，给予撤职或者开除处分。

第八条　擅自销毁档案的，对有关责任人员，给予记过处分；情节较重的，给予记大过或者降级处分；情节严重的，给予撤职或者开除处分。

第九条　有下列行为之一的，对有关责任人员，给予记过或者记大过处分；情节较重的，给予降级或者撤职处分；情节严重的，给予开除处分：

（一）涂改、伪造档案的；

（二）擅自从档案中抽取、撤换、添加档案材料的。

第十条　携运、邮寄禁止出境的档案或者其复制件出境的，对有关责任人员，给予警告、记过或者记大过处分；情节较重的，给予降级或者撤职处分；情节严重的，给予开除处分。

第十一条　有下列行为之一的，对有关责任人员，给予警告、记过或者记大过处分；情节较重的，给予降级或者撤职处分；情节严重的，给予开除处分：

（一）擅自提供、抄录、复制档案的；

（二）擅自公布未开放档案的。

第十二条　有下列行为之一，导致档案安全事故发生的，对有关责任人员，给予记过或者记大过处分；情节较重的，给予降级或者撤职处分；情节严重的，给予开除处分：

（一）未配备安全保管档案的必要设施、设备的；

（二）未建立档案安全管理规章制度的；

（三）明知所保存的档案面临危险而不采取措施的。

第十三条　有下列行为之一的，对有关责任人员，给予记过或者记大过处分；情节较重的，给予降级或者撤职处分；情节严重的，给予开除处分：

（一）档案安全事故发生后，不及时组织抢救的；

（二）档案安全事故发生后，隐瞒不报、虚假报告或者不及时报告的；

（三）档案安全事故发生后，干扰阻挠有关部门调查的。

3.7 《建设工程文件归档规范》GB/T 50328—2014（2019年版）

1 总则

1.0.1 为加强建设工程文件归档工作，统一建设工程档案的验收标准，建立真实、完整、准确的工程档案，制定本规范。

1.0.2 本规范适用于建设工程文件的整理、归档，以及建设工程档案的验收与移交。

1.0.3 建设工程文件的整理、归档以及建设工程档案的验收与移交除应符合本规范外，尚应符合国家现行有关标准的规定。

2 术语

2.0.1 建设工程 construction project

经批准按照一个总体设计进行施工，经济上实行统一核算，行政上具有独立组织形式，实行统一管理的建设工程基本单位。它由一个或若干个具有内在联系的单位工程所组成。

2.0.2 建设工程文件 construction project document

在工程建设过程中形成的各种形式的信息记录，包括工程准备阶段文件、监理文件、施工文件、竣工图和竣工验收文件，简称为工程文件。

2.0.3 工程准备阶段文件 pre-construction document

工程开工以前，在立项、审批、用地、勘察、设计、招标投标等工程准备阶段形成的文件。

2.0.4 监理文件 project supervision document

监理单位在工程设计、施工等监理过程中形成的文件。

2.0.5 施工文件 constructing document

施工单位在施工过程中形成的文件。

2.0.6 竣工图 as-built drawing

工程竣工验收后，真实反映建设工程施工结果的图样。

2.0.7 竣工验收文件 handing over document

建设工程项目竣工验收活动中形成的文件。

2.0.8 建设工程档案 project archives

在工程建设活动中直接形成的具有归档保存价值的文字、图纸、图表、声像、电子文件等各种形式的历史记录，简称工程档案。

2.0.9 建设工程电子文件 project electronic records

在工程建设过程中通过数字设备及环境生成，以数码形式存储于磁带、磁盘或光盘等存储载体，依赖计算机等数字设备阅读、处理，并可在通信网络上传送的文件。

2.0.10　建设工程电子档案 project electronic archives

工程建设过程中形成的，具有参考和利用价值并作为档案保存的电子文件及其元数据。

2.0.11　建设工程声像档案 project audio-visual archives

记录工程建设活动，具有保存价值的，用照片、影片、录音带、录像带、光盘、硬盘等记载的声音、图片和影像等历史记录。

2.0.12　整理 arrangement

按照一定的原则，对工程文件进行挑选、分类、组合、排列、编目，使之有序化的过程。

2.0.13　案卷 file

由互有联系的若干文件组成的档案保管单位。

2.0.14　立卷 filing

按照一定的原则和方法，将有保存价值的文件分门别类整理成案卷，亦称组卷。

2.0.15　归档 putting into record

文件形成部门或形成单位完成其工作任务后，将形成的文件整理立卷后，按规定向本单位档案室或向城建档案管理机构移交的过程。

2.0.16　城建档案管理机构 urban-rural development archives organization

管理本地区城建档案工作的专门机构，以及接收、收集、保管和提供利用城建档案的城建档案馆、城建档案室。

2.0.17　永久保管 permanent preservation

工程档案保管期限的一种，指工程档案无限期地、尽可能长远地保存下去。

2.0.18　长期保管 long-term preservation

工程档案保管期限的一种，指工程档案保存到该工程被彻底拆除。

2.0.19　短期保管 short-term preservation

工程档案保管期限的一种，指工程档案保存10年以下。

3　基本规定

3.0.1　工程文件的形成和积累应纳入工程建设管理的各个环节和有关人员的职责范围。

3.0.2　工程文件应随工程建设进度同步形成，不得事后补编。

3.0.3　每项建设工程应编制一套电子档案，随纸质档案一并移交城建档案管理机构。电子档案签署了具有法律效力的电子印章或电子签名的，可不移交相应纸质档案。

3.0.4　建设单位应按下列流程开展工程文件的整理、归档、验收、移交等工作：

1　在工程招标及与勘察、设计、施工、监理等单位签订协议、合同时，应明确竣工图的编制单位、工程档案的编制套数、编制费用及承担单位、工程档案的质量要求和移交时间等内容；

2　收集和整理工程准备阶段形成的文件，并进行立卷归档；

3　组织、监督和检查勘察、设计、施工、监理等单位的工程文件的形成、积累和立卷归档工作；

4　收集和汇总勘察、设计、施工、监理等单位立卷归档的工程档案；

5　收集和整理竣工验收文件，并进行立卷归档；

6　在组织工程竣工验收前，应按本规范的要求将全部文件材料收集齐全并完成工程档案的立卷；在组织竣工验收时，应组织对工程档案进行验收，验收结论应在工程竣工验收报告、专家组竣工验收意见中明确；

7　对列入城建档案管理机构接收范围的工程，工程竣工验收备案前，应向当地城建档案管理机构移交一套符合规定的工程档案。

3.0.5　勘察、设计、施工、监理等单位应将本单位形成的工程文件立卷后向建设单位移交。

3.0.6　建设工程项目实行总承包管理的，总包单位应负责收集、汇总各分包单位形成的工程档案，并应及时向建设单位移交；各分包单位应将本单位形成的工程文件整理、立卷后及时移交总包单位。建设工程项目由几个单位承包的，各承包单位应负责收集、整理立卷其承包项目的工程文件，并应及时向建设单位移交。

3.0.6A　建设工程档案的验收应纳入建设工程竣工联合验收环节。

3.0.7　城建档案管理机构应对工程文件的立卷归档工作进行指导和服务，并按本规范的要求对建设单位移交的建设工程档案进行联合验收。

3.0.8　工程资料管理人员应经过工程文件归档整理的专业培训。

提升篇

第4章 建设单位文件资料（A类）的管理

4.1 建设单位文件的组成

《建设工程文件归档规范》GB/T 50328—2014（2019年版）中规定建设单位（A类）资料分为：立项文件（A1）；建设用地、拆迁文件（A2）；勘察、设计文件（A3）；工程招标投标文件（A4）；开工审批文件（A5）；工程造价文件（A6）；工程建设基本信息（A7）。资料形成的具体流程如图4-1-1所示。

4.2 立项文件（A1）

4.2.1 项目建议书批复文件及项目建议书

项目建议书又称立项申请，是项目发展周期的初始阶段，就某一具体新建、扩建项目提出的项目的建议文件，是对拟建项目提出的框架性的总体设想，由建设单位编制并申报。它可以减少项目选择的盲目性，是国家选择项目的依据，也是可行性研究的依据。

项目建议书批复文件是建设单位的上级主管部门或国家有关主管部门（一般为发展改革部门）对该项目建议书的批复文件。

4.2.2 可行性研究报告批复文件及可行性研究报告

可行性研究报告由建设单位委托有相应资质的工程咨询单位编制，是对项目建议书从技术和经济角度全面进行分析与论证，做出的最佳实施方案。

可行性研究报告批复文件一般是发展改革部门对该项目的可行性研究报告做出的批复文件。

4.2.3 专家论证意见、项目评估文件

专家论证意见是建设单位组织专家会议，所形成的有关建议性方面的文件。

项目评估文件是建设单位或主管部门（一般是发展改革部门）组织会议，对

```
                          项目申请  ─────────  项目建议书及批复意见

  可行性研究报告及  ─────────  可行性研究立项
  批复文件
                                              选址申请及选址规划意见书
                                              建设用地批准文件
                          办理征地手续、─────  拆迁安置意见、协议、方案等
                          拨地测量            建设用地规划许可证及附件
                                              国有土地使用证、划拨用地
                                              文件
                                              地形测量和拨地测量成果报告
  勘察招标文件  ───────────  勘察招标
  勘察中标通知书
  建设工程勘察合同

                          组织现场勘察 ──────  岩土工程勘察报告

  设计招标投标文件
  设计中标通知书
  建设工程设计合同/─────────  设计招标
  设计概算
  初步设计图及设计说明

                          组织施工图编制 ────  施工图及设计说明

  审定设计方案通知书及
  审查意见
  审定设计方案通知书要求
  征求规划、消防、环保等 ───  建设规划及相关
  有关部门的审查意见和有      部门申报
  关协议
  建设工程规划许可证
                                              施工图设计文件审查通知书
                          施工图报审 ────────  施工图审查报告
                                              消防设计审核意见

  监理招标投标文件                             施工招标投标文件
  监理中标通知书  ──── 监理招标  施工招标 ──  施工中标通知书
  委托监理合同                                 施工合同

                                              建设工程开工审查表
                          办理开工手续 ──────  工程质量安全监督注册登记
                                              建设工程施工许可证及附件
                                              施工现场移交单
```

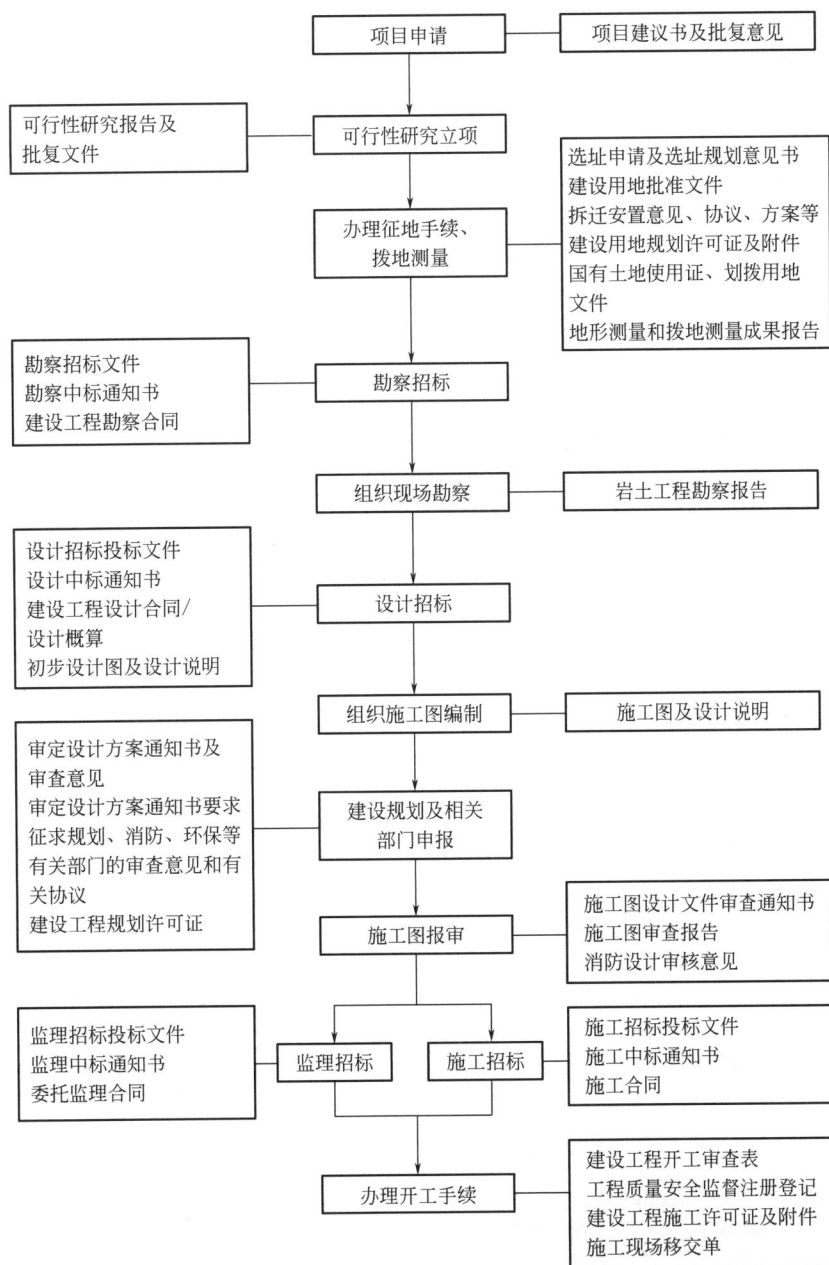

图 4-1-1　建设单位文件资料形成的具体流程

该项目的可行性研究报告进行评估论证之后，所形成的资料。

4.2.4　有关立项的会议纪要、领导批示

有关立项的会议纪要、领导批示是建设单位或其上级主管部门就该项目召开立项研究会议，所形成的纪要文件、领导批示。

4.2.5 建设项目环境影响报告书

建设项目环境影响报告书表现形式为环境影响报告表。环境影响报告表由环境影响评价单位完成并提交，是从保护环境的目的出发，对建设项目进行可行性研究，通过综合评价，论证和选择最佳方案所形成的文件。

4.3 建设用地、拆迁文件（A2）

4.3.1 选址申请及选址规划意见通知书

在城市规划区域内进行建设的建设项目，申请人根据申请条件、依据，向城市规划管理部门提出选址申请，填写建设项目规划审批及其他事项申报表。

建设单位的工程项目选址申请经城市规划管理部门审查，符合有关法规标准的，及时收取申请人申请材料，填写“选址规划意见通知书”。

4.3.2 建设用地申请报告及用地批准书、土地出让合同或划拨建设用地文件

以上文件建设单位到国土资源部门办理，由国土资源部门负责提供。建设项目选址意见书如图4-3-1所示。

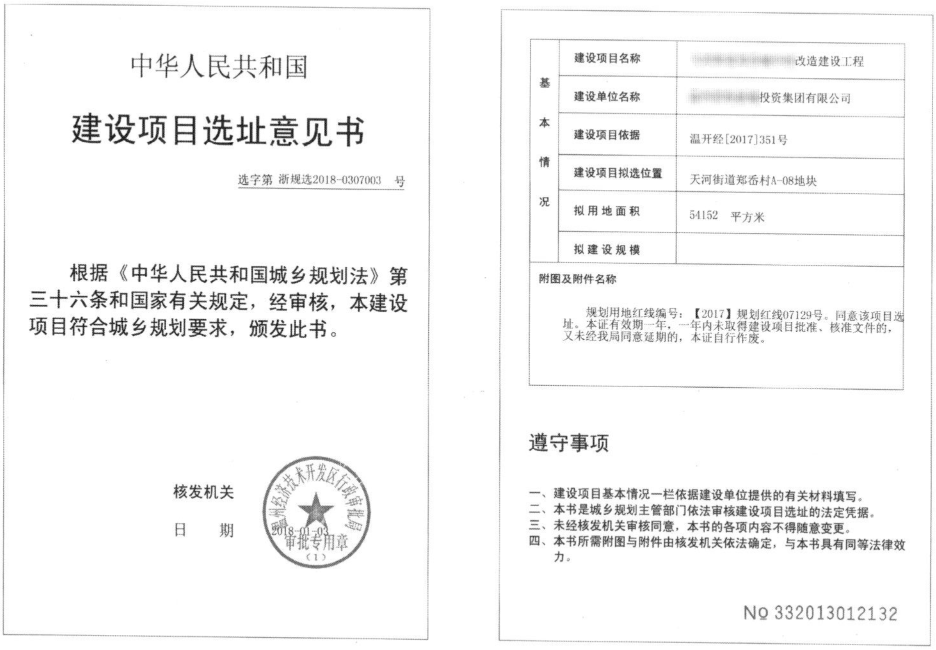
中华人民共和国

建设项目选址意见书

选字第 浙规选2018-0307003 号

根据《中华人民共和国城乡规划法》第三十六条和国家有关规定，经审核，本建设项目符合城乡规划要求，颁发此书。

核发机关

日　期

基本情况	建设项目名称	改造建设工程
	建设单位名称	投资集团有限公司
	建设项目依据	温开经[2017]351号
	建设项目拟选位置	天河街道郑岙村A-08地块
	拟用地面积	54152 平方米
	拟建设规模	

附图及附件名称

规划用地红线编号：【2017】规划红线07129号。同意该项目选址。本证有效期一年，一年内未取得建设项目批准、核准文件的，又未经我局同意延期的，本证自行作废。

遵守事项

一、建设项目基本情况一栏依据建设单位提供的有关材料填写。
二、本书是城乡规划主管部门依法审核建设项目选址的法定凭据。
三、未经核发机关审核同意，本书的各项内容不得随意变更。
四、本书所需附图与附件由核发机关依法确定，与本书具有同等法律效力。

№ 332013012132

图4-3-1 建设项目选址意见书

4.3.3　拆迁安置意见、协议、方案等

拆迁安置补偿协议是拆迁人与被拆迁人、房屋承租人为明确房屋拆迁安置补偿中的权利义务关系而订立的协议，是约定拆迁当事人之间民事权利义务的合同。

4.3.4　建设用地规划许可证及附件

建设用地规划许可证（图4–3–2）及附件由规划行政管理部门提供。

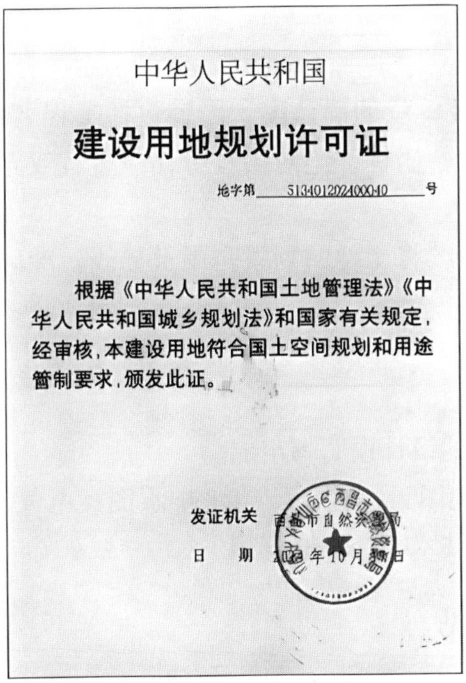

中华人民共和国

建设用地规划许可证

地字第 5134012024000040 号

根据《中华人民共和国土地管理法》《中华人民共和国城乡规划法》和国家有关规定，经审核，本建设用地符合国土空间规划和用途管制要求，颁发此证。

发证机关　西昌市自然资源局

日　　期　20[illegible]年10月[illegible]日

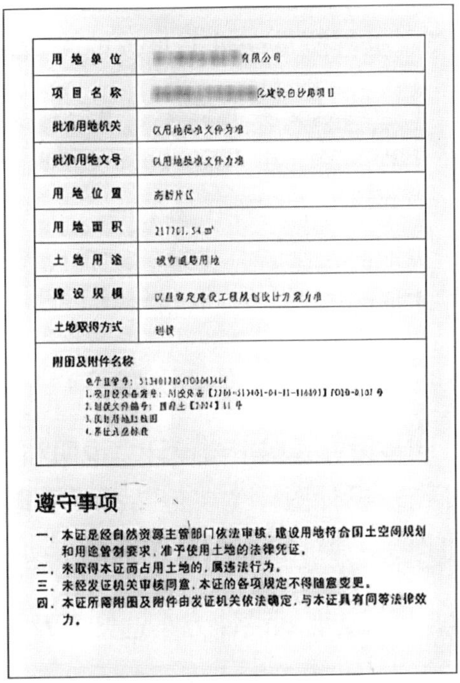

用地单位	[illegible]有限公司
项目名称	[illegible]建设白沙路项目
批准用地机关	以用地批准文件为准
批准用地文号	以用地批准文件为准
用地位置	高新片区
用地面积	217701.54 m²
土地用途	城市道路用地
建设规模	以县审定建设工程规划设计方案为准
土地取得方式	划拨
附图及附件名称	电子监管号：[illegible] 1.项目批复备案号：[illegible] 2.划拨文件编号：西府土【2024】41号 3.[illegible] 4.[illegible]

遵守事项

一、本证是经自然资源主管部门依法审核，建设用地符合国土空间规划和用途管制要求，准予使用土地的法律凭证。
二、未取得本证而占用土地的，属违法行为。
三、未经发证机关审核同意，本证的各项规定不得随意变更。
四、本证所需附图及附件由发证机关依法确定，与本证具有同等法律效力。

图 4–3–2　建设工程规划许可证

4.3.5　土地使用证明文件及附件

建设单位到国土资源部门办理。

4.3.6　建设用地钉桩通知单

规划行政主管部门在核发规划许可证时，应当向建设单位一并发放建设用地钉桩通知单（书）。建设单位在施工前应当向规划行政主管部门提交填写完整的建设用地钉桩通知单（书），收到上报的验线申请后三个工作日内组织验线，经验线合格后方可施工。

4.4 勘察、设计文件（A3）

4.4.1 工程地质勘察报告

由建设单位委托勘察单位进行勘察，根据勘察的结果编制成的文件。

4.4.2 水文、地震、自然条件地质勘察报告

由建设单位委托勘察单位进行勘察，根据勘察的结果编制成的文件。

4.4.3 工程测量交桩书、拨地测量报告

工程测量交桩书是交桩单位移交给接桩单位的确认书，内容包括工程名称、单位工程名称、桩点名称、桩类型、桩位置、坐标、绝对高程等，应盖有双方单位的公章，并有监理在场见证。

拨地测量报告是土地管理部门按规定手续将土地的划拨范围及界线，准确标定于实地的测量过程的报告。

4.4.4 初步设计文件（说明书）

初步设计说明书由设计总说明和各专业的设计说明书组成。

初步设计图样主要包括总平面图、建筑图、结构图、给水排水图、电气图、弱电图、采暖通风及空气调节图、动力图、技术与经济概算等。

4.4.5 审定规划设计方案通知书及审查意见

规划设计方案审查意见是由自然资源和规划主管部门提出的审批意见。

4.4.6 人防、环保、消防、交通、园林、市政、白蚁、卫生等有关主管部门批复文件和取得的有关协议

人防、环保、消防、交通、园林、市政、白蚁、卫生等有关主管部门等部门对建设工程提交的各项文件提出的审批意见。

4.4.7 设计计算书

设计计算书是设计单位根据施工图对建筑物的结构、受力进行验算得出的计算书。

4.4.8　施工图设计文件审查意见

施工图设计审查指有资质的施工图审查机构对施工图设计文件审批形成的文件，如消防、防震、节能审查或其他明文规定的审查。

4.4.9　节能设计备案文件

施工图设计完成后，建设单位填写节能设计备案登记表连同施工图设计一并报送国家能源管理部门请示，申请到指标后到建设主管部门备案。

4.5　工程招标投标文件（A4）

4.5.1　勘察、设计招标投标文件

勘察、设计招标投标文件由建设单位自行编制或委托具有相应资质的招标代理机构编制。

4.5.2　勘察、设计合同及中标通知书

勘察、设计单位中标后，建设单位应当向勘察、设计单位发出中标通知书。勘察、设计单位应当自中标通知书发出之日起三十日内，按照招（投）标文件与建设单位签订书面合同，并将合同报送至建设主管部门备案。

4.5.3　施工招标投标文件

施工招标文件由建设单位自行编制或委托具有相应资质的招标代理机构编制，投标文件由施工单位编制。

4.5.4　施工合同及中标通知书

施工单位中标后，建设单位应当向施工单位发出中标通知书。施工单位应当自中标通知书发出之日起三十日内，按照招（投）标文件与建设单位签订书面合同，并将合同报送建设行政主管部门备案。

4.5.5　工程监理招标投标文件

工程监理招标文件由建设单位自行编制或委托具有相应资质的招标代理机构编制，投标文件由监理单位编制。

4.5.6　监理合同及中标通知书

监理单位中标后，建设单位应当向监理单位发出中标通知书。监理单位应当自中标通知书发出之日起三十日内，按照招（投）标文件与建设单位签订书面合同，并将合同报送建设行政主管部门备案。

4.6　开工审批文件（A5）

4.6.1　建设工程规划许可证及附件

建设工程规划许可证及附件经城乡规划主管部门依法审核，建设工程符合城乡规划要求的法律凭证。

4.6.2　建设工程施工许可证

建设工程施工许可证是建设单位到建设行政主管部门办理的工程施工许可证明。

4.6.3　监督注册登记表、监督通知书、监督方案

监督注册登记表是建设单位到工程质量监督部门进行备案所需提供的材料，并且应包括参建各方签订的责任主体工程质量终身责任承诺书。

监督通知书是质量监督部门审查建设单位在注册登记时所提供的文件和资料符合规定且已交纳监督费后签发的通知书，表明政府开始对该工程实施质量监督管理。

监督方案是指监督机构针对工程项目的特点，根据有关法律、法规和工程建设强制性标准编制的，对该工程实施质量监督活动的指导性文件。监督工作方案应明确监督重点和基本监督方式。

4.7　工程造价文件（A6）

4.7.1　工程投资估算材料

工程投资估算由建设单位编制或委托设计单位（或咨询单位）编制，主要依据相应建设项目投资估算，参照以往类似工程的造价资料编制。

4.7.2　工程设计概算材料

工程设计概算指的是在设计阶段对建设项目投资额度的概略计算。设计概算投资应包括建设项目从立项、可行性研究、设计、施工、试运行到竣工验收等的全部建设资金，设计概算是设计文件的重要组成部分。

4.7.3　招标控制价格文件

招标控制价格文件是由建设单位和施工单位双方编制并认可后形成的文件。

4.7.4　合同价格文件

合同价格文件是指承包人按照建设工程施工合同约定履行施工义务，发包人依约应当支付承包人金额的文件。

4.7.5　结算价格文件

结算价格文件是指施工单位按照建设工程施工合同和已完工程量向建设单位办理工程价清算的实际工程价款的文件。

4.8　工程建设基本信息（A7）

4.8.1　工程概况信息表

工程概况信息表（详见表4-8-1）是建设单位向城建档案馆移交工程档案时填写的表格。

4.8.2　建设单位工程项目管理机构及管理人员名册

建设单位工程项目管理机构及管理人员名册（详见表4-8-2），应包括单位名称、联系电话、法定代表人、项目负责人，以及现场管理人员的姓名、职务、职称、分工等详细内容，最后应盖单位公章、签署日期。

4.8.3　监理单位工程项目总监及监理人员名册

监理单位工程项目总监及监理人员名册（详见表4-8-3）应由监理单位编制，包括单位名称、联系电话、法定代表人、项目总监理工程师、项目监理工程师的姓名、职务、职称、分工等详细内容，最后应盖单位公章、签署日期，报建设单位确认。

4.8.4 施工单位工程项目经理及质量管理人员名册

施工单位工程项目经理及质量管理人员名册（详见表4-8-4）应由施工单位编写，包括单位名称、联系电话、法定代表人、单位总工、项目负责人、项目技术负责人，以及现场管理人员的姓名、职务、职称、分工等详细内容，最后应盖单位公章、签署日期，报建设单位确认。

工程概况信息表（示例）　　　　　　　　　　表 4-8-1

工程名称	××××建设工程项目				工程地址	×× 县 ×× 路		
工程类型	□1.建筑	□2.设备安装		□3.装修工程	预（概）算建安工作量			
	□1.新建	□2.扩建		□3.改建	××××		万元	
投资类别	□1.外资	□2.合资	□3.国有	□4.集体	□5.民营	其中：桩基	×××	万元
建筑面积	××××	m²	层数（地上/地下）	7层/1层	土建	×××	万元	
结构类型	剪力墙		开工日期	××××年××月××日	安装	×××	万元	
完工日期	××××年××月××日		验收日期	××××年××月××日	装修	×××	万元	
	单位名称				资质等级	法人代表	项目负责人	
建设单位	××××开发有限公司				/	×××	×××	
勘察单位	×××××工程勘察院				×级	×××	×××	
设计单位	××××设计院				×级	×××	×××	
监理单位	××××监理有限公司				×级	×××	×××	
监督机构	×× 县建筑工程质量监督站				/	×××	×××	
施工单位	总包	×××××建设工程有限公司			×级	×××	×××	
	分包	×××××建设工程有限公司			×级	×××	×××	
	分包	×××××建设工程有限公司			×级	×××	×××	
	分包	×××××建设工程有限公司			×级	×××	×××	

续表

结构及装修概况	基础	基础持力层为主体结构2层粉质黏土+CFG桩复合地基，墙裙为2层粉质黏土
	主体结构	独立柱、剪力墙强度等级为地下室–4层为C35，4层以上为C30
	屋面	平屋面为4mm厚SBS改性沥青防水卷材1道结合混凝土屋面刚性防水层
	楼、地面	地面以地砖为主，局部为防滑地砖
	门窗	铝合金普通玻璃门窗
	外装饰	外墙装饰为合成树脂乳液砂壁状建筑涂料
	内装饰	内墙装饰以涂料为主，局部为吸音墙面
	防火设备	该工程为一级防火等级，各防火区以耐火极限≥3小时的特级防火卷帘隔开
	机电系统名称	建筑给水排水及采暖，建筑电气，智能建筑，通风与空调，电梯
附注：		

复核人：×××　　　　　　　　　　　　　　　　　　　　　填表人：×××

注：1）工程类别及投资类型应在相应的□内打"√"；
　　2）施工单位若有相应分包单位应填写清楚，便于管理；
　　3）结构类型概况如实填写，如基础为条形基础或者筏板基础等，主体结构为框架结构、框剪结构或是砌体结构等；
　　4）填表人为技术负责人或其授权的现场技术人员；复核人为项目经理。

建设单位工程项目管理机构及管理人员名册（示例）　　　表4-8-2

单位名称	××××开发有限公司	联系电话	××××××××××
法定代表人	×××		
姓名	职务	电话	备注
×××	项目负责人	××××××××××	
×××	土建工程师	××××××××××	
×××	水电工程师	××××××××××	
×××	装饰装修工程师	××××××××××	

建设单位法定代表人（公章）：

日期：××××年××月××日

注：本表由建设单位项目负责人或其授权的现场管理人员填写。

监理单位工程项目总监及监理人员名册（示例） 表 4-8-3

单位名称	××××咨询监理公司	联系电话	×××××××××××
法定代表人	×××		
姓名	职务	电话	备注
×××	总监理工程师	×××××××××××	
×××	监理工程师	×××××××××××	
×××	监理工程师	×××××××××××	

监理单位法定代表人（公章）：

日期：××××年××月××日

建设单位项目负责人：×××

日期：××××年××月××日

注：1）本表由监理单位项目负责人或其授权的现场管理人员填写；

2）本表须由建设单位复核。

施工单位工程项目经理及质量管理人员名册（示例） 表 4-8-4

单位名称	××××建设工程有限公司	联系电话	×××××××××××
法定代表人	×××		
姓名	职务	电话	备注
×××	项目负责人	×××××××××××	
×××	技术负责人	×××××××××××	
×××	施工员	×××××××××××	
×××	施工员	×××××××××××	
×××	施工员	×××××××××××	
×××	施工员	×××××××××××	
×××	安全员	×××××××××××	
×××	标准员	×××××××××××	
×××	劳务员	×××××××××××	
×××	质量员	×××××××××××	
×××	材料员	×××××××××××	

续表

×××	机械员	××××××××××	
×××	资料员	××××××××××	
施工单位法定代表人（公章）： 日期：××××年××月××日			
建设单位项目负责人：××× 日期：××××年××月××日			

注：1）本表由施工单位项目负责人或其授权的现场管理人员填写；

　　2）本表须由建设单位复核。

第5章　监理单位文件资料（B类）的管理

5.1　监理单位文件资料的组成

监理资料可分为监理管理文件（B1）、进度控制文件（B2）、质量控制文件（B3）、造价控制文件（B4）、工期管理文件（B5）和监理验收资料（B6）。文件资料形成的具体流程如图5-1-1所示。

5.2　监理单位文件资料管理的主要内容

监理单位文件资料管理是指监理工程师受建设单位的委托，在其进行监理工作期间，对工程建设实施过程中所形成的与监理相关的文档进行收集积累、加工整理、组卷归档和检索利用等的一系列工作。

监理文件资料管理的对象是监理文件，它们是工程建设监理信息的主要载体之一。建设工程监理文件资料管理的主要内容包括：监理文件资料的收发与登录，监理文件资料的传阅及发文，监理文件资料的分类存放，监理文件资料的借阅、更改与作废。

5.3　监理管理文件（B1）

5.3.1　监理规划

应在签订监理合同和工程设计图纸文件后编制监理规划。监理规划由总监理工程师组织专业监理工程师编制，编制完成后由总监理工程师审核并签字，经监理公司技术负责人审核批准后，在召开第一次工地会议7天前报送建设单位项目负责人审核批准。

《建设工程监理规范》GB/T 50319—2013明确规定，监理规划的内容包括：工程概况；监理工作的范围、内容、目标；监理工作依据；监理组织形式，人员配

```
监理投标  ──形成──→  投标书

监理中标  ──形成──→  中标通知书
                      (监理公司)

编制监理规划  ──形成──→  监理规划

施工准备阶段  ──形成──→  工程技术文件审批表
                          施工测量放线报验表
                          第一次工地会议纪要

开/复工审批  ──形成──→  工程开/复工报审表

施工阶段  ──形成──→  工监理实施规划
```

工程进度控制	施工进度计划报审表,(××)月工、料、机动态表,工程暂停令,工程开/复工报审表,工程延期报审表,监理通知,监理通知回复单	工程质量控制	工程物资进场报验表,分包单位资质报审表,分项、分部(子分部)工程质量验收报验表,监理通知,监理通知回复单,监理抽验记录,不合格项处置记录,旁站记录,见证取样和送样人备案书,见证记录	工程造价控制	(××)工程进度(结算)款报审表,工程款支付报审表,临时签证报审表	施工合同及其他	工程变更表,工程变更费用报审表,费用索赔报审表,工程暂停令,工程开/复工报审表,工程延期报审表,工程款支付报审表

```
组织竣工验收  ──形成──→  单位(子单位)工程竣工申请报告(施工单位)
                          单位(子单位)工程施工质量竣工预验收报验表
                          工程质量评估报告(监理单位)

参加竣工验收  ──形成──→  单位(子单位)工程施工质量竣工验收表

工程移交  ──形成──→  竣工移交证书

监理资料归档或移交  ──形成──→  全部监理资料档案

竣工备案  ──形成──→  竣工验收备案表等备案文件
```

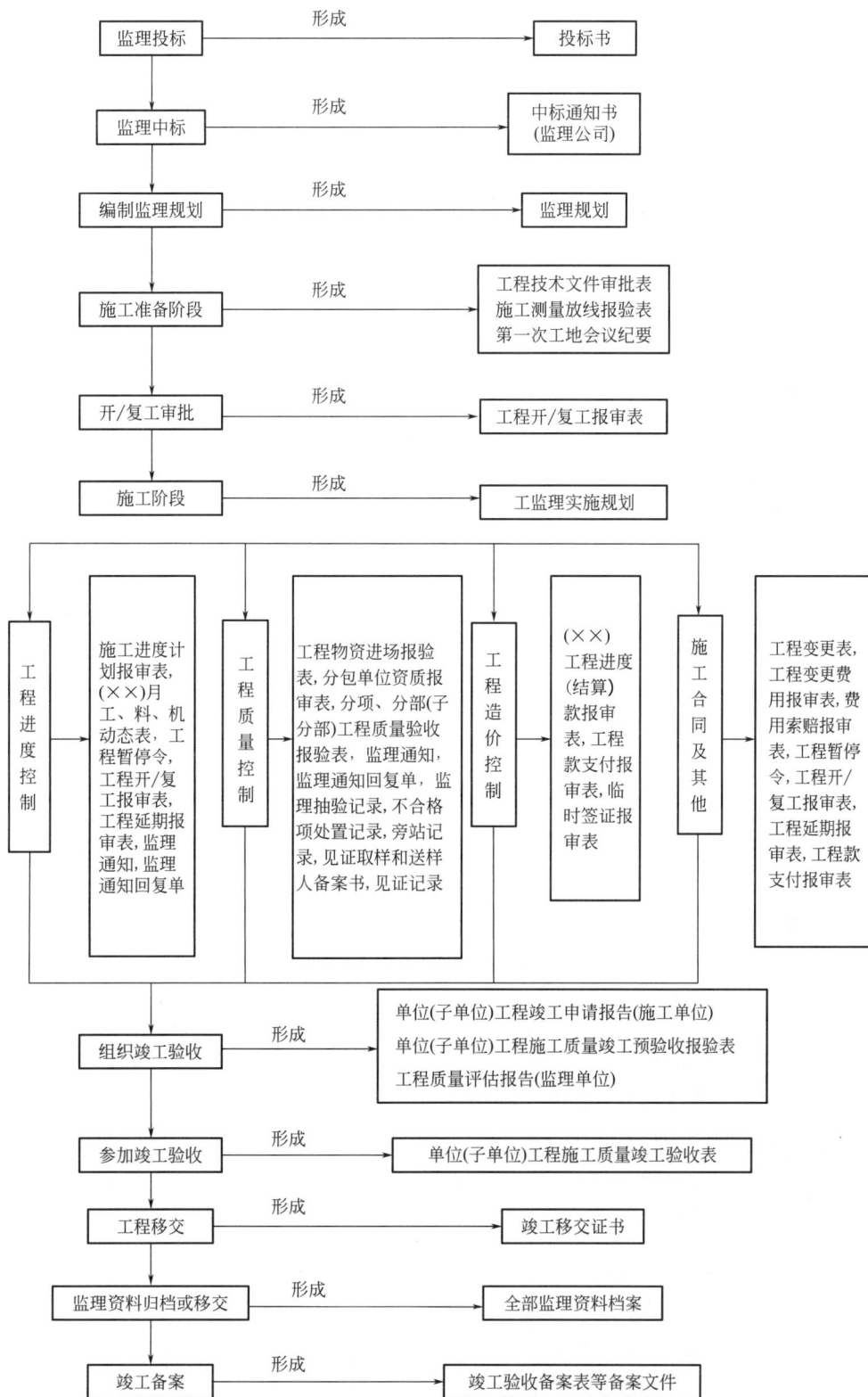

图 5-1-1 监理单位文件资料形成的具体流程

备及进退场计划，监理人员岗位职责；监理工作制度；工程质量控制；工程造价控制；工程进度控制；安全生产管理的监理工作；合同与信息管理；组织协调；监理工作设施。

5.3.2　监理实施细则

监理实施细则应由专业监理工程师负责编制，由总监理工程师审核批准，并可根据实际情况的变化进行必要的修改、补充、完善，再由总监理工程师审核批准。

监理实施细则的内容包括：专业工程特点，监理工作的流程，监理工作的控制要点及目标值，监理工作的方法及措施等。

5.3.3　监理月报

监理月报应由项目总监理工程师组织专业监理工程师编制，签署后报送建设单位和本单位。

监理月报的内容包括：本月工程实施情况；本月监理工作情况；本月施工中存在的问题及处理情况；工程质量与工程款支付情况，合同及其他事项的处理情况；下月监理工作重点。

5.3.4　监理会议纪要

监理会议纪要应由项目监理部根据会议记录整理，经总监理工程师审阅，并经与会各方代表会签后再发至有关参建各方，各方应做好签收手续。

监理例会是参建各方为了相互沟通情况，交流信息，协调处理、研究解决各自在合同履约过程中存在的方方面面问题的一种主要协调方式。其会议纪要由项目监理部根据会议记录整理，内容主要包括：

（1）例会的地点与时间；

（2）会议主持人；

（3）与会人员的姓名、单位、职务；

（4）例会的主要内容、决议事项，及其负责落实的单位、负责人与时限要求。

5.3.5　监理工作日志

监理工作日志以项目监理工作为记载对象，自该项目监理工作开始起至该项目监理工作结束止，由专人负责逐日如实记载，如表5-3-1所示。

监理日志的主要内容：

（1）天气和施工环境情况。

（2）施工进展情况。

（3）监理工作情况（包括旁站、巡视、见证取样、平行检验等情况）。

（4）存在的问题及协调解决情况。

（5）记录发生争议时各方的相同和不同意见以及协调情况。

（6）记录天气和温度对工序质量的影响及采取的措施情况。

（7）其他有关事项。

监理日志（示例）　　　　　　　　　　　　　　　表 5-3-1

日期	×××年××月××日周六	天气	雾转阴	最低-最高气温	15~21℃
项目施工作业内容： 5号楼地下室负一层墙柱封模及加固，顶部梁板钢筋绑扎，水电预埋施工； 7号楼支模架配件未进场，今日无人施工； 4号楼长螺旋桩基施工					
项目监理工作内容、发现的问题及处理情况： 现场南门防疫工作开展旁站，督促进出人员做好扫码、测温、登记工作； 旁站4号楼长螺旋桩基施工，检查成桩质量相关项，形成文字影像记录； 现场安全、质量、扬尘治理、场地积水巡查，形成影像记录。					
施工项目部的人员动态及主要机械设备、材料进场情况： 大挖机9台、小挖机1台、长螺旋打桩机1台、地泵1台、抗浮锚杆桩机2台、汽车起重机1台、塔式起重机5台； 大工52人、水电工6人、钢筋工28人、泥工12人、内架工11人、架子工14人、电焊工7人、叠合板安装工6人、 桩机操作工14人、锚杆桩机操作工12人。					
其他（工程试验、见证取样、指令、口头协商、会议、上级通知）： 无。					
记录人	×××			总监理工程师	×××

注：1）施工日期、天气及气温应当如实填写；

　　2）当日施工内容应详尽，要与工程量完成情况对应；

　　3）现场发现的质量安全问题应当场指出并要求现场改正，若无法现场改正应该责令期限改正，并做好
　　　　记录；

　　4）核实当日人员以及机械、材料进场情况并做好记录；

　　5）记录人为专业监理工程师，总监须审核签字。

5.3.6　监理工作总结

项目竣工后，项目监理机构应对监理工作进行总结，监理工作总结经总监理工程师签字并加盖工程监理单位公章后报送建设单位。监理工作总结应包括下列主要内容：

（1）工程概况；

（2）项目监理机构的组成；

（3）建设工程监理合同履行情况；

（4）监理工作成效；

（5）监理在施工过程中发现的问题及其处理情况；

（6）现场照片或录像等。

5.3.7　工作联系单

工作联系单用于项目监理机构与工程建设有关各方相互之间日常书面工作传递意见、决定、通知、要求等信息，如表5-3-2所示。

工作联系单（示例）　　　　　　　　　　　　　　　表 5-3-2

工程名称：××××建设工程项目

致：××××监理有限公司（单位）
事由：关于现场土方外运运距的事宜
因现场土方开挖量过大，施工场地及周边无法堆放，需将土方全部用渣土车外运至指定场地。具体外运路线及运距需由参建各方共同确认。
附件：
发文单位（公章）： 　　　　　　　　　　　　　　　　　　　　　　项目负责人（签字）：××× 　　　　　　　　　　　　　　　　　　　　　　××××年××月××日

5.3.8　监理通知单

当现场专业监理工程师或总监理工程师发现施工过程中存在违法、违规，不按设计要求、工程建设标准、合同约定施工时，由总监理工程师或专业监理工程师签发监理通知单，对于一般问题可由专业监理工程师签发，对于重大问题应由总监理工程师或经其同意后由专业监理工程师签发，如表5-3-3所示。

监理通知单（示例）　　　　　　　　　　　　　　　表 5-3-3

工程名称：××××建设工程项目

致：××××建设集团有限公司（施工项目经理部）
事由：关于"地下室底板找平层未施工就擅自进行防水卷材施工"的违规施工事宜
内容：由贵司承建的××项目，目前已施工完成的地下室底板在浇筑完基层垫层后，均未按设计图纸要求施工DS20预拌砂浆找平层，就擅自进行防水卷材施工，监理部已多次要求现场停止防水施工，待找平层工序施工完成并验收合格后方可进行防水卷材施工，但你司不予理会，存在违规施工行为。
现要求你司在三天内按设计要求进行整改到位，严格按图施工。对逾期未整改造成的一切质量后果由你司全部承担，且未施工的找平层的工程量不予计量。
附件：附现场不符合项照片
抄送：××××开发有限公司（甲方）
项目监理机构（公章）： 　　　　　　　　　　　　　　　　　　　　　　总/专监理工程师（签字）：××× 　　　　　　　　　　　　　　　　　　　　　　××××年××月××日

注：1）通知单应附现场不符合项的照片或者相关事项的照片；

　　2）本通知单应该抄送给甲方单位。

5.3.9　监理通知回复单

施工单位在接到监理通知单之后，应根据通知单中提到的问题，认真分析，制定措施，及时整改，并把整改结果填写监理通知回复单。回复意见应根据监理通知单的要求，简要说明落实整改的过程、结果及自检情况，必要时应附整改相关证明资料，包括检查记录、对应部位整改前后的影像资料，经项目经理签字及项目经理部盖章后，报项目监理部复查，如表5-3-4所示。

监理通知回复单（示例）　　　　　　　　　　　　表 5-3-4

工程名称：××××建设工程项目

致：××××监理有限公司（项目监理机构） 　　我项目部接到编号为20××-002的监理通知单后，已按要求完成了对一区Ⅱ段给水系统干管安装的质量问题的整改工作，请予以复查。 　　详细内容： 　　我项目部收到（20××-002）号《监理通知》后，立即组织有关人员对一区Ⅱ段已完成的给水系统干管安装工程进行了全面的质量复查，共发现问题6处，已进行整改处理：管材等退回××物资公司，并将进场验收合格的管材立即安装完毕。经自检达到规范要求，同时对水暖工长及其班组进行质量教育，增强质量意识，杜绝此类问题，确保工程质量。 　　附件：附整改前后照片 　　　　　　　　　　　　　　　　　　　　　　施工单位（公章）： 　　　　　　　　　　　　　　　　　　　项目经理（签字、执业印章）：××× 　　　　　　　　　　　　　　　　　　　　　　　　××××年××月××日
复查意见：审查合格。 　　　　　　　　　　　　　　　　　　　　　　项目监理机构（公章）： 　　　　　　　　　　　　　　　　　总监理工程师/专业监理工程师（签字）：××× 　　　　　　　　　　　　　　　　　　　　　　　　××××年××月××日

注：1）通知回复单是由施工单位完成通知单的内容后回复给监理单位的函件；

　　2）附件内容应包括整改前后的照片；

　　3）施工单位在项目经理审核签字后加盖执业印章；

　　4）监理单位复查合格后，应存档销案；若复查后发现施工单位整改不符合规范要求时，应及时通知建设单位并要求施工单位按照规范整改。

5.3.10　工程暂停令

总监理工程师签发工程暂停令，应事先征得建设单位同意；在紧急情况下，未能事先征得建设单位同意的，应在事后及时向建设单位书面报告。施工单位未按要求停工或复工的，项目监理机构应及时报告建设单位。工程暂停令如表5-3-5所示。

工程暂停令（示例）   表 5-3-5

工程名称：××××建设工程项目

致：××建设集团有限公司（施工项目经理部）

由于基坑土钉墙护坡工程施工有部分锚杆长度没有达到设计要求原因，现通知你方于××××年××月××日××时，暂停基坑土钉墙护坡工程南侧-4.2m部位（工序）施工，并按下述要求做好后续工作。

要求：

1.对此侧锚杆进行全面检查并做好检查记录。

2.对不符合设计长度的锚杆进行处理，使其符合设计要求。

3.对由于土质情况达不到设计长度的锚杆进行重新验算，由设计单位签发设计变更单报项目监理部签认。

4.完成上述内容后填报《工程复工报审表》报项目监理部。

项目监理机构（公章）：

总监理工程师（签字、执业印章）：×××

××××年××月××日

注：1）必须注明工程暂停的具体部位以及原因；

2）应有总监理工程师签字并加盖执业印章；

3）附件中宜有现场不符合项的照片。

5.3.11 工程复工报审表

无论由何方原因造成的工程暂停，在暂停原因消失具备复工条件时，施工单位应及时填写《工程复工报审表》报项目监理部审批，总监理工程师签发指令同意或要求施工单位复工；施工单位未提出复工申请的，总监理工程师应根据实际情况指令施工单位复工。

填表注意事项：

1）因建设单位原因或非施工单位原因引起工程暂停的，在具备复工条件时，应及时签发工程复工令指令施工单位复工。

2）因施工单位原因引起工程暂停的，施工单位在复工前应使用工程复工报审表申请复工；项目监理机构应对施工单位的整改过程、结果进行检查、验收，符合要求的，对施工单位的工程复工报审表予以审核，并报建设单位；建设单位审批同意后，总监理工程师应及时签发工程复工令，施工单位接到工程复工令后组织复工。

3）工程复工令内必须注明复工的部位和范围、复工日期等，并附工程复工报审表等其他相关说明文件，如表5-3-6、表5-3-7所示。

工程复工报审表（示例）   表 5-3-6

工程名称：××××建设工程项目

编号：

致：××××监理有限公司（项目监理机构）

编号为001《工程暂停令》所停工的，主体结构一层①~⑥轴部位（工序），已满足复工条件，我方申请于××××年××月××日复工，请予以审批。

续表

附件：证明文件资料	施工项目经理部（盖章）： 项目经理（签字，执业印章）：××× ××××年××月××日
审核意见： 　　　　　　符合要求，同意审批。	项目监理机构（盖章）： 总监理工程师（签字、执业印章）：××× ××××年××月××日
审核意见： 　　　　　　符合要求，同意审批。	建设单位（盖章）： 建设单位代表（签字）：××× ××××年××月××日

注：1）应注明具体的复工部位及复工时间；

　　2）附件应有具备复工条件的影像资料；

　　3）施工单位项目经理签字加盖执业印章后交由监理单位审核，复核符合复工条件，总监签字加盖执业印章递交建设单位审批；若复核不符合复工条件，应通知施工单位不得复工。

工程复工令（示例）　　　　　　　　表 5-3-7

工程名称：××××建设工程项目　　　　　　　　编号：

致：××××建设集团有限公司（施工项目经理部） 　　我方发出编号为 001《工程暂停令》，要求暂停施工的地下室底板部位（工序），经查已具备复工条件。经建设单位同意，现通知你于××××年××月××日××时起恢复施工。 附件： 　□工程复工报审表 　□工作联系单（建设单位） 　　　　　　　　　　　　　项目监理机构（公章）： 　　　　　　　　　　　　　总监理工程师（签字、执业印章）：××× 　　　　　　　　　　　　　××××年××月××日

注：建设单位通过复工审批后，监理单位应及时下达复工令至施工单位项目部，督促施工单位按时复工。

5.4　进度控制文件（B2）

5.4.1　工程开工报审表

当现场具备开工条件且已做好各项施工准备工作后，施工单位应及时填写《工程开工报审表》报项目监理机构审批，总监理工程师审批后报建设单位。

建设单位对工程开工报审表签署同意意见后，总监理工程师可签发工程开工令，工程开工令应由总监理工程师签字并加盖执业印章，如表 5-4-1、表 5-4-2 所示。

工程开工报审表（示例）　　　　　　　　表 5-4-1

工程名称：××××建设工程项目　　　　　　　　　　　　　　　　编号：

致：××××开发有限公司（建设单位） 　　××××监理有限公司（项目监理机构） 　　我方承担的××××建设项目工程，已完成相关准备工作，具备开工条件，申请于××××年××月××日开工，请予以审批。 　　附件： 　　　　　　　　　　　　　　　　　　　　　　施工单位（公章）： 　　　　　　　　　　　　　　　　　　　　　　项目经理（签字，执业印章）：××× 　　　　　　　　　　　　　　　　　　　　　　　　　　××××年××月××日
审核意见： 　　　　　　　　　　　符合要求，同意审批。 　　　　　　　　　　　　　　　　　　　　　　项目监理机构（公章）： 　　　　　　　　　　　　　　　　　　　　　　总监理工程师（签字、执业印章）：××× 　　　　　　　　　　　　　　　　　　　　　　　　　　××××年××月××日
审核意见： 　　　　　　　　　　　符合要求，同意审批。 　　　　　　　　　　　　　　　　　　　　　　建设单位（公章）： 　　　　　　　　　　　　　　　　　　　　　　建设单位代表（签字）：××× 　　　　　　　　　　　　　　　　　　　　　　　　　　××××年××月××日

注：1）开工条件达到后，施工单位应当填写开工报审表，注明开工日期；

2）附件应当有符合开工要求的各种资料；

3）项目经理签字确认并加盖执业印章后交项目监理机构审核，监理机构审核后认定现场已符合开工条件的应递交建设单位审批，建设单位应当在规定时间内审批并通知监理机构发出工程开工令至施工单位；监理机构审核后若认定不符合开工条件，应列出不符合项并通知施工单位限期整改。

工程开工令（示例）　　　　　　　　表 5-4-2

工程名称：××××建设工程项目　　　　　　　　　　　　　　　　编号：

致：××××建设集团有限公司（施工单位） 　　经审查，本工程已具备施工合同约定的开工条件，现同意你方开始施工，开工日期为：××××年××月××日。 　　附件：开工报审表 　　　　　　　　　　　　　　　　　　　　　　项目监理机构（公章）： 　　　　　　　　　　　　　　　　　　　　　　总监理工程师（签字、执业印章）：××× 　　　　　　　　　　　　　　　　　　　　　　　　　　××××年××月××日

注：1）监理单位在建设单位同意施工单位的开工报审后，及时下发开工令至施工单位；

2）开工令应有总监签字及其执业印章。

5.4.2　施工进度计划报审表

　　施工单位应根据建设工程施工合同的约定，及时编制施工总进度计划、年进度计划、月进度计划，并及时填写《施工进度计划报审表》报项目监理机构审批，总监理工程师应及时审批后报建设单位。

5.5　质量控制文件（B3）

5.5.1　质量事故报告及处理资料

质量事故报告及处理资料主要包括质量事故的上报、调查、统计、分析、处理等资料。

项目监理机构向建设单位提交的质量事故书面报告的主要内容包括：工程及各参建单位名称；质量事故发生的时间、地点、工程部位；事故发生的简要经过、造成工程损伤状况、伤亡人数和直接经济损失的初步估计；事故发生原因的初步判断；事故发生后采取的措施及处理方案；事故处理的过程及结果。

5.5.2　旁站记录

项目监理机构在编制监理规划时，应制定旁站方案，明确旁站的范围、内容、程序和旁站人员职责，包括施工单位质检人员到岗情况、特殊工种人员持证情况，以及施工机械、材料准备及关键部位、关键工序的施工是否按（专项）施工方案及工程建设强制性标准执行等情况。旁站方案是监理人员在充分了解工程特点及监控重点的基础上，确定必须加以重点控制的关键部位、关键工序，并以此制订的旁站作业指导方案。现场监理人员必须按此执行并根据方案的要求，有针对性地进行检查，将可能发生的工程质量问题和隐患加以消除。旁站记录是监理工程师或者总监理工程师依法行使有关签字权的重要依据，在工程竣工验收后，工程监理单位应当将旁站记录存档备查。旁站记录如表5-5-1所示。

旁站记录（示例） 表 5-5-1

工程名称：××××建设工程项目　　　　　　　　　　　　　　　　　　　编号

旁站的关键部位、关键工序	主体结构一层①~⑥轴，框架柱顶标高+3.55m	施工单位	××××建设集团有限公司
旁站开始时间	××××年××月××日××时××分	旁站结束时间	××××年××月××日××时××分
旁站的关键部位、关键工序施工情况： 主体结构一层①~⑥轴框架柱混凝土浇筑自××××年××月××日××时××分开始至××××年××月××日××时××分浇筑完毕，采用×××混凝土公司商品混凝土，坍落度为180mm±20mm，混凝土强度为C30，采用汽车运输，输送泵浇筑，施工人数为振捣工2人、钢筋工1人、木工3人、水电工3人、混凝土工9人、管理人员2人。混凝土振捣采用行星滚锥内部振动器。			

续表

监理情况：	
经检查施工单位工长黄某到岗，混凝土开灌申请各项符合图纸设计及规范要求，材料准备齐全，同意进行浇筑。并告知框架柱开始浇筑时，底部应先浇筑一层50~100mm厚与所浇筑混凝土相同的水泥砂浆，再以浇筑第一罐混凝土时，制作一组标养试块。××时××分××秒抽查混凝土坍落度为172mm、167mm、178mm，未发生跑模、胀模，符合规范要求。在浇筑过程中，实验员分别在××时××分××秒制作C30标养一组同条件三组试块。	
发现的问题及处理情况：	
××时发现施工方从一端向另一端进行推进浇筑，要求停止，改为每排柱子由外向内对称地顺序浇筑，因预防柱子模板湿胀造成受推倾斜而误差积累难以纠正。 　　××时发现振捣工艺不符合施工工艺要求，要求出示上岗证件，查看符合规范要求。随后监理告知，应垂直插入，并插入下层混凝土50mm，以满足上下层混凝土能结合成整体。每一振点的振捣延续时间，应使混凝土表面出现浮浆和不再沉淀为限，做到快插慢拔。 　　　　　　　　　　　　　　　旁站监理人员（签字）：××× 　　　　　　　　　　　　　　　　　　　　××××年××月××日	

　　注：1）旁站记录由该工序专业监理工程师填写，注明该工序的名称，开始及结束时间；
　　　　2）附件应包括旁站工序的照片。

5.5.3　见证取样和送检人员备案表

　　每个单位工程都应该按照有关规定，设定取样和送检见证人员，见证人员应由该工程的监理单位或建设单位具备岗位资格的专业技术人员担任。项目监理机构应根据工程的特点和具体情况，制定工程见证取样送检工作制度，见证取样监理人员应根据见证取样实施细则要求、按程序实施见证取样工作，包括：在现场进行见证，监督施工单位取样人员按随机取样方法和试件制作方法进行取样；对试样进行监护、封样加锁；在检验委托单签字，并出示"见证员证书"；协助建立包括见证取样送检计划、台账等在内的见证取样档案等。

5.5.4　见证记录（表5-5-2）

见证记录（示例） 表5-5-2

工程名称	×××建设工程项目		编号	×××	
样品名称	HRB400 ϕ22钢筋	试件编号	××××××	取样数量	2组
取样部位/地点	一层梁		取样日期	××××年××月××日	
见证取样说明	样品符合要求				
见证取样送检印章					
签字栏	取样人员			见证人员	
	×××			×××	

　　注：1）见证人确保见证过程按照规范要求的数量取样；
　　　　2）见证人在见证取样结束后，如实填写见证记录。

5.5.5　工程技术文件报审表

施工单位编写的工程技术文件，须经施工单位相关部门审批后，填写《工程技术文件报审表》报项目监理部。总监理工程师组织专业监理工程师审查，填写审查意见，由总监理工程师签署审核结论。

5.6　造价控制文件（B4）

5.6.1　工程款支付

施工单位根据完成的工程量，按照施工合同的约定，计算相应的工程进度款，然后填写工程进度（结算）款报审表报项目监理机构审批，项目监理机构应及时审查施工单位提交的工程款支付申请。

5.6.2　工程款支付证书

项目监理机构收到经建设单位签署审批意见施工单位支付申请后，再由总监理工程师签发工程款支付证书（表5-6-1），该证书由项目监理单位、建设单位和施工单位各保存一份。

工程款支付证书（示例）

表 5-6-1

工程名称：××××建设工程项目　　　　　　　　　　　　　　　　编号：

致：××××建设集团有限公司（施工单位） 　　根据施工合同约定，经审核编号为<u>001</u>工程款支付报审表，扣除有关款项后，同意支付工程款共计（大写）×××元整（小写：×××元）。 　　其中： 　　1.施工单位申报款为：<u>×××元</u> 　　2.经审核施工单位应得款为：<u>×××元</u> 　　3.本期应扣款为：<u>×××元</u> 　　4.本期应付款为：<u>×××元</u> 　　附件：进度款申请资料   　　　　　　　　　　　　　　　　　　　项目监理机构（公章）： 　　　　　　　　　　　　　　　　　　　总监理工程师（签字、执业印章）：××× 　　　　　　　　　　　　　　　　　　　××××年××月××日

注：1）工程款的数字应包括大小写；

　　2）支付证书需总监签字并加盖执业印章。

5.6.3　工程变更费用报审表

项目监理机构应在工程变更实施前与建设单位、施工单位等协商确定工程变更的计价原则、计价方法或价款，施工单位根据工程变更单完成的工程量，填写《工程变更费用报审表》报项目监理机构审查。

5.6.4　费用索赔报审表

索赔事件终止后，施工单位填写费用索赔报审表（表5-6-2）报项目监理机构审批。

费用索赔报审表（示例）　　　　　　　　　表 5-6-2

工程名称	××××建设工程项目	施工单位	××××建设集团有限公司
致：××××监理有限公司（监理单位） 　　根据施工合同条款专用合同条款第16.1.2第（4）、（5）条的规定，由于甲供材料未及时进场，致使工期延误，且造成我司现场机械和人员停工10天的原因，我方要求索赔金额（大写）壹万叁仟元整元，请予以批准。 　　附件： 　　1.索赔的详细理由及经过 　　2.索赔金额的计算 　　3.证明材料 　　　　　　　　　　　　　　　　　　　施工单位（公章）： 　　　　　　　　　　　　　　　　　　　项目经理（签字）：××× 　　　　　　　　　　　　　　　　　　　日期：××××年××月××日			
审查意见： 　　□不同意此索赔。 　　☑同意此索赔。 　　金额为（大写）壹万叁仟元整 　　　　　　　　　　　　　　　　　　　监理单位（公章）： 　　　　　　　　　　　　　　　　　　　总监理工程师（签字）：××× 　　　　　　　　　　　　　　　　　　　日期：××××年××月××日			

注：1）索赔报审表需要注意时效性，在规定的时间内提交；

　　2）索赔的证明材料应包括现场影像资料；

　　3）项目监理机构应在规定的时间内审核，若索赔事件属实，总监签字确认后提交建设单位审批；若索赔事件不属实或证明材料不符合要求需退回至施工单位。

5.6.5　费用索赔审批表

项目监理机构应及时收集、整理有关工程费用的原始资料，为处理费用索赔提供证据；索赔事件终止后，监理单位填写费用索赔审批表（表5-6-3）报建设单位审批。

费用索赔审批表（示例）　　　　　　表 5-6-3

费用索赔审批表	编号	××××
工程名称	××××建设工程项目	日期	××××年××月××日

致 ××××建设集团有限公司（施工单位）：

　　根据施工合同第专用合同条款第 16.1.2 第（4）、（5）条款的规定，你方提出的第（1）号关于费用索赔申请，索赔金额（大写）壹万叁仟元整，（小写）13000 元整，经我方审核评估：

□不同意此项索赔。

☑同意此项，金额为（大写）壹万叁仟元整。

理由：由于甲供材未能按约定日期到场滞后 10 天，由此导致承包商机械租赁费、人工窝工费损失由建设方承担。

索赔金额的计算：$1000 \times 10 + 100 \times 3 \times 10 = 13000$ 元

注：机械租赁费按 1000 元/台班计算，人员窝工费按 100 元/日计算。

监理工程师（签字）：×××

监理单位名称：××××监理有限公司

总监理工程师（签字）：×××

日期：××××年××月××日

注：1）项目监理机构审核索赔事件确认属实后，填写审批表报建设单位审批；

　　2）索赔金额的填写应包括大小写数字；

　　3）索赔理由中应有索赔事件的照片。

5.7 工期管理文件（B5）

5.7.1 工程延期申请表

　　工程发生延期事件时，施工单位在合同约定的期限内，向项目监理机构提交《工程延期报审表》，在项目监理机构最终评估出延期天数并与建设单位协商一致后，总监理工程师给予批复。

5.7.2 工程延期审批表

　　影响工期事件具有持续性时，项目监理机构应对施工单位提交的阶段性工程临时延期报审表进行审查，签署工程临时延期审核意见后报建设单位。

　　当影响工期事件结束后，项目监理机构应对施工单位提交的工程最终延期报审表进行审查，签署工程最终延期审核意见后报建设单位。

5.8 监理验收文件（B6）

5.8.1 竣工移交证书

　　工程竣工验收完成后，由项目总监理工程师和建设单位代表共同签署《竣工移交证书》，并加盖施工单位、监理单位、建设单位公章。

5.8.2 监理资料移交书（表5-8-1）

监理资料移交书（示例）　　　　　　　　　　　表 5-8-1

×××× 建设工程项目按相关规定向 ×××× 开发有限公司办理监理资料移交手续。共计 ×× 册。

附件：

监理单位（公章）：　　　　　　　建设单位（公章）：

单位负责人（签字）：　　　　　　单位负责人（签字）：

总监理工程师（签字）：　　　　　项目负责人（签字）：

移交人（签字）：　　　　　　　　接收人（签字）：

移交日期：×××× 年 ×× 月 ×× 日

附件：

资料名称	资料的编号	页数	文件内容的简略说明
××× 工程监理规划	B1-1-001	××	本工程监理工作的规划
××× 工程监理实施细则	B1-2-001-×××	××	针对重难点工艺的具体监理方案
×× 工程监理月报	B1-3-××××-××××	××	各月监理工作总结
×× 工程 ×× 工艺监理工作日志	B1-5-021101	××	每日监理工作总结
×× 工程监理工作总结	B1-6-001	××	总结本工程的监理工作
×× 工程旁站记录	B1-7	××	针对重难点工作旁站后做的详细记录
×× 工程质量评价意见及报告	B1-8	××	工程质量的评价
×× 工程 ×× 质量事故及处理资料	B1-9	××	质量事故处理记录
×× 工程见证取样和送检见证人备案书	B1-10	××	见证取样备案人员资料
×× 工程见证取样和送检计划	B1-11	××	质量控制资料
×× 工程见证记录	B1-12	××	针对见证取样的工作结束后做的详细记录
单位工程竣工预验收报验单	B1-13	××	预验收后出具的验收单
竣工移交证书	B1-14	××	移交建设单位

第6章 施工单位文件资料（C类）的管理

6.1 施工单位文件资料的组成

《建设工程文件归档规范》GB/T 50328—2014（2019年版）中规定施工单位（C类）资料分为：施工管理文件（C1）；施工技术文件（C2）；进度造价文件（C3）；施工物资出厂质量证明及进场检测文件（C4）；施工记录文件（C5）；施工试验记录及检测文件（C6）；施工质量验收文件（C7）；施工验收文件（C8）。

6.2 施工单位文件具体流程

1. 施工单位文件资料形成流程，如图6-2-1所示。
2. 施工技术资料形成流程，如图6-2-2所示。
3. 施工质量资料形成流程，如图6-2-3所示。
4. 检验批质量验收及资料形成流程，如图6-2-4所示。
5. 分项工程质量验收及资料形成流程，如图6-2-5所示。
6. 子分部工程质量验收及资料形成流程，如图6-2-6所示。
7. 分部工程质量验收及资料形成流程，如图6-2-7所示。
8. 单位（子单位）工程质量验收及资料形成流程，如图6-2-8所示。

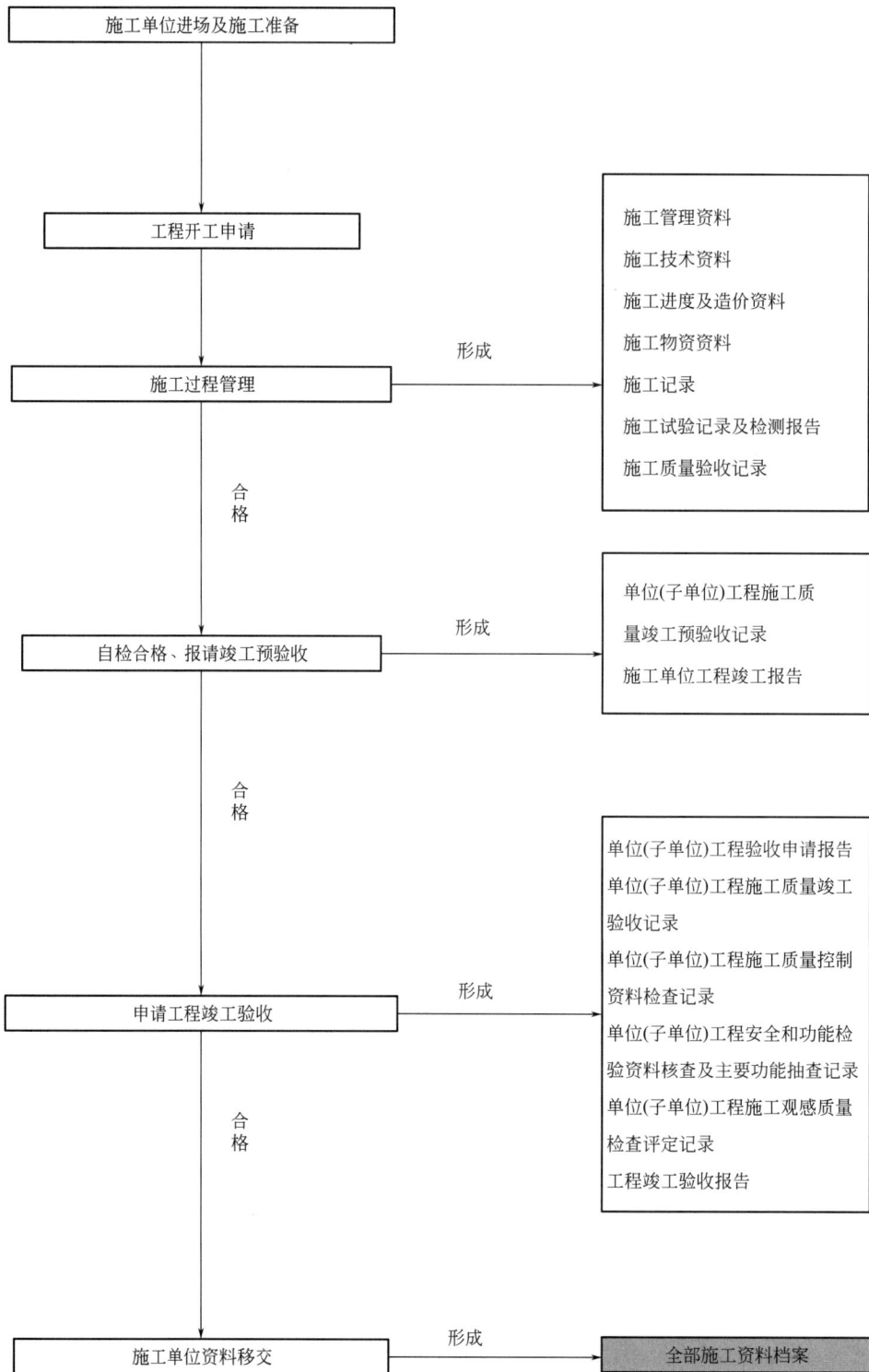

图 6-2-1　施工单位文件资料形成流程

修改

编制施工组织设计
或施工方案

不合格

施工单位进行内部审批 ── 形成 → 施工组织设计
或施工方案

合格

施工单位进行
施工技术文件报审

未批准

监理、建设
单位批复意见 ── 形成 →

工程开工报告
施工项目经理部及管理人员名单
特种作业人员名单
施工现场管理检查记录
企业资质证书、岗位证书
质量事故报告及质量事故处理记录
工程技术文件报审表
图纸会审
设计变更
施工进度计划报审表
工程变更费用报审表

批准

施工单位组织施工组织设计及
施工方案技术三级交底

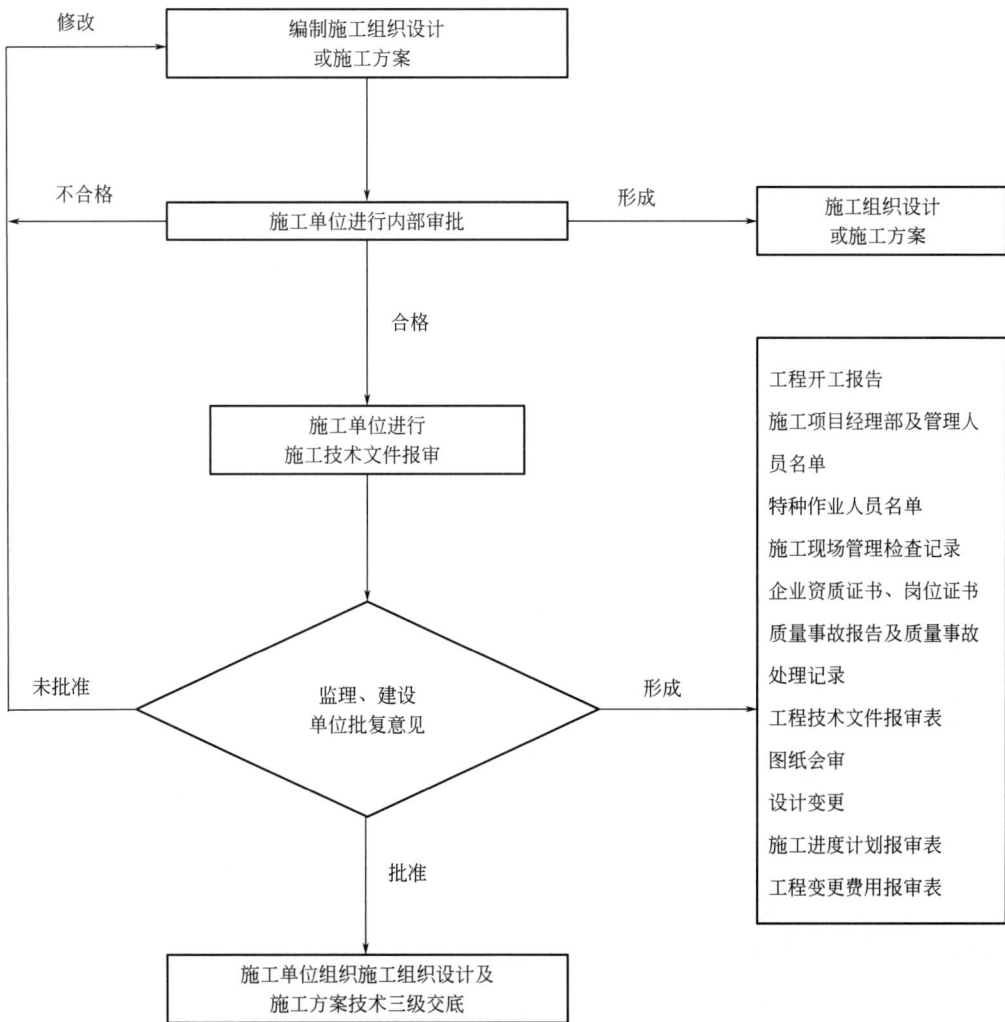

图 6-2-2   施工技术资料形成流程

出厂质量证明文件及检测报告

产品合格证书

质量保证书

产品生产许可证

型式检测报告

安装、使用、维修说明书

有关部门出具的检验报告及认可文件

进口物资检验证

中文版质量证明

3C强制认证合格证书

消防、安全卫生、环保、节能材料的检测报告

供应单位根据供货合同组织工程物资进场 —提供→

施工单位进行工程物资进厂验收：1.开箱检验；2.抽样试验(含见证取样) —形成→ 物资进场复试报告

不合格 → 退货或按合同约定处理

合格

监理单位建设单位审核并批复 —形成→ 材料、构配件进场检验记录 设备开箱检验记录

不合格 → 退货或按合同约定处理

合格

工程应用、进入施工环节

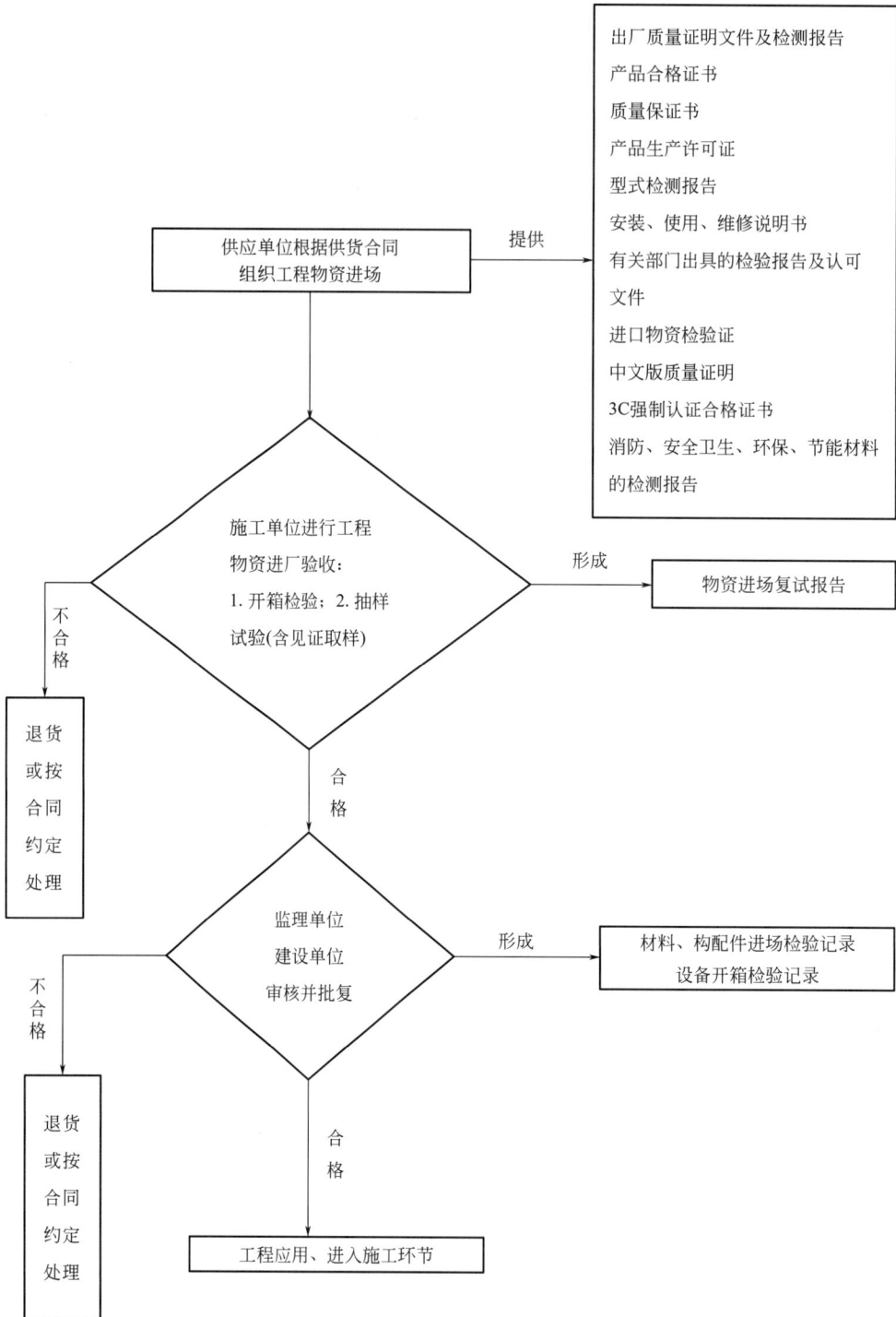

图6-2-3 施工质量资料形成流程

```
┌────────────────────────────┐
│ 施工单位根据图纸、规范、    │
│ 规程、方案、交底等组织施工  │
└────────────────────────────┘

                                      ┌──────────────────────┐
                                      │ 施工物资资料          │
                                      │ 施工测量记录          │
┌────────────────────┐               │ 施工记录              │
│ 施工单位负责进行过程│    形成       │ 隐蔽工程检查验收记录  │
│ 质量控制检查、检验  │ ───────────→ │ 施工试验记录          │
└────────────────────┘               │ 施工检测资料          │
                                      │ 其他资料              │
                                      └──────────────────────┘
```

不合格 ← ◇ 施工完成，施工单位自检 ◇

合格 ↓

不合格 ← ◇ 监理单位、建设单位审核 ◇ ──形成──→ ＿＿＿＿检验批施工质量验收记录

合格 ↓

┌────────────────────────────┐
│ 施工单位进入下一道工序施工 │
└────────────────────────────┘

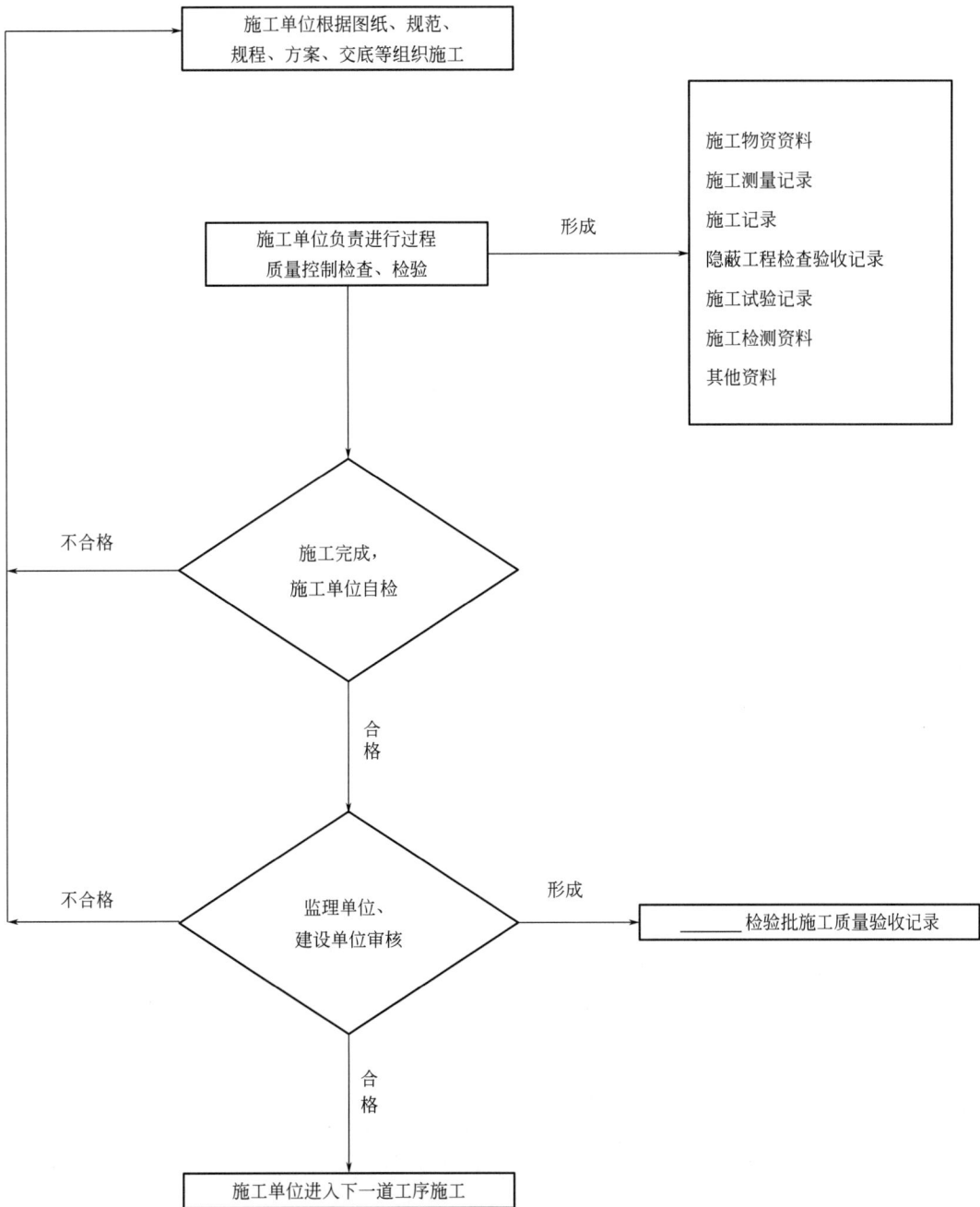

图 6-2-4　检验批质量验收及资料形成流程

整改

```
┌─────────────────────────┐
│  构成同一分项工程的全部检   │←──────┐
│  验批施工完成并验收通过     │       │
└─────────────────────────┘       │
            │                      │
            ↓                      │
    ┌─────────────────┐            │
    │  施工单位组织自检  │            │
    └─────────────────┘            │
            │                      │
            │ 合格                 │
            ↓                      │
不合格                             │
┌─────────────────────┐  形成  ┌──────────────────┐
│  监理（建设）单位组织施工 │──────→│  分项工程施工质量   │
│  单位进行分项工程质量验收 │       │  验收记录          │
└─────────────────────┘       └──────────────────┘
            │
            │ 合格
            ↓
┌─────────────────────────┐
│  下一个分项工程施工质量验收 │
└─────────────────────────┘
```

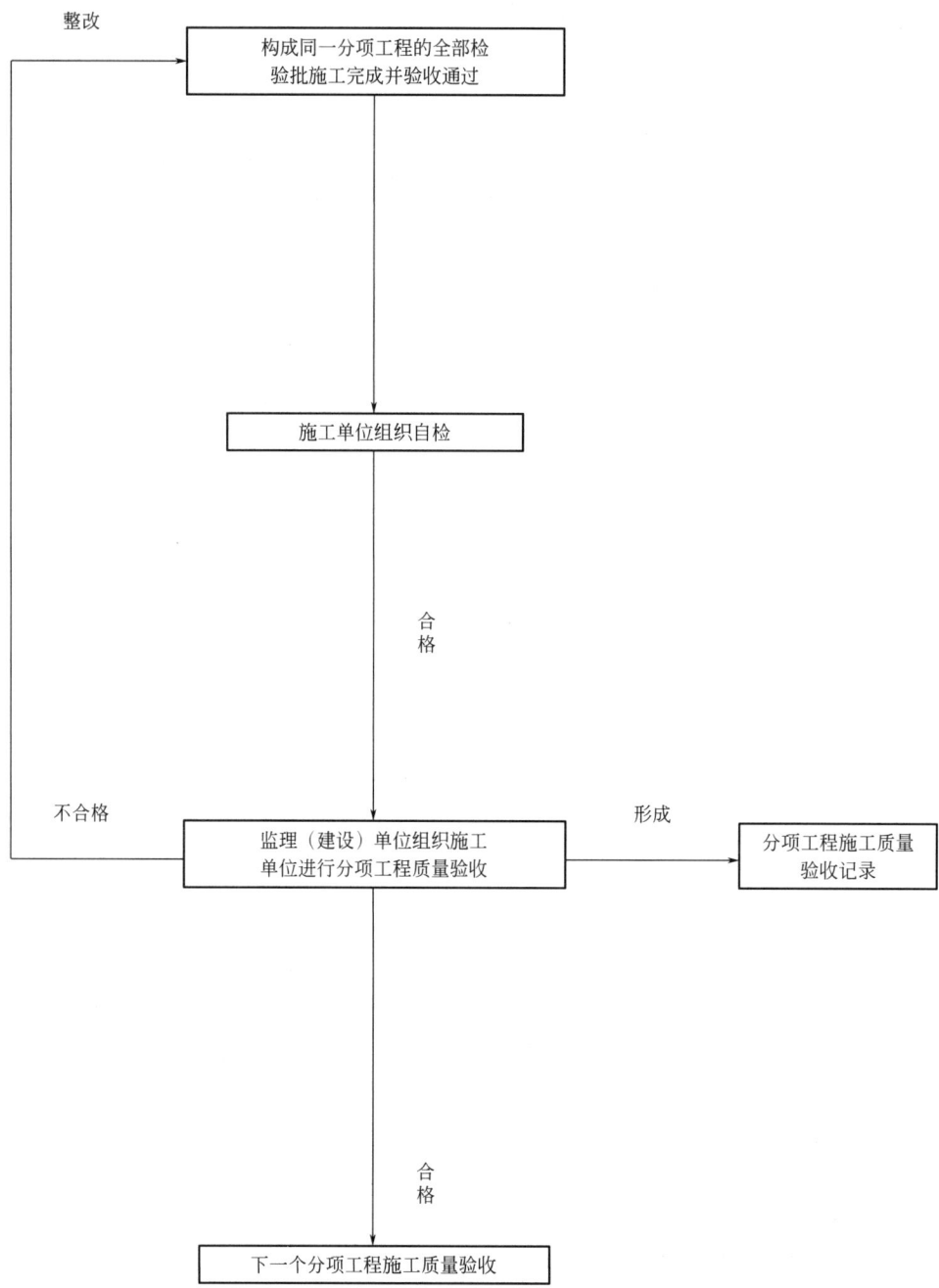

图 6-2-5 分项工程质量验收及资料形成流程

整改

构成同一子分部工程的全部
分项工程施工完成并验收通过

施工单位组织自检 ——形成→

施工管理资料

施工技术资料

施工物资资料

施工测量记录

施工记录

隐蔽工程检查验收记录

施工试验记录

施工检测资料

其他资料

不合格

监理(建设)单位组织施工
单位进行子分部工程质量
验收(对于地基与基础、
主体结构等所包含的子
分部工程应有勘察、
设计单位参加) ——形成→

子分部工程施工质量验收记录

子分部工程安全和功能检验资料
核查及主要功能抽查记录

子分部工程感观质量检查评定记录

子分部工程施工质量控制资料检
查记录

合格

施工单位继续下道工序施工

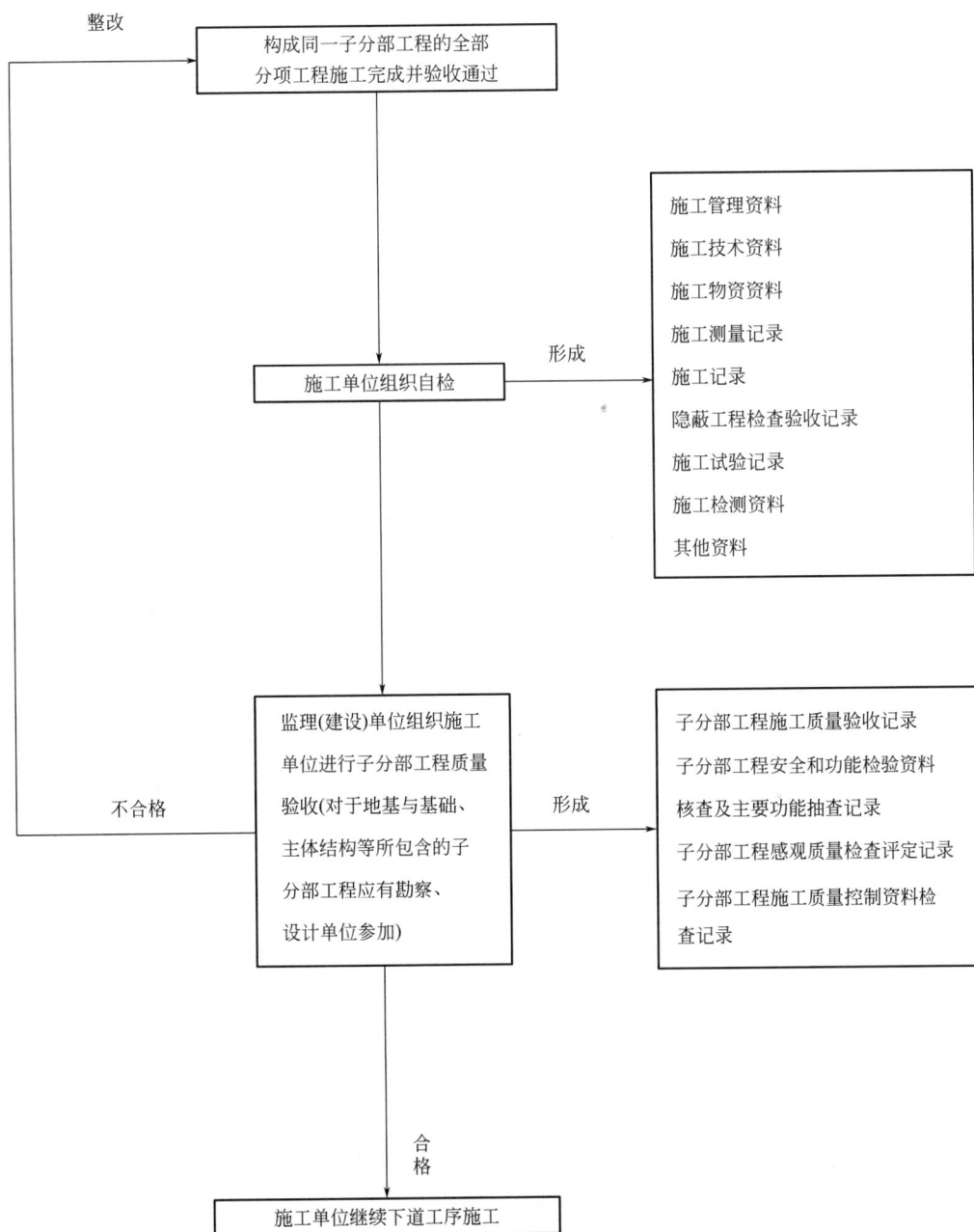

图6-2-6 子分部工程质量验收及资料形成流程

整改

构成同一分部工程的全部子
分部工程施工完成并验收通过

施工单位组织自检

形成

施工管理资料

施工技术资料

施工物资资料

施工测量记录

施工记录

隐蔽工程检查验收记录

施工试验记录

施工检测资料

其他资料

子分部工程施工质量验收记录

不合格

监理(建设)单位组织施工单位进行
分部工程质量验收(对于地基与基础、
主体结构等分部工程应有勘察、设计
单位参加)

形成

分部工程质量控制资料检查记录

分部工程安全和功能检验资料核
查及主要功能抽查记录

分部工程感观质量检查评定记录

分部工程施工质量验收记录

合格

施工单位继续下道工序施工

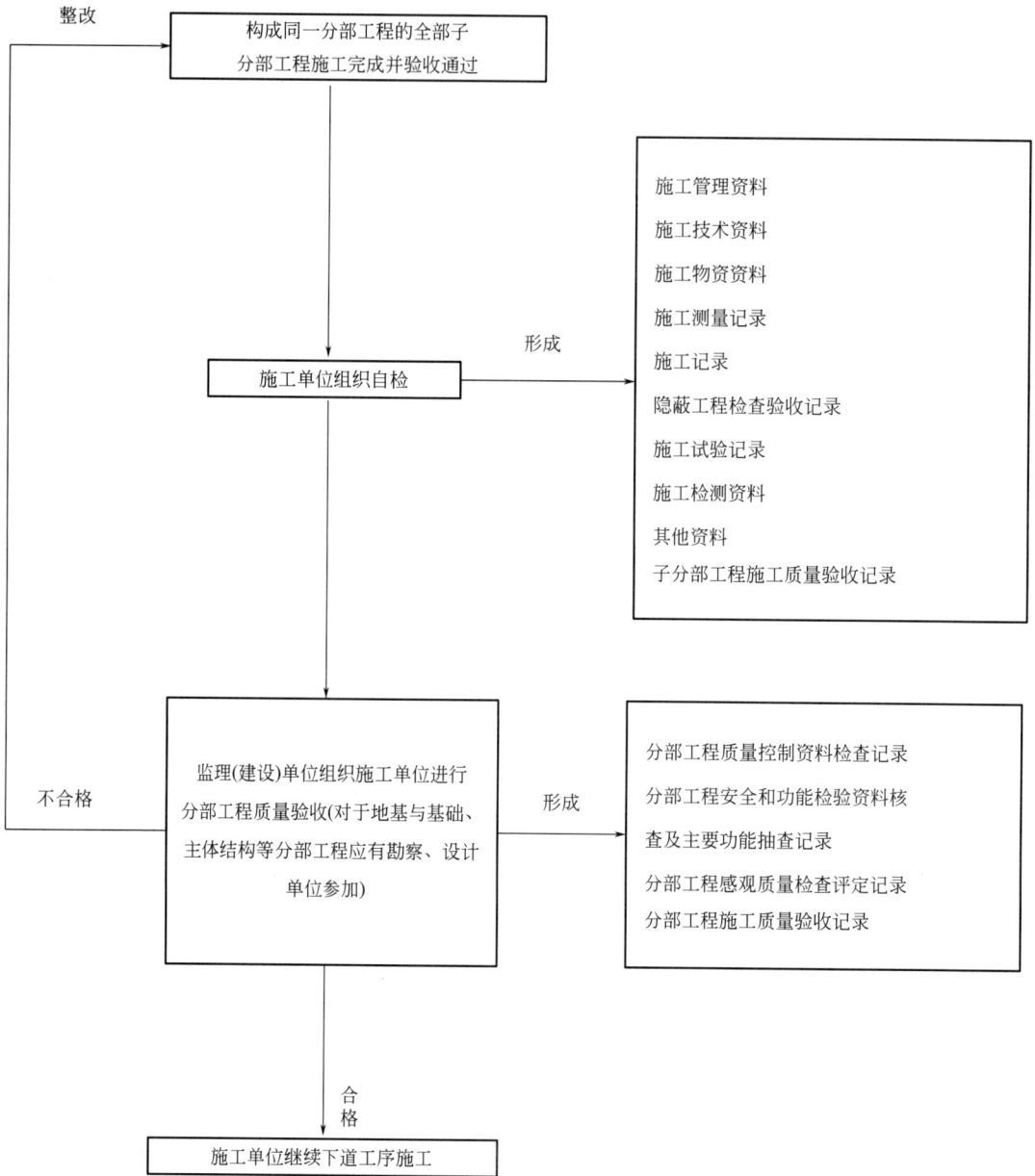

图6-2-7 分部工程质量验收及资料形成流程

构成同一单位(子单位)
工程的全部分部工程施工
完成并验收通过

修改

单位(子单位)工程施工
质量控制资料检查记录
单位(子单位)工程安全
和功能检验资料核查及主
要功能抽查记录
单位(子单位)工程施工
观感质量检查评定记录

不合格

施工单位组织自检

形成

合格

不合格

监理(建设)单位进行预验

形成

单位(子单位)工程施工
质量竣工预验收记录
施工单位工程竣工报告

合格

不合格

建设单位组织施工、勘察、
设计、监理、勘察等单位
验收；规划、消防、防雷、
档案等部门部门验收

形成

规划验收记录
消防验收记录
防雷验收记录
对建设工程竣工档案形成
预验收意见(城建档案馆)

合格

不合格

建设单位组织勘察、设计、
监理、施工及有关单位进
行竣工验收

形成

工程勘察文件质量报告(勘察单位)
工程设计文件及变更质量检查报告
(设计单位)
工程质量评估报告（监理单位）
单位(子单位)工程验收申请报告
(施工单位)
单位(子单位)工程施工质量竣工
验收记录(各参建单位)工程竣工
验收报告
工程保修书(建设单位与施工单位)

合格

工程移交

形成

竣工移交证书(监理单位)

工程备案

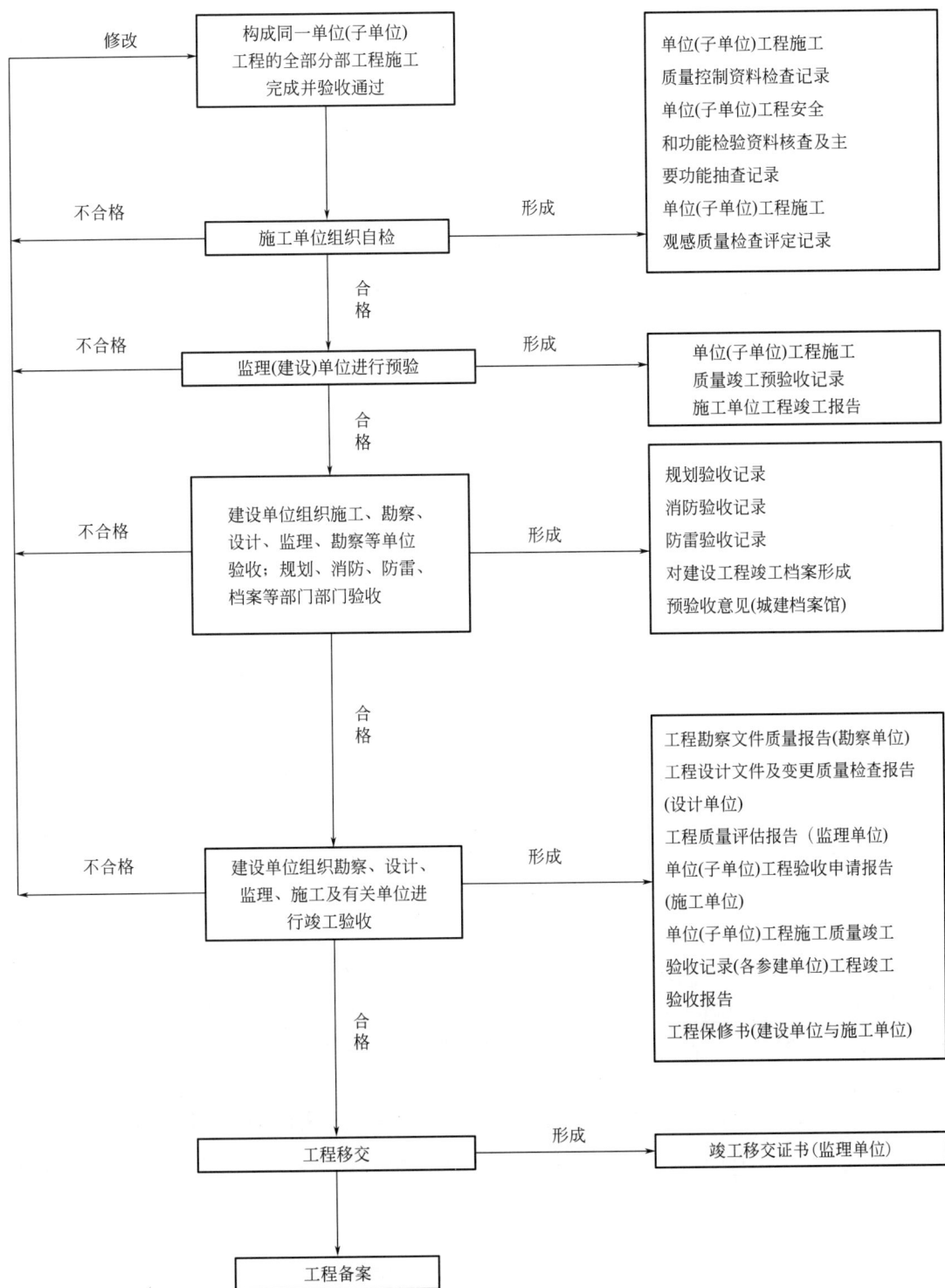

图6-2-8 单位（子单位）工程竣工验收及资料形成流程

6.3 施工管理文件（C1）

6.3.1 施工现场质量管理检查记录

施工单位应该按照相关规定，填写《施工现场质量管理检查记录》（表6-3-1），报项目总监理工程师（或建设单位项目负责人）审核确认。

施工现场质量管理检查记录（示例）　　　　表 6-3-1

工程名称	××××建设工程项目	施工许可证	××××
建设单位	××××开发有限公司	项目负责人	×××
设计单位	××××工程勘察院	项目负责人	×××
监理单位	××××监理有限公司	总监理工程师	×××
施工单位	××××建设集团有限公司	项目经理	×××
项目技术负责人	×××	检查日期	××××年××月××日
序号	项目	内容	
1	现场质量管理制度	质量例会制度；月评比及奖罚制度；三检及交接检制度；质量与经济挂钩制度	
2	质量责任制	岗位责任制；设计交底制度；技术交底制度；挂牌制度	
3	主要专业工种操作上岗证书	测量工、钢筋工、木工、混凝土工、电工、焊工、起重工、架子工等主要专业工种操作上岗证书齐全，符合要求	
4	分包方资质与对分包单位的管理制度	总包对分包单位制定的管理制度可行	
5	施工图审查情况	施工图经设计交底，施工方已确认	
6	地质勘察资料	勘察设计院提供地质勘察报告齐全	
7	施工组织设计、施工方案及审批	施工组织设计、主要施工方案编制、审批齐全	
8	施工技术标准	企业自定标准，其余采用国家、行业标准	
9	工程质量检验制度	原材料及施工检验制度；抽测项目有检测计划；分项工程质量检验制度	
10	现场材料、设备存放与管理	按材料、设备性能要求制定了管理措施、制度，其存放按施工组织设计平面图布置	
11	搅拌站及计量设置	有管理制度和计量设施，经计量校验准确	
12	检测设备、计量仪表检验	保证设备、仪器的正常运转和精度要求	
说明			
检查结论： 符合施工规范要求。 　　　　　　　项目经理：××× 　　　日期：××××年××月××日		验收结论： 符合施工规范要求。 　　　　　　总监理工程师：××× 　　　　　（建设单位项目负责人） 　　日期：××××年××月××日	

6.3.2　企业资质证书及相关专业人员岗位证书

（1）企业资质证书是指企业有能力完成一项工程的证明书。根据《建筑业企业资质管理规定（2018年修正）》（中华人民共和国住房和城乡建设部令第45号）及《住房和城乡建设部关于印发建设工程企业资质管理制度改革方案的通知》（建市〔2020〕94号），建筑业企业应当按照其拥有的注册资本、净资产、专业技术人员、技术装备和已完成的建筑工程业绩等资质条件申请资质，经审查合格，取得相应等级的资质证书后，方可在其资质等级许可的范围内从事建筑活动。

从事建筑活动的建筑施工单位、勘察单位、设计单位和工程监理单位，应当具备下列条件：

1）《营业执照》副本扫描件；

2）《建筑业企业资质申请表》一式一份及电子文档；

3）申报资质上一年度或当期的财务审计报告复印件（告知承诺方式申报除外）；

4）标准要求的厂房证明，属于自有产权的出具产权证复印件，属于租用或借用的，出具出租（借）方产权证和双方租赁合同或借用协议的扫描件（告知承诺方式申报除外）；

5）标准要求的主要设备购置发票扫描件（告知承诺方式申报除外）；

6）安全生产许可证扫描件（告知承诺方式申报除外）；

7）技术负责人身份证明、职称证书或技能证书扫描件（告知承诺方式申报除外）；

8）企业业绩材料，包括：工程中标通知书扫描件、工程合同（合同协议书和专用条款）扫描件、工程竣工（交工）验收文件或有关部门出具的工程质量鉴定书扫描件（需包含参与验收的单位及人员、验收的内容、验收的结论、验收的时间等内容）；境外工程应提供驻外使领馆经济商务部门出具的工程真实性证明文件，涉及层数、单体建筑面积、跨度、长度、高度、结构类型等方面指标的，还应提供反映该项技术指标的图纸扫描件等（告知承诺方式申报除外）。

（2）专业人员岗位证书管理：工程开工前，施工单位应该填写《特种作业人员名单》，并附相应证书复印件，报监理单位审核。从事建筑活动的专业技术人员，应当依法取得相应的执业资格证书，并在执业资格证书许可的范围内从事建筑活动。

6.3.3　分包单位资质报审表

分包单位资质报审表适用于各类分包单位的资格报审，包括劳务分包和专业分包，如表6-3-2所示。

填表注意事项：

1）在施工合同中已约定由建设单位（或与施工单位联合）招标确定的分包单位，施工单位可不再报审；

2）分包单位资质材料还应包括：特殊行业施工许可证、国外（境外）企业在国内施工工程许可证、拟分包工程的内容和范围等证明资料；

3）分包单位资质材料应注意资质年审合格情况，防止越级分包；

4）分包单位业绩材料是指分包单位近三年完成的与分包工程内容类似的工程及其质量情况。

分包单位资质报审表（示例） 表 6-3-2

工程名称：××××建设工程项目　日　期：××××年××月××日

致：××××监理有限公司（监理单位）				

经考察，我方认为拟选择的××××防水防腐工程有限公司（分包单位）具有承担下列工程的施工资质和施工能力，可以保证本工程项目按合同的约定进行施工。分包后，我方仍然承担总承包单位的责任。请予以审查和批准。

附件：

□1.分包单位资质材料

□2.分包单位业绩材料

□3.中标通知书

分包工程名称（部位）	单位	工程数量	其他说明
防水工程	××××防水防腐工程有限公司	A号、B号、C号地下室	/

施工单位名称：××××建设集团有限公司
项目经理（签字）：×××

监理工程师审查意见：

同意该分包单位进场施工。

监理工程师（签字）：×××
日期：××××年××月××日

总监理工程师审查意见：

同意该分包单位进场施工。

监理单位名称：××××监理有限公司
总监理工程师（签字）：×××
日期：××××年××月××日

6.3.4　建设单位质量事故勘察记录

当工程发生质量事故后，调查人员对工程质量事故进行初步调查和现场勘察后，应填写质量事故调查、勘察记录。

填写时应注意：

1）对工程名称、调查时间、地点、参加人员、联系方式以及事故发生原因、发生时间、具体部位、损失应填写准确；

2）若采用现场影像形式真实记录现场情况，应妥善记录和保存好影像资料。

6.3.5 建设工程质量事故报告书

工程质量事故发生后，项目部必须及时按规定填写建设工程质量事故报告书，报告内容包括：事故情况、责任者、处理意见和防范措施等。

6.3.6 施工检测计划

施工检测试验计划应在工程施工前由施工项目技术负责人组织有关人员编制，并应报送监理单位进行审查和监督实施。

施工检测计划主要内容包括：工程概况、编制依据、检验批划分方案、检测试验项目名称、试样规格、计划检测试验时间、施工检测试验方案、材料和设备的检验试验、施工过程质量检测试验、施工现场标准养护室的建设及管理。

6.3.7 见证试验检测汇总表

见证试验检测汇总表由施工单位填写。

（1）相关规定与要求

1）见证试验检测汇总表应纳入工程档案；

2）见证取样及送检资料必须真实、完整，符合规定，不得伪造、涂改或丢失；

3）如试验不合格，应加倍取样复试。

（2）注意事项

1）"试验项目"指规范规定的应进行见证取样的某一项目；

2）"应送试总组/次数"指该项目按照设计、规范、相关标准要求及试验计划应送检的总次数；

3）"有见证试验组/次数"指该项目按见证取样要求的实际试验次数。

6.3.8 施工日志

施工日志应由项目经理部指定专人负责填写，记录从工程开工之日起至竣工之日止的全部技术质量管理和生产经营活动。其主要内容包括：

（1）生产情况：施工部位、施工内容、机械作业、班组工作以及施工存在的问题等。

（2）技术质量安全活动：技术质量安全措施的贯彻实施、检查评定验收及发生的技术质量安全问题等。

施工日志如表6-3-3所示。

施工日志（示例）　　　　　　　　　　　　　表6-3-3

工程项目：××××建设工程项目

	天气状况	风力	最高/最低温度	备注
白天	晴	微风	27℃/20℃	/
夜间	晴	微风	20℃/18℃	/
生产情况记录：(施工部位、施工内容、机械作业、班组工作、生产存在问题等) 1号楼2层梁板钢筋制作安装绑扎； 3号楼独立基础承台C25混凝土浇筑； 4号楼安全通道搭设。				
技术质量安全工作记录：(技术质量安全活动，检查评定验收，技术质量安全问题等) 1号楼2层梁板钢筋搭接绑扎点少于3个，现场要求立即整改； 3号楼基础承台C25混凝土浇筑前检查模板拼缝不严密，现场处理完毕，经检查合格； 4号楼安全通道搭设未正确佩戴安全带，经教育后，正确佩戴安全带。				
记录人	×××		日期	××××年××月××日

注：1）如实记录当天施工的天气情况；

　　2）施工中遇到的问题填写情况并汇报上级领导；

　　3）记录人为施工员。

6.4　施工技术文件（C2）

6.4.1　工程技术文件报审表

项目开工前，项目技术负责人组织编制工程技术文件报审表，项目经理签字确认后，上报项目监理部，有总承包单位的应由总承包单位审批签字。

6.4.2　施工组织设计及施工方案

施工单位应编写工程技术文件，经施工单位技术部门审查通过，填写《施工组织设计（方案）报审表》。总监理工程师组织专业监理工程师审核，填写审核意见，由总监理工程师签字并加盖执业印章，报送建设单位审批及盖章，如表6-4-1所示。

施工组织设计分为施工组织总设计和单位工程施工组织设计两部分，基本内容包括：工程概况、编制说明、施工部署、进度计划及保障措施、施工准备及资源配置计划、主要分部分项工程施工工艺、施工总平面布置、主要施工管理措施。

分部（分项）工程，工程重点部位，技术复杂、重大设计变更及采用新技术的关键工序等，必须编制完善的施工方案。

施工组织设计 /（专项）施工方案报审表（示例）　　　　表 6-4-1

工程名称：××××建设工程项目

致：××××监理有限公司（项目监理机构） 　　我方已完成××××建设项目工程施工组织设计/（专项）施工方案的编制和审批，请予以审查 　　附件： 　　1.施工组织设计 　　2.专项施工方案 　　3.施工方案 <div align="right">项目经理（签字）：××× 施工项目经理部（盖章）： ××××年××月××日</div>
审查意见： <div align="center">同意实施。</div><div align="right">专业监理工程师（签字）： ××××年××月××日</div>
审核意见： <div align="center">同意实施。</div><div align="right">项目监理机构（盖章）： 总监理工程师（签字、加盖执业印章）：××× ××××年××月××日</div>
审批意见（仅对超过一定规模的危险性较大的分部分项工程专项施工方案）： <div align="center">同意实施。</div><div align="right">建设单位（盖章）： 建设单位代表（签字）： ××××年××月××日</div>

注：1）报审表应附审核完成的施工组织设计、专项施工方案、施工方案；

　　2）超过一定规模的危险性较大的分部分项工程专项施工方案应有专家论证结果。

6.4.3　危险性较大分部分项工程（简称危大工程）施工方案

　　施工单位应在危大工程施工前编制专项施工方案；对于超过一定规模的危大工程，施工单位应当组织召开专家论证会对专项施工方案进行论证。施工单位根据论证审查报告进行修改完善，并经施工单位技术负责人、项目总监理工程师、建设单位项目负责人或技术负责人认可签字后，方可组织实施。实行施工总承包的，应当由施工总承包单位、相关专项承包单位的技术负责人认可签字。

6.4.4　技术交底记录

　　（1）技术交底记录包括：施工组织设计交底、专项施工方案技术交底、分项工程施工技术交底、"四新"（新材料、新产品、新技术、新工艺）技术交底和设计变更技术交底。各项交底应有书面记录，交底双方都需签字确认。

（2）具体交底操作：

①公司级施工组织设计交底由公司总工程师或公司技术负责人向项目部管理人员进行交底；

②项目部级施工组织设计交底由项目技术负责人向施工班组长进行交底；

③操作工人技术交底由施工班组长向操作人员进行交底，安全交底由项目专职安全员向全体项目施工人员进行交底；

④专项施工方案技术交底由项目专业技术负责人根据专项施工方案对专业工长进行交底；

⑤分部、分项工程施工技术交底是在工程施工前，由施工员对施工班组长进行交底；

⑥"四新"技术交底由项目技术负责人对有关专业人员交底；

⑦设计变更技术交底由项目技术部门根据变更要求，并结合具体施工步骤、措施及注意事项等对专业工长进行交底；

⑧重点和大型工程施工组织设计交底由施工企业的技术负责人把主要设计要求、施工措施以及重要事项对项目主要管理人员进行交底；其他工程施工组织设计交底由项目技术负责人进行交底。

（3）交底形式

①施工组织设计交底可通过召集会议形式进行技术交底，并形成会议纪要归档；

②通过施工组织设计编制、审批，将技术交底内容纳入施工组织设计中；

③施工方案可通过召集会议形式或现场授课形式进行技术交底，交底的内容可纳入施工方案中，也可单独形成交底方案；

④各专业技术管理人员应通过书面形式配以现场口头讲授的方式进行技术交底，技术交底的内容应单独形成交底文件；

⑤交底内容应有交底的日期，由交底人、接收人签字，并经项目总工程师审批。

（4）注意事项：交底内容应具有可操作性和针对性，能够切实地指导施工，不允许出现"详见×××规程"之类的语言；技术交底记录应对安全事项重点单独说明；

（5）其他：当作分项工程施工技术交底时，应填写"分项工程名称"栏，其他技术交底可不填写。

技术交底记录如表6-4-2所示。

技术交底记录（示例）　　　　　　　　　　　表 6-4-2

工程名称	××××建设工程项目	施工单位	××××建设集团有限公司
交底部位	地下室	工序名称	基坑开挖

交底内容：

一、施工准备

1. 熟悉图纸所注各基础轴线尺寸、断面尺寸、基底标高，并到实地查看地质情况，以便拟定开挖边线尺寸。

2. 清除场地内各种障碍、杂物，备好开挖工具及弃土运输机具，平整好弃土运输道路。

3. 备好上下基坑用的靠梯。

二、施工工艺

1. 按施工员所控制灰线下挖，注意两人操作间距应大于 2.5m。下挖至 50cm 左右检查轴线偏位情况及土质，若轴线偏位应立即纠正，边坡按 1 : 0.5 进行放坡，若土质松软应据实际需要放大开挖面。

2. 下挖至一定程度后，由测量员定出基坑轴线及控制标高，以便检查基底轴线偏位及基底高程。

3. 若下一道工序不能立即进行，应预留 15~30cm 覆盖土，至基础混凝土垫层浇筑前再下挖。

4. 开挖出来的土方堆置于基坑以外 1m 以外。

三、质量标准和质量保证措施

1. 允许偏差（mm）：①标高：±50；②长、宽：不小于设计及操作要求；③边坡：不允许偏陡。

2. 严格控制基坑轴线、基底高程及平整度、边坡，对不能满足要求的应立即纠正。

四、成品保护及安全技术措施

1. 基坑边不宜堆土，以免松土等杂物落入坑内，松土应堆在距坑边至少 1m 处并采取加固措施。

2. 落入基坑内松土应在下一道工序开工前清理干净。

技术交底人	×××	交底人	×××	接受交底人	×××

注：交底人及被交底人需签字确认。

6.4.5　图纸会审记录

图纸会审由建设单位组织设计、监理和施工单位技术负责人及有关人员参加，由施工单位根据不同专业（建筑、结构、给水排水、采暖、电气、通风空调、智能系统等）汇总整理，其一经各方签字确认即成为设计文件的一部分，是现场施工的依据。

填写时应注意：

（1）设计单位签字栏应为项目专业设计负责人的签字，建设单位、监理单位、施工单位签字栏应为项目技术负责人或相关专业负责人的签字。

（2）相关规定与要求：监理、施工单位应将各自提出的图纸问题及意见，按专业整理、汇总后报建设单位，由建设单位提交设计单位做交底准备；设计单位对各专业问题进行交底，施工单位负责将设计交底内容按专业汇总、整理，形成图纸会审记录。

图纸会审记录应由建设、设计、监理和施工单位的项目相关负责人签字确认，形成正式图纸会审记录，各方不得擅自在会审记录上涂改或变更其内容。

图纸会审记录如表 6-4-3 所示。

图纸会审记录（示例）　　　　　　　　　　表 6-4-3

工程名称	××××建设工程项目		日期	××××年××月××日
地点	总承包项目部会议室		专业名称	建筑专业
主持人	×××		记录人	×××
序号	图号	图纸问题		会审记录
1	J1-26B	次梁底部筋锚固长度图集为12d，图纸中为15d，是否可按图集做法施工		可以按图集施工
签 字 栏	建设单位（签章）	监理单位（签章）	设计单位（签章）	施工单位（签章）
	日期：××××年 ××月××日	日期：××××年 ××月××日	日期：××××年 ××月××日	日期：××××年 ××月××日

注：1）建设单位应当组织图纸会审，主持人一般为建设单位工程师；

　　2）监理单位、设计单位、施工单位项目负责人及相关技术人员应参加。

6.4.6　设计变更通知单

（1）设计变更通知单应由设计单位签发。

（2）设计单位应及时下达设计变更通知单，且内容需详实，必要时应附图，并逐条注明应修改图纸的图号。设计变更通知单应由设计专业负责人及建设（监理）和施工单位的相关负责人签字确认。

（3）设计变更是施工图纸的补充和修改的记载，是现场施工的依据。由建设单位提出设计变更时，必须经设计单位同意。不同专业的设计变更应分别办理，不得办理在同一份设计变更通知单上。

设计变更通知单如表6-4-4所示。

设计变更通知单（示例）　　　　　　　　　表 6-4-4

工程名称	××××建设工程项目	专业名称		建筑专业
变更原因	根据施工现场现状，现决定对××××基础部分的设计要求进行变更			
序号	图号	变更内容		
	J1-26B	1.基础挖至老土； 2.柱基按照原设计要求相应加深，做法材料不变； 3.毛石基础上做370mm厚水泥砖基，采用M5水泥砂浆砌筑		
建设单位（签章）		审核：	项目负责人：	设计负责人：
日期：××××年 ××月××日		日期：××××年 ××月××日	日期：××××年 ××月××日	日期：××××年 ××月××日

主送单位：

抄送单位：

注：1）设计单位应当写明设计变更原因；

　　2）设计变更后不得低于工程强制性标准；

　　3）附件应包括设计变更后的图纸以及设计说明。

6.4.7　工程洽商记录（技术核定单）

工程洽商记录应分专业办理，内容需详实，必要时应附图，并逐条注明应修改图纸的图号。

工程洽商记录应由设计专业负责人以及建设、监理和施工单位的相关负责人签字确认。

设计单位如委托建设（监理）单位办理签认，应办理委托手续。

工程洽商记录（技术核定单）如表6-4-5所示。

技术核定单（示例）　　　　　　　　　表 6-4-5

第 × 页共 × 页

建设单位	×××× 开发有限公司		编号	×××
工程名称	×××× 建设工程项目		工程编号	×××
施工单位	×××× 建设集团有限公司		设计单位	×××× 设计院
项次	核定内容			
	1.原图纸中幕墙全部取消，改为铝合金窗； 2.取消厂房所有立面300mm×300mm的造型窗； 3.增设配套用北立面和南立面的楼梯扶手。			
建设单位	监理单位	设计单位		施工单位
日期：××××年 ××月××日	日期：××××年 ××月××日	日期：××××年 ××月××日		日期：×××× 年××月××日

6.5　进度造价文件（C3）

6.5.1　工程开工报审表

施工单位在完成施工准备并取得施工许可证之后，应填写工程开工报审表，向监理（建设）单位提出开工申请，监理（建设）单位应及时审批。

施工合同中含有多个单位工程且开工时间不一致时，同时开工的单位工程应填报工程开工报审表。工程开工报审表适用于单位工程项目开工报审，如表6-5-1所示。

填表注意事项：

（1）工程开工报审表中建设项目或单位工程名称应与规划许可证中的工程名称一致；

（2）工程开工报审表中证明文件是指证明已具备开工条件的相关资料：施工

组织设计的审批，施工现场质量管理检查记录表的内容审核情况，主要材料、设备的准备情况，现场临时设施等准备情况的说明；

（3）工程开工报审表是项目总监理工程师根据《建设工程监理规范》GB/T 50319—2013所列条件审核后签署意见，并报建设单位同意后签发开工令；

（4）工程开工报审表必须由项目经理签字，并加盖施工单位公章。

工程开工报审表（示例） 表 6-5-1

工程名称：××××建设工程项目

致：××××开发有限公司（建设单位） 　　　××××监理有限公司（项目监理机构） 　　我方承担的 ××××建设项目工程，已完成相关准备工作，具备开工条件，申请于 ××××年××月×× 日开工，请予以审批。 　　附件：证明文件资料。 <div align="right">施工单位（公章）： 项目经理（签字，执业印章）：××× ××××年××月××日</div>
审核意见： <div align="center">符合要求，同意审批。</div> <div align="right">项目监理机构（公章）： 总监理工程师（签字、执业印章）：××× ××××年××月××日</div>
审核意见： <div align="center">符合要求，同意审批。</div> <div align="right">建设单位（公章）： 建设单位代表（签字）：××× ××××年××月××日</div>

注：1）开工条件达到后，施工单位应当填写开工报审表，注明开工日期；

　　2）附件应当有符合开工要求的各种资料；

　　3）项目经理签字确认并加盖执业印章后交由项目监理机构审核。监理审核后认定现场已符合开工条件的，应递交建设单位审批，建设单位应当在规定时间内审批并通知监理单位发出工程开工令至施工单位；监理审核后若认定不符合开工条件，应列出不符合项并通知施工单位限期整改。

6.5.2　工程复工报审表

（1）工程因各种原因暂停后，施工单位将停工原因消除准备恢复施工时，向监理单位提出复工申请，应填写《工程复工报审表》。

（2）工程复工报审表中证明文件可以为相关检查记录、制定的针对性整改措施及措施的落实情况、会议纪要、影像资料等。

（3）当导致暂停的原因是危及结构安全或使用功能时，整改完成后，应出具由建设单位、设计单位、监理单位各方共同认可的整改完成文件，其中涉及建设工程鉴定的文件必须由有资质的检测单位出具。

（4）收到施工单位报送的工程复工报审表后，经专业监理工程师按照停工指示或监理部发出的工程暂停令指出的停工原因进行调查、审核和评估，并对施工单位提出的复工条件证明资料进行审核后提出意见，由总监理工程师作出是否同意申请的批复。

工程复工报审表如表6-5-2所示。

工程复工报审表（示例）　　　　　　表 6-5-2

工程名称：××××建设工程项目

致：××××监理有限公司（项目监理机构） 　　编号为<u>001</u>《工程暂停令》所停工的，<u>主体结构一层①~⑥轴</u>部位（工序），已满足复工条件，我方申请于<u>××××</u>年<u>××</u>月<u>××</u>日复工，请予以审批。 　　附件：证明文件资料 <div style="text-align:right">施工项目经理部（盖章）： 项目经理（签字，执业印章）：××× ××××年××月××日</div>
审核意见： <div style="text-align:center">符合要求，同意审批。</div><div style="text-align:right">项目监理机构（盖章）： 总监理工程师（签字、执业印章）：××× ××××年××月××日</div>
审核意见： <div style="text-align:center">符合要求，同意审批。</div><div style="text-align:right">建设单位（盖章）： 建设单位代表（签字）：××× ××××年××月××日</div>

注：1）应注明具体的复工部位及复工时间；

　　2）附件应有具备复工条件的影像资料；

　　3）施工单位项目经理签字加盖执业印章后交由监理单位审核。监理复核符合复工条件的，总监签字并加盖执业印章递交建设单位审批；若复核不符合复工条件，应通知施工单位不得复工。

6.5.3　施工进度计划报审表

工程进度计划的种类有总进度计划，年、季、月、周进度计划及关键工程进度计划等，报审时均可使用施工进度计划报审表。

施工进度计划报审表为施工单位向项目监理机构报审工程进度计划的用表，由施工单位填报，项目监理机构审批。

填表注意事项：

1）施工单位应按施工合同约定的日期，将总体进度计划提交监理工程师，监理工程师按合同约定的时间予以确认或提出修改意见；

2）群体工程中单位工程分期进行施工的，施工单位应按照建设单位提供图纸及有关资料的时间，分别编制各单位工程的进度计划，并向项目监理机构报审；

3）施工单位报审的总体进度计划必须经由单位技术负责人审批，且编制、审核、批准人员签字及单位公章齐全。

施工进度计划报审表如表6-5-3所示。

施工进度计划报审表（示例）　　　　　　　　　表6-5-3

工程名称：××××建设工程项目
致：××××监理有限公司（项目监理机构） 　　根据施工合同约定，我方已完成××××建设项目工程施工进度计划的编制和批准，请予以审查。 附件： 1.施工总进度计划 2.阶段性进度计划 　　　　　　　　　　　　　　　　施工项目经理部（盖章）： 　　　　　　　　　　　　　　　　项目经理（签字）：××× 　　　　　　　　　　　　　　　　××××年××月××日
审查意见： 　　　　　　　　同意按本计划执行。 　　　　　　　　　　　　　　　　专业监理工程师（签字）：××× 　　　　　　　　　　　　　　　　××××年××月××日
审核意见： 　　　　　　　　同意按本计划执行。 　　　　　　　　　　　　　　　　项目监理机构（盖章）： 　　　　　　　　　　　　　　　　总监理工程师（签字）：××× 　　　　　　　　　　　　　　　　××××年××月××日

注：1）施工进度计划需要附上图表，并注明节点或者里程碑事件的完成日期；

2）监理单位审查同意此计划的，应填写同意按此进度计划进行工期安排；若审查不合格，需联系施工单位进行修改并限期提交符合要求的进度计划。

6.5.4　施工进度计划

施工进度计划分为施工总进度计划、单位工程施工进度计划、分部分项工程进度计划和季度（月、旬、周）进度计划四个层次。

施工进度计划是施工组织设计的中心内容，它要保证建设工程按合同规定的期限交付使用。施工中的其他工作必须围绕并适应施工进度计划的要求安排施工。

施工计划的编制步骤如下：

（1）划分施工过程；

（2）计算工作量；

（3）确定劳动量和机械台班数量；

（4）确定各施工过程的持续施工时间（天或周）；

（5）编制施工进度计划的初始方案；

（6）检查和调整施工进度计划初始方案。

6.5.5　人、机、料动态表（表6-5-4）

××××年××月人、机、料动态表（示例）　　　　　　　表 6-5-4

工程名称		××××建设工程项目			编号		×××
					日期		××××年××月××日
致：××××监理有限公司 　　根据××××年××月施工进度情况，我方现上报××××年××月人、机、料统计表。							
劳动力	工种	架子工	焊工	泥瓦工		合计	
	人数	10	10	10		30	
	持证人数	10	10			20	
主要机械	机械厂家	生产厂家		规格、型号		数量	合计
	单斗挖掘机	××		××		2	2
主要材料	名称	单位	上月库存量	本月进场量		本月消耗量	本月库存量
	砌筑水泥	t	5	5		8	2

注：1）劳务工的工种包括木工、泥瓦工、焊工、钢筋工、架子工、抹灰工、腻子工、钢构造安装工、幕墙工、管道工、防水工、水电工、油漆工、杂工；

　　2）人数按实填写；

　　3）特种作业人员须持证上岗，包括建筑电工、建筑架子工（普通脚手架、附着升降脚手架）、建筑起重机械司机（塔式起重机）、建筑起重司索信号工、建筑起重机械司机（施工升降机、物料提升机）、建筑起重机械安装拆卸工（塔式起重机）、建筑起重机械安装拆卸工（施工升降机、物料提升机）、高处作业吊篮安装拆卸工、建筑焊工（电焊、气焊、切割）、建筑起重机械安装质量检测工（塔式起重机）、建筑起重机械安装质量检测工（施工升降机）、桩机操作工、建筑混凝土泵操作工、建筑施工现场内机动车司机（仅指没有取得公安部门颁发的相关机动车型驾驶证的人员）等；

　　4）主要机械若涉及特种设备，需要定期年检，并符合规范要求方可使用；

　　5）主要材料按进出场顺序填写，及时更新。

6.5.6　工程延期申请表

工程延期申请表指的是依据合同规定，非施工单位原因造成的工期延期，施工单位要求工期补偿时采用的申请用表。

填表注意事项：

1）施工单位在工程延期的情况发生后，应在合同规定的时限内填报工程临时延期申请表，向项目监理机构申请工程临时延期。工程延期时间结束，施工单位向工程项目监理机构最终申请确定工程延期的日历天数及延迟后的竣工日期；

2）施工单位应详细说明工程延期依据、工期计算、申请延长竣工日期，并附上证明材料；

3）收到施工单位报送的工程临时延期申请后，专业监理工程师按标准规范及合同文件有关章节要求，对工程延期申请表及其证明材料进行核查并提出意见，签订工程临时或最终延期审批表，并由总监理工程师审核后报建设单位审批；

4）工程延期事件结束，施工单位向工程项目监理机构最终申请确定工程延期的日历天数及延迟后的竣工日期；项目监理机构在按程序审核评估后，由总监理工程师签认工程临时或最终延期审批表，不同意延期的应说明理由。

工程延期申请表如表6-5-5所示。

工程延期申请表（示例）　　　　表6-5-5

工程名称	××××建设工程项目	施工单位	××××建设集团有限公司

致：××××开发有限公司

　　据合同条款12.2.2条的规定，由于冬期施工气温较低外保温暂停施工的原因，我方申请工程延期，请予以批准。

　　附件：

　　1.工程延期的依据及工期计算

　　合同竣工期：××××年××月××日

　　申请延长竣工日期：××××年××月××日

　　2.证明材料

　　　　　　　　　　　　　施工单位（公章）：

　　　　　　　　　　　　　项目经理（签字）：×××

　　　　　　　　　　　　　日期：××××年××月××日

审查意见：

　　暂时同意工期延长20日历天。使竣工日期（包括已延长的工期）从原来的××××年××月××日延迟到××××年××月××日，请你方执行。

　　说明：遇罕见低温天气，外保温施工无法正常进行，工期延后。

　　　　　　　　　　　　　监理单位（公章）：

　　　　　　　　　　　　　总监理工程师（签字、执业章）：×××

　　　　　　　　　　　　　日期：××××年××月××日

注：1）工程延期证明材料应有影像资料，必须注明延期原因；

　　2）监理单位审核若不符合延长工期的要求，说明中应详细列出不符合原因，经总监理工程签字后发至施工单位。

6.5.7　工程款支付申请表

工程款支付报审表适用于施工单位工程预付款、工程进度款、竣工结算款、工程变更费用、索赔费用的支付申请，如表6-5-6所示。项目监理机构对申请事项进行审核并签署意见，经建设单位审批后作为工程款支付的依据。

填表注意事项：

1）施工单位应按合同约定的时间向项目监理机构提交工程款支付报审表；

2）施工单位提交工程款支付报审表时，应同时提交与支付申请有关的资料，如已完成工程量报表、工程竣工结算证明材料、相应的支持性证明等文件。

工程款支付申请表（示例）　　　　　　　　表 6-5-6

工程名称	××××建设工程项目	施工单位	××××建设集团有限公司

致：××××监理有限公司（监理单位）

　　我方已完成了地下室底板防水工作，按施工合同的规定，建设单位在××××年××月××日前支付该项工程款共（大写）××××元整（小写××××），现报上××工程付款申请表，请予以审查，并开具工程款支付证书。

附件：
1.工程量清单
2.计算方法

施工单位（公章）：
项目经理（签字）：×××
日期：××××年××月××日

注：1）工程量清单应为合同约定范围内已完工的工程量清单；

　　2）若工程量浮动超过合同约定需调价的情况，应该附上详细的计算方法。

6.5.8　工程变更费用报审表

承包人应在收到工程变更指示后14天内，向监理人提交变更估价申请。监理人应在收到承包人提交的变更估价申请后7天内审查完毕并报送发包人，监理人对变更估价申请有异议的，通知承包人修改后重新提交。发包人应在承包人提交变更估价申请后14天内审批完毕，发包人逾期未完成审批或未提出异议的，视为认可承包人提交的变更估价申请，因变更引起的价格调整应计入最近一期的进度款中支付。工程变更费用报审表如表6-5-7所示。

工程变更费用报审表   表 6-5-7

工程名称：   编号：

致：_____（□监理部/□项目经理部/□建设单位）：

根据第（   ）工程变更单，申请工程变更费用如下表，请审核。

序号	项目名称	变更前			变更后			工程款增（＋）减（－）
		工程量	单价	合价	工程量	单价	合价	

承包人：（全称及盖章）

项目经理：（签名）   日期：   年   月   日

监理部意见： 专业监理工程师（签名）： 日期： 年 月 日 总监理工程师（签名）： 监理部（全称及盖章）： 日期： 年 月 日	建设单位/项目经理部意见： 建设单位负责人/项目经理 （签名）： 建设单位/项目经理部 （全称及盖章）： 日期： 年 月 日

注：1）附件中应有变更前后的图纸及说明；

　　2）涉及结算款增减的需附上计算过程。

6.5.9　费用索赔申请表

费用索赔申请表是施工单位报请项目监理机构审核工程费用索赔事项的用表，如表6-5-8所示。

填表注意事项：

（1）依据合同规定，非施工单位原因造成的费用增加，施工单位要求费用补偿时方可申请；

（2）施工单位在费用索赔事件结束后的规定时间内，填报费用索赔申请表，向项目监理机构提出费用索赔。表中应详细说明索赔事件的经过、索赔理由、索赔金额的计算，并附上证明材料；

（3）收到施工单位报送的费用索赔申请表后，总监理工程师应组织专业监理工程师按标准规范及合同文件有关章节要求进行审核与评估，并与建设单位、施工单位协商一致后进行签认，报建设单位审批，不同意部分应说明理由。

费用索赔申请表（示例）　　　　　　　　　　表 6-5-8

工程名称	××××建设工程项目	施工单位	××××建设集团有限公司
致：××××监理有限公司（监理单位全称） 　　根据施工合同第 12.1.1 条款的规定，由于甲供材延期进场的原因，我方要求索赔金额共计人民币 13000 元（大写壹万叁仟元整），请批准。 　　索赔的详细理由及经过：由于甲供材料延期进场，造成现场已组织的机械和人员出现窝工情况，现要求索赔 60 型号挖掘机租赁费 10 台班，人工共计 30 工日。			
索赔金额的计算：10×1000+30×100=13000 元 附件：证明材料 　　　　　　　　　　　　　　　　　　　　施工单位（公章）： 　　　　　　　　　　　　　　　　　　　　项目经理（签字、执业章）：××× 　　　　　　　　　　　　　　　　　　　　日期：××××年××月××日			

注：1）施工单位索赔申请应该按规定的时间提交；
　　2）索赔事件应当描述清楚，并需注明索赔事件并非施工单位原因；
　　3）索赔事件影响总工期的情况下才能提交工期索赔；
　　4）证明材料需附上索赔事件的影像资料。

6.6　施工物资出厂质量证明及进场检测文件（C4）

6.6.1　出厂质量证明文件及检测报告

出厂质量证明文件及检测报告统一由物资提供单位提供，并与物资一同送达，具体内容包括：

（1）砂石、砖、水泥、钢筋、隔热保温防腐材料、轻骨料出厂证明文件；

（2）材料、设备的相关检验报告、型式检测报告、3C 强制认证合格证书或 3C 标志；

（3）主要设备、器具的安装使用说明书；

（4）进口的主要材料设备的商检证明文件；

（5）涉及消防、安全、卫生、环保、节能材料、设备的检测报告或法定机构出具的有效证明文件。

6.6.2　进场检验通用表格

材料、构配件进场检验记录，如表 6-6-1 所示。

（1）相关规定与要求：工程物资进场后，施工单位应及时组织相关人员检查外观、数量及供货单位提供的质量证明文件等。

（2）注意事项：

1）工程名称填写应准确、统一，日期应准确；

2）物资名称、规格、数量、检验项目和结果等填写应规范、准确；

3）检验结论及相关人员签字应清晰可辨认，严禁其他人代签；

4）按规定应进场复试的工程物资，必须在进场检查验收合格后取样复试。

材料、构配件进场检验记录（示例）　　表 6-6-1

工程名称	××××建设工程项目					检验日期	××××年××月××日
序号	名称	规格型号	进场数量	生产厂家	合格证号	检验项目	检验结果	备注
1	热轧带肋钢筋	12	9t			品种、规格、数量、外观检查、质量证明文件	合格	
检验结论：	品种、规格、数量、外观检查、质量证明文件均符合相关规定。							
签字栏	施工单位	××××建设集团有限公司		专业质检员		专业工长	检验员	
				×××		×××	×××	
	监理（建设）单位	××××监理有限公司		专业工程师			×××	

注：材料、构配件取样应在进场材料中随机选取，不得专门制作用于检验的材料。

6.6.3　设备开箱检验记录

机械设备开箱时，应由建设单位、监理单位、施工单位共同参加，按下列项目进行检核记录：

（1）箱号、箱数以及包装情况；

（2）设备名称、规格和型号，重要零部件需按标准进行检查验收；

（3）随机技术文件（如使用说明书、合格证明书和装箱清单等）及专用工具；

（4）有无缺损件，表面有无损坏和锈蚀；

（5）其他需要记录的事项。

6.6.4　进场复试报告

1. 材料进场时应检查复试报告

（1）钢材

钢材试验内容包括拉伸试验、冲击试验以及弯曲试验，钢筋原材试验应以同厂别、同炉号、同规格、同一交货状态、同一进场时间每60t为一验收批，不足60t时，亦按一验收批计算。试验结果应符合要求。

（2）水泥

根据《混凝土结构工程施工质量验收规范》GB 50204—2015规定，水泥进场时，应对其品种、代号、强度等级、包装或散装编号、出厂日期等进行检查；并应对水泥的强度、安定性和凝结时间进行检验，检验结果应符合《通用硅酸盐水泥》GB 175—2023等的相关规定。

检查数量：按同一厂家、同一品种、同一代号、同一强度等级、同一批号且连续进场的水泥，袋装不超过200t为一批，散装不超过500t为一批，每批抽样数量不应少于一次。

检验方法：检查质量证明文件和抽样检验报告。

（3）砂、石子及碎（卵）石试验报告

混凝土原材料中的粗骨料、细骨料质量应符合《普通混凝土用砂、石质量及检验方法标准》JGJ 52—2006的规定。

检查数量：按《普通混凝土用砂、石质量及检验方法标准》JGJ 52—2006的规定确定。

检验方法：检查抽样检验报告。

2. 外加剂试验报告

根据《混凝土结构工程施工质量验收规范》GB 50204—2015规定，混凝土外加剂进场时，应对其品种、性能、出厂日期等进行检查，并应对外加剂的相关性能指标进行检验。

检查数量：按同一厂家、同一品种、同一性能、同一批号且连续进场的混凝土外加剂，不超过50t为一批，每批抽样数量不应少于一次。

检验方法：检查质量证明文件和抽样检验报告。

3. 防水涂料试验报告

根据《屋面工程质量验收规范》GB 50207—2012规定，防水涂料每10t为一批，不足10t按一批抽样，进行外观质量检验和物理性能检验，结果应符合要求并出具试验报告。

4. 防水卷材试验报告

根据《屋面工程质量验收规范》GB 50207—2012规定，防水卷材大于1000卷抽5卷，每500 ～ 1000卷抽4卷，100 ～ 499卷抽3卷，100卷以下抽2卷，进行规格尺寸和外观质量检验。在外观质量检验合格的卷材中，任取一卷作物理性能检验，检测完成后应出具试验报告。

种植屋面用耐根穿刺防水卷材，应通过根穿刺性能试验。

5. 砖（砌块）试验报告

砌体结构工程所用的材料应有产品合格证书、产品性能型式检验报告，质量应符合国家现行有关标准的要求。块体、水泥、钢筋、外加剂应有材料主要性能的进场复验报告，并应符合设计要求，严禁使用国家明令淘汰的材料。

根据《砌墙砖试验方法》GB/T 2542—2012规定，应对砖的尺寸、外观质量、抗折强度、抗压强度、冻融、体积密度、石灰爆裂、泛霜、吸水率和饱和系数、孔洞率及孔洞结构、干燥收缩、碳化软化进行检验。

6. 预应力筋复验报告

根据《混凝土结构工程施工质量验收规范》GB 50204—2015规定，预应力筋进场时，应按国家现行相关标准的规定抽取试件作抗拉强度、伸长率检验，其检验结果应符合相应标准的规定。

检查数量：按进场的批次和产品的抽样检验方案确定。

检验方法：检查质量证明文件和抽样检验报告。

7. 预应力锚具、夹具和连接器复验报告

预应力筋用锚具应和锚垫板、局部加强钢筋配套使用，锚具、夹具和连接器进场时，应按现行行业标准《预应力筋用锚具、夹具和连接器应用技术规程》JGJ 85的相关规定对其性能进行检验，检验结果应符合该标准的规定。

锚具、夹具和连接器用量不足检验批规定数量的50%，且供货方提供有效的检验报告时，可不做静载锚固性能检验。

检查数量：按现行行业标准《预应力筋用锚具、夹具和连接器应用技术规程》JGJ 85的规定确定。

外观检查：每批中抽取10%且不少于10套锚具，检查其外观和尺寸；如有一套表面有裂纹或超过产品标准及设计要求规定允许的偏差，则应另取双倍数量的锚具重做检查；如仍有一套不符合要求，则应全数检查，合格者方可投入使用。

硬度检查：应从每批中抽取5%且不少于5套锚具，对其中有硬度要求的零件做硬度试验，对多孔夹片式锚具的夹片，每套至少抽取5片。每个零件测试3点，其硬度应在设计要求范围内，如有一个零件不合格，则应另取双倍数量的零件重新试验；如仍有一个零件不合格，则应逐个检查，合格后方可使用。

检验方法：检查质量证明文件、锚固区传力性能试验报告和抽样检验报告。

8. 装饰装修用门窗复验报告

根据《建筑装饰装修工程质量验收标准》GB 50210—2018规定，门窗工程应对下列材料及其性能指标进行复验：

（1）人造木板门的甲醛释放量；

（2）建筑外窗的气密性能、水密性能和抗风压性能。

检验批数量：

1）同一品种、类型和规格的木门窗、金属门窗、塑料门窗和门窗玻璃每100

樘应划分为一个检验批，不足100樘也应划分为一个检验批；

2）同一品种、类型和规格的特种门每50樘应划分为一个检验批，不足50樘也应划分为一个检验批。

抽查数量：

1）木门窗、金属门窗、塑料门窗和门窗玻璃，每个检验批应至少抽查5%，并不得少于3樘，不足3樘的应全数检查；高层建筑的外窗每个检验批应至少抽查10%，并不得少于6樘，不足6樘时应全数检查；

2）特种门每个检验批应至少抽查50%，并不得少于10樘，不足10樘时应全数检查。

9. 装饰装修用人造木板及花岗石复验报告

根据《建筑装饰装修工程质量验收标准》GB 50210—2018规定，装饰装修用人造木板及花岗石应进行以下复验：

（1）室内用花岗石板的放射性、室内用人造木板的甲醛释放量；

（2）水泥基粘结料的粘结强度；

（3）饰面板工程的防震缝、伸缩缝、沉降缝等部位的处理应保证缝的使用功能和饰面的完整性。

检验批应按下列规定划分：

1）相同材料、工艺和施工条件的室内饰面板工程每50间应划分为一个检验批，不足50间也应划分为一个检验批，大面积房间和走廊可按饰面板面积每30m² 计为1间；

2）相同材料、工艺和施工条件的室外饰面板工程每1000m²应划分为一个检验批，不足1000m²也应划分为一个检验批。

检查数量应符合下列规定：

1）室内每个检验批应至少抽查10%，并不得少于3间，不足3间时应全数检查；

2）室外每个检验批每100m²应至少抽查一处，每处不得小于10m²。

10. 装饰装修用安全玻璃复验报告

根据《建筑装饰装修工程质量验收标准》GB 50210—2018规定，装饰装修用安全玻璃的层数、品种、规格、尺寸、色彩、图案和涂膜朝向应符合设计要求。

检验方法：观察；检查产品合格证书、性能检验报告和进场验收记录。

门窗玻璃裁割尺寸应正确，安装后的玻璃应牢固，不得有裂纹、损伤和松动。

检验方法：观察；轻敲检查。

玻璃的安装方法应符合设计要求，固定玻璃的钉子或钢丝卡的数量、规格应保证玻璃安装牢固。

检验方法：观察；检查施工记录。

11. 装饰装修用外墙面砖复验报告

根据《建筑装饰装修工程质量验收标准》GB 50210—2018规定，饰面砖工程应对下列材料及其性能指标进行复验：

（1）室内用花岗石和瓷质饰面砖的放射性；

（2）水泥基粘结材料与所用外墙饰面砖的拉伸粘结强度；

（3）外墙陶瓷饰面砖的吸水率；

（4）严寒及寒冷地区外墙陶瓷饰面砖的抗冻性；

（5）外墙饰面砖工程施工前，应在待施工基层上做样板，并对样板的饰面砖粘结强度进行检验，检验方法和结果判定应符合现行行业标准《建筑工程饰面砖粘结强度检验标准》JGJ/T 110的规定；

（6）饰面砖工程的防震缝、伸缩缝、沉降缝等部位的处理应保证缝的使用功能和饰面的完整性。

检验批应按下列规定划分：

1）相同材料、工艺和施工条件的室内饰面砖工程每50间应划分为一个检验批，不足50间也应划分为一个检验批，大面积房间和走廊可按饰面砖面积每30m²计为1间；

2）相同材料、工艺和施工条件的室外饰面砖工程每1000m²应划分为一个检验批，不足1000m²也应划分为一个检验批。

检查数量应符合下列规定：

1）室内每个检验批应至少抽查10%，并不得少于3间，不足3间时应全数检查；

2）室外每个检验批每100m²应至少抽查一处，每处不得小于10m²。

12. 钢结构用钢材复验报告

根据《钢结构工程施工质量验收标准》GB 50205—2020规定，对属于下列情况之一的钢材，应进行抽样复验，其复验结果应符合国家现行产品标准的规定并满足设计要求。

（1）结构安全等级为一级的重要建筑主体结构用钢材；

（2）结构安全等级为二级的一般建筑，当其结构跨度大于60m或高度大于100m时，或承受动力荷载需要验算疲劳时的主体结构用钢材；

（3）板厚不小于40mm，且设计有Z向性能要求的厚板；

（4）强等级大于或等于420MPa高强度钢材；

（5）进口钢材、混批钢材或质量证明文件不齐全的钢材；

（6）设计文件或合同文件要求复验的钢材。

钢材复验检验批量标准值是根据同批钢材量确定的，同批钢材应由同一牌号、同一质量等级、同一规格、同一交货条件的钢材组成。检验批量标准值可按

表6-6-2采用。

钢材复验检验批量标准值（t）　　　　　　　　表 6-6-2

同批钢材量	检验批量标准值
≤ 500	180
501~900	240
901~1500	300
1501~3000	360
3001~5400	420
5401~9000	500
> 9000	600

钢材的复验项目应满足设计文件的要求，当设计文件无要求时可按表6-6-3执行。

每个检验批复验项目及取样数量　　　　　　　　表 6-6-3

序号	复验项目	取样数量	备注
1	屈服强度、抗拉强度、伸长率	1	承重结构采用的钢材
2	冷弯性能	3	焊接承重结构和弯曲成型构件采用的钢材
3	冲击韧性	3	需要验算疲劳的承重结构采用的钢材
4	厚度方向断面收缩率	3	焊接承重结构采用的Z向钢
5	化学成分	1	焊接结构采用的钢材保证项目：P、S、C（CEV）；非焊接结构采用的钢材保证项目：P、S

13. 钢结构用防火涂料复验报告

根据《钢结构工程施工质量验收标准》GB 50205—2020规定，钢结构用防火涂料应符合以下规定：

（1）主控项目：钢结构防火涂料的品种和技术性能应满足设计要求，并应经法定的检测机构检测，检测结果应符合国家现行标准的规定。

检查数量：全数检查。

检验方法：检查产品的质量合格证明文件、中文产品标志及检验报告等。

（2）一般项目：防火涂料的型号、名称、颜色及有效期，应与其质量证明文件相符。开启后，不应存在结皮、结块、凝胶等现象。

检查数量：应按桶数抽查5%，且不应少于3桶。

检验方法：观察检查。

14. 钢结构用焊接材料复验报告

根据《钢结构工程施工质量验收标准》GB 50205—2020规定，钢结构用焊接材料应符合以下规定：

（1）主控项目：焊接材料的品种、规格、性能应符合国家现行标准的规定并满足设计要求。焊接材料进场时，应按国家现行标准的规定抽取试件且应进行化学成分和力学性能检验，检验结果应符合国家现行标准的规定。

检查数量：质量证明文件全数检查；抽样数量按进场批次和产品的抽样检验方案确定。

检验方法：检查质量证明文件和抽样检验报告。

（2）对于下列情况之一的钢结构用焊接材料应按其产品标准的要求进行抽样复验，复验结果应符合国家现行标准的规定并满足设计要求。

1）结构安全等级为一级的一、二级焊缝；

2）结构安全等级为二级的一级焊缝；

3）需要进行疲劳验算构件的焊缝；

4）材料混批或质量证明文件不齐全的焊接材料；

5）设计文件或合同文件要求复检的焊接材料。

检查数量：全数检查。

检验方法：见证取样送样；检查复验报告。

（3）一般项目

1）焊钉及焊接瓷环的规格、尺寸及允许偏差应符合国家现行标准的规定。

检查数量：按批量抽查1%，且不应少于10套。

检验方法：用钢尺和游标卡尺量测。

2）施工单位应按《紧固件 电弧螺柱焊用螺柱和瓷环》GB/T 10433—2024的规定，对焊钉的机械性能和焊接性能进行复验，复验结果应符合国家现行标准的规定并满足设计要求。

检查数量：每个批号进行一组复验，且不应少于5个拉伸和5个弯曲试验。

检验方法：见证取样送样；检查复验报告。

3）焊条外观不应有药皮脱落、焊芯生锈等缺陷，焊剂不应受潮结块。

检查数量：按批量抽查1%，且不应少于10包。

检验方法：观察检查。

15. 钢结构用高强度大六角头螺栓连接副、扭剪型高强度螺栓连接副复验报告

根据《钢结构工程施工质量验收标准》GB 50205—2020规定，钢结构用高强

度大六角头螺栓连接副、扭剪型高强度螺栓连接副应符合以下要求：

（1）主控项目

钢结构连接用高强度螺栓连接副的品种、规格、性能应符合国家现行标准的规定并满足设计要求。高强度大六角头螺栓连接副应随箱带有扭矩系数检验报告，扭剪型高强度螺栓连接副应随箱带有紧固轴力（预拉力）检验报告。高强度大六角头螺栓连接副和扭剪型高强度螺栓连接副进场时，应按国家现行标准的规定抽取试件且应分别进行扭矩系数和紧固轴力（预拉力）检验，检验结果应符合国家现行标准的规定。

检查数量：质量证明文件全数检查，抽样数量按进场批次和产品的抽样检验方案确定。

检验方法：检查质量证明文件和抽样检验报告。

（2）一般项目：高强度大六角头螺栓连接副、扭剪型高强度螺栓连接副应按包装箱配套供货，包装箱上应标明批号、规格、数量及生产日期；螺栓、螺母、垫圈表面不应出现生锈和沾染脏物，螺纹不应损伤。

检查数量：按包装箱数抽查5%，且不应少于3箱。

检验方法：观察检查。

16. 幕墙用铝塑板、石材、玻璃、结构胶复验报告

根据《建筑装饰装修工程质量验收标准》GB 50210—2018规定，幕墙用铝塑板、石材、玻璃、结构胶复验应对以下指标进行复验：

（1）铝塑复合板的剥离强度；

（2）石材、瓷板、陶板、微晶玻璃板、木纤维板、纤维水泥板和石材蜂窝板的抗弯强度；严寒、寒冷地区石材、瓷板、陶板、纤维水泥板和石材蜂窝板的抗冻性；室内用花岗石的放射性；

（3）幕墙用结构胶的邵氏硬度、标准条件拉伸粘结强度、相容性试验、剥离粘结性试验；石材用密封胶的污染性；

（4）中空玻璃的密封性能；

（5）防火、保温材料的燃烧性能；

（6）铝材、钢材主受力杆件的抗拉强度；

（7）聚硅氧烷结构密封胶的注胶应在洁净的专用注胶室进行，且养护环境、温度、湿度条件应符合结构胶产品的使用规定。

检验批应按下列规定划分：

1）相同设计、材料、工艺和施工条件的幕墙工程每1000m²应划分为一个检验批，不足1000m²也应划分为一个检验批；

2）同一单位工程不连续的幕墙工程应单独划分检验批；

3）对于异形或有特殊要求的幕墙，检验批的划分应根据幕墙的结构、工艺特点及幕墙工程规模，由监理单位（或建设单位）和施工单位协商确定。

17. 散热器、供暖系统保温材料、通风与空调工程绝热材料、风机盘管机组、低压配电系统电缆的见证取样复验报告

（1）供暖节能工程使用的散热器和保温材料进场时，应对其下列性能进行复验，复验应为见证取样检验。

1）散热器的单位散热量、金属热强度；

2）保温材料的导热系数或热阻、密度、吸水率。

检查数量：同厂家、同材质的散热器，数量在500组及以下时，抽检2组；当数量每增加1000组时应增加抽检1组。同工程项目、同施工单位且同期施工的多个单位工程可合并计算。在同一工程项目中，同厂家、同类型、同规格的节能材料、构件和设备，当获得建筑节能产品认证、具有节能标识或连续三次见证取样检验均一次检验合格时，其检验批的容量可扩大一倍，且仅可扩大一倍。扩大检验批后的检验中出现不合格情况时，应按扩大前的检验批重新验收，且该产品不得再次扩大检验批容量。

检验方法：核查复验报告。

（2）同厂家、同材质的保温材料，复验次数不得少于2次。

（3）通风与空调节能工程使用的风机盘管机组和绝热材料进场时，应对其下列性能进行复验，复验应为见证取样检验。

1）风机盘管机组的供冷量、供热量、风量、水阻力、功率及噪声；

2）绝热材料的导热系数或热阻、密度、吸水率。

检查数量：按结构形式抽检。同厂家的风机盘管机组数量在500台及以下时，抽检2台；每增加1000台时应增加抽检1台。同工程项目、同施工单位且同期施工的多个单位工程可合并计算。当在同一工程项目中，同厂家、同类型、同规格的节能材料、构件和设备，当获得建筑节能产品认证、具有节能标识或连续三次见证取样检验均一次检验合格时，其检验批的容量可扩大一倍，且仅可扩大一倍。扩大检验批后的检验中出现不合格情况时，应按扩大前的检验批重新验收，且该产品不得再次扩大检验批容量。

检验方法：核查复验报告。

（4）同厂家、同材质的绝热材料，复验次数不得少于2次。

（5）低压配电系统使用的电线、电缆进场时，应对其导体电阻值进行复验，复验应为见证取样检验。

检查数量：同厂家各种规格总数的10%，且不少于2个规格。

检验方法：现场随机抽样检验；核查复验报告。

18. 节能工程材料复验报告

（1）涉及安全、节能、环境保护和主要使用功能的材料、构件和设备，应在施工现场随机抽样复验，复验应为见证取样检验。当复验的结果不合格时，该材料、构件和设备不得使用。

（2）在同一工程项目中，同厂家、同类型、同规格的节能材料、构件和设备，当获得建筑节能产品认证、具有节能标识或连续三次见证取样检验均一次检验合格时，其检验批的容量可扩大一倍，且仅可扩大一倍。扩大检验批后的检验中出现不合格情况时，应按扩大前的检验批重新验收，且该产品不得再次扩大检验批容量。分项工程的复验内容如表6-6-4所示。

分项工程的复验内容　　　　　　　　　　表6-6-4

序号	分项工程	主要内容
1	墙体节能工程	1.保温隔热材料的导热系数或热阻、密度、压缩强度或抗压强度、垂直于板面方向的抗拉强度、吸水率、燃烧性能（不燃材料除外）； 2.复合保温板等墙体节能定型产品的传热系数或热阻、单位面积质量、拉伸粘结强度、燃烧性能（不燃材料除外）； 3.保温砌块等墙体节能定型产品的传热系数或热阻、抗压强度、吸水率； 4.反射隔热材料的太阳光反射比，半球发射率； 5.粘结材料的拉伸粘结强度； 6.抹面材料的拉伸粘结强度、压折比； 7.增强网的力学性能、抗腐蚀性能
2	幕墙节能工程	1.保温材料的导热系数或热阻、密度、吸水率、燃烧性能（不燃材料除外）； 2.幕墙玻璃的可见光透射比、传热系数、遮阳系数，中空玻璃密封性能； 3.隔热型材的抗拉强度、抗剪强度； 4.透光、半透光遮阳材料的太阳光透射比、太阳光反射比
3	门窗节能工程	1.严寒、寒冷地区，门窗的传热系数、气密性能； 2.夏热冬冷地区、门窗的传热系数、气密性能，玻璃遮阳系数、玻璃可见光透射比； 3.夏热冬暖地区，门窗的气密性能，玻璃遮阳系数、玻璃可见光透射比； 4.严寒、寒冷、夏热冬冷和夏热冬暖地区，透光、部分透光遮阳材料的太阳光透射比、太阳光反射比，中空玻璃的密封性能
4	屋面节能工程	1.保温隔热材料的导热系数或热阻、密度、压缩强度，或抗压强度、吸水率、燃烧性能（不燃材料除外）； 2.反射隔热材料的太阳光反射比，半球发射率
5	地面节能工程	保温隔热材料的导热系数或热阻、密度、压缩强度，或抗压强度、吸水率、燃烧性能（不燃材料除外）

续表

6	供暖节能工程	1. 散热器的单位散热量、金属热强度； 2. 保温材料的导热系数或热阻、密度、吸水率
7	通风与空气调节节能工程	1. 风机盘管机组的供冷量、供热量、风量、水阻力、功率及噪声； 2. 绝热材料的导热系数或热阻、密度、吸水率
8	空调与供暖系统的冷热源及管网节能工程	绝热材料的导热系数或热阻、密度、吸水率
9	配电与照明节能工程	1. 照明光源初始光效； 2. 照明灯具镇流器能效值； 3. 照明灯具效率； 4. 照明设备功率、功率因数和谐波含量值； 5. 电线、电缆的导体电阻值
10	太阳能光热系统节能工程	1. 集热设备的热性能； 2. 保温材料的导热系数或热阻、密度、吸水率

6.7 施工记录文件（C5）

6.7.1 隐蔽工程验收记录

隐蔽工程就是在装修后被隐蔽起来，表面上无法看到的施工项目。隐蔽工程验收记录应符合国家相关标准的规定，如表6-7-1所示。

（1）相关规定与要求

1）工程名称、隐检项目、隐检部位及日期必须填写准确；

2）隐检依据、主要材料名称及规格型号应准确，尤其对设计变更、洽商等容易遗漏的资料应填写完整。

（2）注意事项

1）审核意见应明确，将隐检内容是否符合要求表述清楚；

2）复查结论主要是针对上一次隐检出现的问题进行复查，因此，要对质量问题整改的结果描述清楚。

钢筋工程隐蔽验收记录（示例）   表6-7-1

工程名称	××××建设工程项目	施工单位	××××建设集团有限公司
隐蔽验收部位	桩基钢筋笼隐蔽验收	隐检时间	××××年××月××日
隐检依据	《混凝土结构工程施工质量验收规范》GB 50204—2015		

续表

隐检内容	施工单位自检情况	监理（建设）单位验收意见
钢筋品种、规格、数量、位置	柱主筋直径（mm）C18、C20、C28，柱箍筋C8@100、C10@100、C10@100/150、C12@100；其数量、位置符合设计及规范要求。	同意验收
钢筋锚固长度和连接形式、接头位置、搭接长度、接头数量、接头面积百分率	钢筋锚固长度和连接形式、接头位置、搭接长度、接头数量、接头面积百分率符合设计及规范要求。	同意验收
焊接接头的焊口形式、焊缝长度、焊缝厚度（高度）及表面清渣等外观质量	柱主筋直径大于等于C22mm采用直螺纹套筒连接，直径小于等于C20mm采用电渣压力焊。	同意验收
预埋件规格、数量、位置和固定方法	预埋件规格、数量、位置和固定方法符合设计及规范要求。	同意验收
附图	 桩顶交叉钢筋 2Φ14 1−D 4Φ20 与圆钢板焊牢 圆钢板 t−3 $d=D_1-20$	

会签栏	监理（建设）单位（签章）	施工单位（签章）		
	专业监理工程师（专业负责人）	专业技术负责人	质检员	专业工长
	日期：××××年××月××日	日期：××××年××月××日	日期：××××年××月××日	日期：××××年××月××日

注：附图应当附上现场实际绑扎的钢筋构造图，不得使用设计图。

6.7.2 施工检查记录

施工单位对施工项目进行检查形成的记录。对隐蔽检查记录和预检记录不适用的其他重要工序，应按照现行规范要求进行施工质量检查，填写施工检查记录。

6.7.3 交接检查记录

交接双方共同填写的工序交接检查记录如表6-7-2所示。

工序交接检查记录（示例）　　　　表 6-7-2

工程名称	×××建设工程项目	分部（分项）工程		抹灰工程	
系统部位	二层走廊	系统部位	二层走廊	交接日期	××××年××月××日
序号	交接范围	交接内容	要求		检查情况
	工作面、文明施工	走廊墙面抹灰完成面	平整度及垂直度满足规范要求，墙体内暗埋管线安装到位		经交接双方检查，抹灰施工质量经验收合格，满足下步工序要求，双方同意移交，并办理移交手续
交接意见	依据有关规范规定要求，经双方检查确认☑符合/□不符合设计施工要求 ☑同意/□不同意进入下道工序施工。				
会签栏	上道工序施工方（签章）	安装单位（签章）			下道工序施工方（签章）
	专业工长	专业技术负责人		质检员	专业工长
	日期：××××年××月××日	日期：××××年××月××日		日期：××××年××月××日	日期：××××年××月××日

6.7.4　工程定位测量记录

（1）相关规定与要求

1）测绘部门应根据建设工程规划许可证（附件）批准的建筑工程位置及标高依据，测定出建筑的红线桩。

2）施工测量单位应依据测绘部门提供的放线成果、红线桩及场地控制网（或建筑物控制网），测定建筑物位置、主控轴线及尺寸、建筑物 ±0.000 绝对高程。

3）工程定位测量完成后，应由建设单位报请政府具有相关资质的测绘部门申请验线，并报请政府测绘部门验线。

（2）注意事项

1）"委托单位"为建设单位或总承包单位。

2）"平面坐标依据""高程依据"由测绘院或建设单位提供，应以规划部门钉桩坐标为标准，在填写时应注明点位编号，且应与交桩资料中提供的点位编号一致。

工程定位记录如表 6-7-3 所示。

工程定位记录（示例）　　　　表 6-7-3

工程名称	××××建筑工程项目					施工单位	××××建设集团有限公司
图纸编号	建施 -03					施测单位	××××建设集团有限公司
测量依据	引用坐标	A	X=	57864.775	水准点高程	相对	± 0.000m
			Y=	87584.530			
		B	X=	57837.382		绝对	752.9m
			Y=	87628.746			
仪器	全站仪						

定位测量示意图（尺寸单位：mm）

测量人员：×××	施测日期：××××年××月××日

复验意见：1.测角最大中误差合格；
　　　　　2.复测结果符合《工程测量标准》GB 50026—2020 及施工测量方案要求。

	复验日期：××××年××月××日

会签栏	监理（建设）单位（签章）	施工单位（签章）		
	专业监理工程师（专业负责人）	专业技术负责人	质检员	专业工长
	日期：××××年××月××日	日期：××××年××月××日	日期：××××年××月××日	日期：××××年××月××日

注：定位测量示意图应当为现场实际测量放线的点位图。

6.7.5　基槽验线记录

　　施工测量单位应根据主控轴线和基槽底平面图，检验建筑物基底外轮廓线、集水坑、电梯井坑、垫层底标高（高程）、基槽断面尺寸和坡度等，填写基槽

（坑）验线记录，（表6-7-4）并报监理单位审核。

对于重点工程或大型工业厂房应有测量原始记录。

基槽（坑）验线记录（示例）　　　　　　　表6-7-4

工程名称	××××建设工程项目		
建设单位	××××开发有限公司	施工单位	××××建设集团有限公司
验线依据	1.定位控制桩；2.规划测绘部门给定的高程控制水准点；3.基础平面图	验收部位	6号楼基础
项目	允许偏差（mm）	检查记录	
标高	−50	−1mm，−10mm，−10mm，−13mm，−3mm	
长度、宽度	+200	16mm，20mm，20mm，17mm，14mm	
边坡	设计要求	符合设计要求	
表面平整度	±20	2mm，−8mm，0mm，−2mm，2mm	
基底土质	卵石	符合设计要求	
基槽平、剖面简图	 基槽平面图 备注：±0.000相当于黄海高程17.7m 基槽剖面图		
检查验收意见	符合设计及规范要求。		
施工技术负责人：××× 放线人：××× 专业质检员：××× ××××年××月××日	监理工程师：××× ××××年××月××日		

6.7.6　楼层平面放线记录

应根据建筑物的分布、结构、高度、基础埋深和机械设备传动的连接方式、生产工艺的连续程度，分别布设一级或二级平面控制网。楼层平面放线记录如表6-7-5所示。

楼层平面放线记录（示例）　　　　　　　　表 6-7-5

工程名称	××××建设工程项目	日期	××××年××月××日
放线部位	办公楼五层	放线内容	墙柱轴线、边线、门窗洞口线、垂直度偏差

放线依据：
1. 定位控制桩1.2.3.4
2. 首层+1.000m=41.600m水平控制点
3. 五层平面图

放线简图：

	专业工长（施工员）	×××	施测人	×××
施工单位检查意见	符合设计及规范要求。 专业质检员：××× 专业技术负责人：××× ××××年××月××日			
监理（建设）单位意见	符合设计及规范要求。 专业监理工程师：××× （建设单位专业技术负责人） ××××年××月××日			

6.7.7 楼层标高抄测记录

施工层标高的传递宜采用悬挂钢尺代替水准尺的水准测量方法进行，并应对钢尺读数进行温度、尺长和拉力校正；传递点的数目，应根据建筑物的大小和高度确定。一般的工业建筑或多层民用建筑，宜从两个位置处分别向上传递，重要的工业建筑或高层民用建筑，宜从三个位置处分别向上传递；传递的标高较差小于3mm时，可取平均值作为施工层的标高基准，大于3mm时，应重新传递。

6.7.8 建筑物垂直度、标高观测记录

施工的垂直度测量精度应根据建筑物的高度、施工的精度要求、现场观测条件和垂直度测量设备等分析确定，但不应低于轴线竖向投测的精度要求，建筑物垂直度、标高观测记录如表6-7-6所示。

建筑物垂直度、标高观测记录（示例） **表6-7-6**

工程名称	××××建设工程项目			观测日期		××××年××月××日				
观测时施工形象进度：主体结构				施工单位专职测量员、记录员：××× 监理（建设）单位旁站监督人：×××						
观测点编号	观测部位（柱、墙轴线等）	结构层或全高顶面标高（m）		实测高度（m）		最大垂直偏差（mm）		最大垂直度（%）		倾斜方向（总高）
		设计	实测	层高	总高	层高	总高	层高	总高	
1号	1轴交A轴	3.580	3.581	3.600	3.601	1	1	0.028	0.028	北
2号	13轴交A轴	3.580	3.580	3.600	3.600	1	1	0.028	0.056	北
3号	13轴交F轴	3.580	3.582	3.600	3.602	2	2	0.056	0.056	北
4号	1轴交F轴	3.580	3.580	3.600	3.600	2	2	0.056	0.056	北
观测点平面布置图及说明：										

4号
3号
框5
拟建综合楼
265.350(±0.000)
1号
2号

施工单位观测结果：	监理（建设）单位核查结论：
经查，符合工程测量规范的允许垂直度偏差值和标高偏差值。 施工单位项目专业技术负责人：××× ××××年××月××日	符合设计及规范要求。 监理（建设）项目部（章） 项目专业监理工程师：××× （建设单位项目技术负责人） ××××年××月××日

注：1）房屋结构层及全高顶面标高，指室外地坪面到每层结构层的楼板板顶和到主要屋面板板顶的标高（不考虑局部突出屋顶部分）；

　　2）层高指结构层上下楼板的板顶至板顶的距离，总高指室外地坪面至结构施工层楼板板顶的高度；

　　3）层高、总高的高度及最大垂直偏差、垂直度等观测测量，应及时在每层结构层完工时进行；全高顶面标高、垂直度观测测量，应及时在主体完工时进行；

　　4）施工单位应根据建筑测量定位放线的规定要求，另附详细平面布置图及其观测测量手簿。

6.7.9　沉降观测记录

为了保证建（构）筑物的正常使用寿命和建（构）筑物的安全性，并为以后的勘察设计施工提供可靠的资料及相应的沉降参数，高层建筑物、高耸构筑物、重要古建筑物及连续生产设施基础、动力设备基础，滑坡监测等均要进行沉降观测。特别在高层建筑物施工过程中，应采用沉降观测加强过程监控，指导合理的施工工序，预防在施工过程中出现不均匀沉降现象，避免因沉降原因造成建筑物主体结构的破坏或产生影响结构使用功能的裂缝，从而造成巨大的经济损失。建筑物沉降观测记录如表6-7-7所示。

建筑物沉降观测记录（示例）　　　　　　　　　　　表6-7-7

工程名称：××××建设工程项目
结构形式：剪力墙　　层次：11+1　　仪器：DS3200水准仪
水准点号数及高程：D001 高程40.300m

测点	2020.1.5	2020.1.15		2020.1.29			2020.2.10			2020.2.26		
	初次高程（m）	高程（m）	本次下沉（mm）	高程（m）	本次下沉（mm）	累计下沉（mm）	高程（m）	本次下沉（mm）	累计下沉（mm）	高程（m）	本次下沉（mm）	累计下沉（mm）
A	0	−0.001	+1	−0.002	+1	+2	−0.003	+1	+3	−0.004	+1	+4
B	0	−0.001	+1	−0.001	0	+1	−0.002	+1	+2	−0.002	0	+2
C	0	−0.001	+1	−0.001	0	+1	−0.002	+1	+2	−0.004	+2	+4
D												
E												

续表

施工进度	二层梁板完成	三层梁板完成	四层梁板完成	五层梁板完成	六层梁板完成
观测人	×××	×××	×××	×××	×××
沉降观测点布置图			 沉降观测点平面布置图		
观测单位：××××建设集团有限公司			技术负责人：×××		

注：1) 沉降观测除项目部按照监测方案观测外，还需要请第三方检测公司进行观测；
　　2) 点位布置图应提供施工现场实际点位。

6.7.10　基坑支护水平位移监测记录

（1）基坑工程施工前，应由建设方委托具备相应能力的第三方对基坑工程实施现场监测。监测单位应编制监测方案，监测方案应经建设方、设计方等认可，必要时还应与基坑周边环境涉及的有关管理单位协商一致后再实施。

（2）当符合下列规定时，宜实施自动化监测。

1) 需要进行高频次或连续实时观测的监测项目；

2) 环境条件不允许或不可能用人工方式进行观测的监测项目。

（3）实施自动化监测的基坑工程，还应符合下列规定。

1) 自动化监测系统应包括监测仪器设备数据自动采集系统、数据传输系统、数据存储管理系统及实时发布系统等；

2) 自动监测仪器设备精度和量程应满足工程要求；

3) 自动化监测系统应能进行数据异常情况下的自动预警或故障显示。

（4）围护墙或土体深层水平位移监测点宜布置在基坑周边的中部、阳角处及有代表性的部位；监测点水平间距宜为20～60m，每侧边监测点数目不应少于1个。

6.7.11　桩基、支护测量放线记录

测量放线作为桩基础施工的首要环节，需要严格按照设计和施工要求进行桩位准确测量。桩基、支护测量放线记录如表6-7-8所示。

桩基、支护测量放线记录（示例） 表 6-7-8

工程名称	×××× 建设工程项目	施工单位	×××× 建设集团有限公司
施测部位	桩 A-7	施测单位	×××× 工程检测有限公司
测量依据	坐标控制点 A 坐标 X=45175.570，Y=20178.926；B 坐标 X=44975.247，Y=20196.853；高程控制点 H=769.892	使用仪器	全站仪 GST-102N 50 米大钢尺 水准仪 DSA320

　　测量示意图及说明：根据建设单位给定的起始坐标控制点，用全站仪将建筑物轴线交点布设于实地；依照图纸中桩与桩之间的关系，桩与轴线的关系，使用大钢尺进行将桩点布放在施工场地；再通过给定的水准点作为依据，测出场地平均高程，根据设计提供的桩顶标高计算出成孔深度、空桩长。测量详表附后。

C20 混凝土桩身图

3 号地块 C 座桩点布置图

测量人员：×××　　施测日期：××××年××月××日

复验意见：

符合设计及规范要求。

复验日期：××××年××月××日

会签栏	监理（建设）单位（签章）	施工单位（签章）		
	专业监理工程师 （专业负责人）	专业技术负责人	质检员	专业工长
	日期：××××年 ××月××日	日期：××××年 ××月××日	日期：××××年 ××月××日	日期：××××年 ××月××日

　　注：依据监测方案确定测量示意图。

6.7.12　桩基工程桩位验收记录、桩基施工记录、桩基工程隐蔽验收记录

　　（1）根据《建筑基桩检测技术规范》JGJ 106—2014 "施工完成后的工程桩应

进行单桩承载力和桩身完整性检测"的规定，应注意以下要点：

1）单桩承载力检测（含单桩竖向抗压静载、抗拔静载、水平静载试验等）承载力满足设计及规范要求；

2）桩身完整性检测：一类桩90%以上（桥梁工程95%以上）。

（2）根据《建筑基桩检测技术规范》JGJ 106—2014的规定，桩基检测分为试桩检测和工程桩检测。当设计有要求或有下列情况之一时，施工前应进行试验桩检测并确定单桩极限承载力。

1）设计等级为甲级的桩基；

2）无相关试桩资料可参考的设计等级为乙级的桩基；

3）地基条件复杂、基桩施工质量可靠性低的桩基；

4）本地区采用的新桩型或采用新工艺成桩的桩基。

（3）为设计提供依据的试验桩检测应依据设计确定的基桩受力状态，采用相应的静载试验方法确定单桩极限承载力，检测数量应满足设计要求，且在同一条件下不应少于3根；当预计工程桩总数小于50根时，检测数量不应少于2根。

各项记录如表6-7-9 ~ 表6-7-11所示。

桩基工程桩位验收记录（示例）　　　　　　　　　　表6-7-9

工程名称	××××建设工程项目	施工单位	××××建设集团有限公司
验收部位	桩基	处理依据	建筑地基基础工程施工资料
施工图号	结施1	验收日期	××××年××月××日
验收桩位图（可附图）： 工程桩共计85根，详见附图。			
验收意见： 　　经检查验收工程桩桩位符合设计要求，其偏差在工程质量验收规范允许偏差范围之内符合《建筑地基基础工程施工质量验收标准》GB 50202—2018的要求。			

验收单位签章	监理单位	勘察单位	设计单位	施工单位
	总监理工程师：×××	项目负责人：×××	项目负责人：×××	项目经理：×××
	日期：××××年 ××月××日	日期：××××年 ××月××日	日期：××××年 ××月××日	日期：××××年 ××月××日

桩基施工记录（示例）　　　　　　　　　　　表 6-7-10

工程名称	×××× 建设工程项目		施工单位	×××× 建设集团有限公司		
桩基类型	人工挖孔桩	孔位编号	25 号	轴线位置	E×6轴	
设计桩径	800mm	设计桩长	＞6m	桩顶标高	−6	
钻机类型	/	护壁方式	混凝土护壁	泥浆比重	/	
开挖时间	×××× 年 ×× 月 ×× 日		终孔时间	×××× 年 ×× 月 ×× 日		
钢筋笼简述	笼长（m）	7.41	主筋	12C14		
	下笼时间	×××× 年 ×× 月 ×× 日	箍筋	A8@100/200　C14@2000		
孔深计算	钻台深度（m）	/	浇筑前孔深（m）	6.85	实际桩长（m）	6.85
	终孔深度（m）	6.85	沉渣厚度（mm）	20		
混凝土简述	设计标号	C30	水泥用量（t）	1.6	坍落度（mm）	160
	理论浇筑量（m³）	3.44	实际浇筑量（m）	4.15	充盈系数	1.21
施工问题记录：施工时无异常情况发生。						
负责人		质检员		记录员		
×××		×××		×××		
记录日期		×××× 年 ×× 月 ×× 日				

桩基工程隐蔽验收记录（示例）　　　　　　表 6-7-11

工程名称	×××× 建设工程项目		桩号	1 号		
开挖日期	×××× 年 ×× 月 ×× 日		浇筑日期	×××× 年 ×× 月 ×× 日		
成孔日期	×××× 年 ×× 月 ×× 日		竣工日期	×××× 年 ×× 月 ×× 日		
验收日期	×××× 年 ×× 月 ×× 日		桩型	人工挖孔墩	护壁	混凝土
时间	深度（m）		土质	水	备注	
5.8–5.9	0.6		杂填土	无	/	
5.9–5.10	0.6~1.5		硬塑粉质黏土	无	/	

续表

5.10–5.11	1.5~4.0	泥质砂岩强风化	无	/
5.11–5.13	4.0~4.9	泥质砂岩中等风化	无	/

验收记录	d=0.80m	桩孔简图	
	D=0.80m		
	H=4.90m		
	h_1=4.90m		
	h_2=0.00m		
	h_3=0.20m		
	h_4=0.20m		
标高	桩顶 20.40m		
	孔底 15.50m		

钢筋笼长5.40m	混凝土深：4.90m	入岩深h_5：0.72m	混凝土标号：C25（商品混凝土）

建设单位		施工单位		勘察设计单位		监理单位	

注：桩孔简图应包括钢筋笼的样图。

6.7.13 地基验槽记录

地基验槽记录应符合《建筑地基基础工程施工质量验收标准》GB 50202—2018的有关规定，如表6-7-12所示。

（1）相关规定与要求：

1）新建建筑物应进行施工验槽，检查内容包括基坑位置、平面尺寸、基底绝对高程和相对标高、持力层、基坑土质及地下水位等，有基础桩支护或桩基的工程还应有工程桩的检查；

2）地基验槽检查记录应由建设、勘察、设计、监理、施工单位共同验收签认；

3）地基需处理时，应由勘察、设计部门提出处理意见。

（2）注意事项：对于进行地基处理的基槽，还应再办理一次地基验槽记录，并将地基处理的洽商编号、处理方法等注明。

地基验槽记录（示例）　　　　　　　　表 6-7-12

工程名称	××××建设工程项目		施工单位		××××建设集团有限公司	
验槽部位	1-48/A-AL轴基础	基槽（坑）面积	20000m²	验槽时间	××××年××月××日	
序号	项目	自查情况			附图或说明	
1	基底土质情况：土壤类别、均匀、密实程度、是否为老土	工程地质特征，自上而下可依次划分为①杂填土；②粉质黏土；③细砂；④砾砂；⑤强风化泥质粉刷岩；⑥中风化泥质粉刷岩。				
2	钎探情况：有无空穴、古窑、古墓、古井、防空洞及地下埋设物的位置、深度、形状等	经勘探未发现有埋藏的古河道、沟浜、墓穴、防空洞、孤石及空洞等对工程不利的埋藏物存在，无滑坡、岩溶、地下采空区及地面塌陷区等不良地质作用。			地坪标高-1.5m 承台标高-8.60m，-7.10m　50mm	
3	定位情况：基槽（坑）位置、平面尺寸、标高	基槽位置为1-48/A-AL轴、平面尺寸129.6m×125.4m、标高均符合设计要求。				
4	基槽（坑）支护情况：支护类型、变形监测	支护类型采用SMW工法桩、三轴搅拌桩及土钉墙支护形式，变形监测项目包括基坑内外土体的地表及深部的水平、竖向位移。				
5	地下水情况	本基坑的地下水处理方案是设置疏干井，结合坑内的排水沟、集水井明排。				
自检意见		经检查，基槽平面位置、槽边尺寸、基槽底标高、定位检查等均符合设计要求，无坑、穴洞等。 专业技术负责人：×××　　质检员：×××　　专业工长：×××				
验收结论		符合设计及规范要求。				
会签栏	监理（建设）单位（签章）	勘察单位		设计单位		施工单位
	总监理工程师（项目负责人）	项目负责人		项目负责人		项目经理
	日期：××××年××月××日	日期：××××年××月××日		日期：××××年××月××日：		日期：××××年××月××日

6.7.14 地基钎探记录

地基钎探记录由施工单位填写。地基钎探用于检验浅土层（如基槽）的均匀性，确定基槽的容许承载力及检验填土质量。钎探前应绘制钎探点平面布置图，确定钎探点布置及顺序编号，按照钎探图及有关规定进行钎探并记录，如表6-7-13所示。

地基钎探记录（示例）　　　　　　　表 6-7-13

工程名称	××××建设工程项目			施工单位	××××建设集团有限公司		
钎探部位	地基基坑			钎探日期	××××年××月××日		
自由落距	50cm		钎径		25mm	钎重	10kg

锤击数＼探点编号	钎探深度（m）							备注
	0～0.3	0.3～0.6	0.6～0.9	0.9～1.2	1.2～1.5	1.5～1.8	1.8～2.1	
1	5	8	15	20	23	27	29	/
2	8	10	18	19	22	26	26	/
3	7	12	16	21	23	27	28	/

钎探点布置图（可另附图）：　　　　　结论：

符合要求

专业技术负责人：×××	质检员：×××	钎探负责人：×××

注：1）钎探点布置图根据规范要求及施工方案布置，布置图应为现场实际布点图；
2）专业技术负责人应为项目技术负责人，质检员应为持证上岗的质量员。

6.7.15 混凝土浇灌申请书

混凝土浇灌申请书（表6-7-14）由施工单位填写并保存，在浇筑混凝土之前报送监理单位备案。

正式浇筑混凝土前，施工单位应检查各项准备工作，如钢筋、模板工程，水电预埋，材料、设备及其他准备等，自检合格填写混凝土浇灌申请书报监理单位后方可浇筑混凝土。

混凝土浇灌申请书（示例） 表6-7-14

工程名称	××××建设工程项目		施工单位	××××建设集团有限公司	
申请浇灌部位	7-18/V-E-1.14-20/E-1-Q-1轴垫层		申请浇灌日期	××××年××月××日	
强度等级	C20		申请方量	360m³	
材料用量	水泥（kg）	水（kg）	砂（kg）	石（kg）	掺水剂（kg）
每立方米用量	240	170	832	1102	4.23
每盘用量	480	340	1664	2204	8.46
施工准备检查				备注	
1.隐检情况：☑已□未完成隐检				/	
2.预检情况：☑已□未完成隐检				/	
3.水电预埋情况：☑已□未完成并未经检查				/	
4.施工组织情况：☑已□未完备				/	
5.机械设备准备情况：☑已□未准备				/	
6.保温及有关准备：☑已□未完成隐检				/	
施工单位检查结论： 各项工作准备就绪，符合设计及施工规范要求，予以浇灌。 技术负责人：××× 申请人：××× 日期：××××年××月××日					
监理（建设）单位验收意见： 同意浇筑。 专业监理工程师（专业负责人）：××× 日期：××××年××月××日					

6.7.16 预拌混凝土运输单

预拌混凝土运输单内容一般包括：任务单号、供应单位、工程名称及施工部位、施工单位、混凝土强度等级及技术要求、抗渗等级、运输方式、本车供应方量、坍落度、运输时间、发货人、签收人等内容。

6.7.17 混凝土开盘鉴定

（1）采用预拌混凝土的，在混凝土出厂前，对首次使用的混凝土配合比由混凝土供应单位自行组织相关人员进行开盘鉴定。

（2）采用现场搅拌混凝土的，由施工单位组织监理单位、搅拌机组、混凝土试配单位进行开盘鉴定工作，共同认定试验室签发的混凝土配合比组成材料是否与现场施工所用材料相符，以及混凝土拌合物性能是否满足设计要求和施工需要。

6.7.18 混凝土拆模申请单

混凝土拆模申请单由施工单位填写、保存，在拆模前报送监理单位审核。

（1）在拆除现浇混凝土结构板、梁、悬臂构件等底模和柱墙侧模前，应填写混凝土拆模申请单并附同条件混凝土强度等级报告，项目专业负责人审批后报监理单位审核，通过后方可拆模。

（2）模板拆除时，拆模的顺序和方法应按模板的设计规定进行。当设计无规定时，可采取先支的后拆、后支的先拆，先拆非承重模板、后拆承重模板的顺序，并应从上而下进行拆除。

（3）当混凝土强度达到设计要求时，方可拆除底模及支架；当设计无具体要求时，同条件养护试件的混凝土抗压强度应符合表6-7-15的规定。

底模拆除时的混凝土强度要求 表6-7-15

构件类型	构件跨度（m）	达到设计要求的混凝土立方体抗压强度标准值的百分率（%）
板	≤2	≥50
	>2，≤8	≥75
	>8	≥100
梁、拱、壳	≤8	≥75
	>8	≥100
悬臂构件		≥100

（4）当混凝土强度能保证其表面及棱角不受损伤时，方可拆除侧模。

（5）快拆支架体系的支架立杆间距不应大于2m。拆模时应保留立杆并顶托支承楼板，拆模时的混凝土强度可按上表取构件跨度为2m的规定确定。

（6）如结构形式复杂（结构跨度变化较大）或平面不规则，应附拆模平面示意图。

混凝土拆模申请单，如表6-7-16所示。

混凝土拆模申请单（示例） 表6-7-16

工程名称	××××建设工程项目		施工单位		××××建设集团有限公司	
申请拆模部位	二层板梁					
混凝土强度等级	C30	混凝土浇筑完成时间	××××年××月××日	申请拆模时间		××××年××月××日
构件类型						
□墙	□柱	板 □跨度≤2m □2m<跨度≤8m □跨度≤8m		梁 □跨度≤8m □跨度>8m	☑悬臂构件	其他
拆模时间混凝土强度要求	龄期（d）		同条件混凝土抗压强度（MPa）	达到设计强度等级（%）		强度报告编号
应达到设计强度的100%	28		32.3	107		/
申请意见	此部位混凝土强度达到设计强度的要求，现申请该部位拆除模板					
审批意见	同意拆除模板 批准拆模日期：××××年××月××日					
会签栏	监理（建设）单位（签章）		施工单位（签章）			
	专业监理工程师（专业负责人）		专业技术负责人	质检员		专业工长
	日期：××××年××月××日		日期：××××年××月××日	日期：××××年××月××日		日期：××××年××月××日

6.7.19 混凝土预拌测温记录

（1）混凝土冬期施工时，应进行搅拌测温（包括现场搅拌、预拌混凝土）并记录。混凝土冬施搅拌温度记录包括大气温度、出罐温度、入模温度等。测温的具体要求应有书面交底记录，执行人必须按照规定操作。

（2）原材料加热的原则

冬期施工混凝土原材料一般需要加热，加热时应优先采用加热水的方法。加热温度根据热工计算确定，但不得超过表6-7-17的规定。如果将水加热到最高温度，还不能满足混凝土温度的要求，再考虑加热骨料。

对拌合水加热的要求是水温准确，供应及时，保持前后用水温度一致。当自然气温较低，只加热拌合水还无法满足拌合物出机温度的要求时，对于骨料，如砂、石子，也要加热。骨料中不应夹杂有冰屑，雪团和冻块。水泥在任何情况下都不能加热，但在使用前应存放在棚内预热。

拌合水、骨料加热最高温度   表 6-7-17

项次	项目	拌合水（℃）	骨料（℃）
1	强度等级 <52.5 的普通硅酸盐水泥、矿渣硅酸盐水泥	80	60
2	强度等级 ≥ 52.5 的普通硅酸盐水泥、硅酸盐水泥	60	40

6.7.20 混凝土养护测温记录

混凝土养护是人为造成一定的湿度和温度条件，使刚浇筑的混凝土得以正常或加速硬化和增长强度。混凝土之所以能逐渐硬化和增长强度，是水泥水化作用的结果，而水泥的水化需要一定的湿度和温度条件。混凝土养护方法有自然养护、蒸汽养护等。混凝土养护测温记录如表 6-7-18 所示。

混凝土养护测温记录（示例）   表 6-7-18

工程名称				×××× 建设工程项目										
部位		地下一层墙	养护方法		综合蓄热法							测温方式		人工测温
测温时间			大气温度（℃）	各测孔温度（℃）								平均温度（℃）	间隔时间（h）	成熟度
月	日	时		1号	2号	3号	4号	5号	6号	7号	8号			本次累计
12	1	10	+5	14	13	14	12	13	14	16	15	13.9	/	56.6
12	1	12	+6	14	12	13	12	12	14	15	14	13.2	2	111.8
12	1	14	+8	12	12	13	11	12	13	15	13	12.6	2	165.7
12	1	16	+6	12	11	12	11	11	13	14	11	11.9	2	218.6
测温员				×××										
施工单位结论	符合设计及规范要求。 专业质检员：××× 专业工长（施工员）：××× ××××年××月××日													
监理（建设）单位意见	符合设计及规范要求。 专业监理工程师：××× （建设单位专业技术负责人） ××××年××月××日													

6.7.21 大体积混凝土养护测温记录

（1）大体积混凝土的浇筑宜在气温较低时进行，但混凝土的入模温度应不低于5℃；热期施工时，宜采取措施降低混凝土的入模温度且入模温度宜不高于28℃；

（2）大体积混凝土的温度控制宜按照"内降外保"的原则，对混凝土内部采取设置冷却水管，并进行循环水冷却，对混凝土外部采取覆盖蓄热或蓄水保温等措施进行。在混凝土内部通水降温时，进出口水的温差宜小于或等于10℃，且水温与内部混凝土的温差宜不高于20℃，降温速率宜不大于2℃/d；利用冷却水管中排出的降温用水在混凝土顶面蓄水保温养护时，养护水温度与混凝土表面温度的差值应不高于15℃。大体积混凝土养护测温记录如表6-7-19所示。

大体积混凝土养护测温记录（示例）　　　　　表 6-7-19

工程名称			×××建设工程项目		结构部位		9-4号楼1～17轴基础筏板		
混凝土强度等级			C30	混凝土配合比编号		××	混凝土方量（m³）		400
混凝土浇筑日期			××××年××月××日	混凝土浇灌温度（℃）		28	开始养护温度（℃）		28
测温时间			气温（℃）	各测点温度						备注
月	日	时		1表	2中	3底	4表	5中	6底	7表	8中	9底	
9	6	7	26.9	32.2	55.6	55.9	36.3	56.2	59.4	34.6	54.7	59.4	/
9	6	9	27.4	31.6	55.7	53.5	35.6	54.7	56.4	31.9	53.7	57.6	/
9	6	11	28.6	31.4	54.4	53.9	36.2	54.3	55.4	32.6	52.4	57.5	/
9	6	13	31.3	32.6	56.5	52.5	34.6	56.3	58.3	35.1	51.3	56.3	/
9	6	15	31.4	32.5	55.3	53.1	32.3	57.0	56.6	34.2	50	54.1	/
9	6	17	30.7	31.3	52.2	53.2	32.0	54.2	56.1	32.3	50.2	53.4	/
审核意见：　　　　　　　　　　　符合设计及规范要求。										
施工单位			××××建设集团有限公司							
项目（专业）技术负责人			专业工长			测温员				
×××			×××			×××				

注：1）本表由施工单位填写并保存。

　　2）附测温点布置图，$t_气$表示大气的温度。

6.7.22 大型构件吊装记录

大型构件吊装记录由施工单位提供，如表6-7-20所示。

（1）起重作业前应试吊，将重物吊离地面100mm左右时，应检查重物捆扎情况和制动性能，确认安全后方可起吊；起吊时工作井内严禁站人，当吊运重物下与作业面底部间距小于500mm时，操作人员方可近前工作。

（2）采用双机抬吊作业时，应选用起重性能相似的起重机，每台起重机载荷不得超过允许载荷的80%，且应对第一吊进行试吊作业，施工中必须保持两台起重机同步作业。在吊装过程中，两台起重机的吊钩滑轮组应保持垂直状态。

大型构件吊装记录（示例）　　　　　　　　　　　表6-7-20

工程名称		××××建设工程项目		编号		1
				吊装时间		××××年××月××日
吊装部位		W16屋面		吊装班组		×××
序号	构件名称	编号	节点处理	固定方式	标高偏差	搭接长度
1	双T板	1	平放	焊接	±2cm	15cm
2	双T板	2	平放	焊接	±2cm	15cm
3	双T板	3	平放	焊接	±2cm	15cm
4	双T板	4	平放	焊接	±2cm	15cm
需要说明的事项（包括简图）： 1.双T板安装由厂家负责，严格按照规范要求进行吊装施工； 2.预应力混凝土构件合格证资料齐全； 3.符合图纸和设计规范要求。						
签字栏	施工单位	××××建设集团有限公司		专业技术负责人		专业质检员
				×××		×××
	监理或建设单位	××××监理有限公司		专业工程师		×××

注：大型构件吊装前应有试吊记录。

6.7.23　焊接材料烘焙记录

焊接材料烘焙记录如表6-7-21所示。

（1）焊条必须经过烘焙才能发放使用。

（2）焊条的使用应根据日常需用量进行启封烘焙，一次烘焙量不可过多，焊条启封后应立即烘焙。

（3）焊条烘焙的具体方法按制造厂的说明书规定进行，特殊情况下须由公司的焊接工程师确定烘焙方案。

（4）烘炉必须设有准确的仪表，并定期进行检验校核；烘焙焊条时最大装炉量应保持在有效容积的70%左右，烘炉的升温和降温速度不可过快，要有足够的保温时间。

（5）烘干焊条时，焊条不能成垛、成捆堆放，应铺开烘焙；每层焊条不能堆放太厚（一般1~3层），以免焊条烘干时受热不均和潮气不易排除。

（6）不同烘焙要求的焊条不能放在同一烘箱内进行烘焙；同种烘焙条件的焊条可以放入同一烘箱内同时进行烘焙，但要分类摆放。

（7）烘焙焊条时，炉温应由低温到高温缓缓上升，烘干后再缓缓下降；严禁将焊条突然放入高温炉中或突然从高温炉中取出冷却，升到规定温度后要保持恒温，在温度下降到120℃以下时才允许打开炉门。

（8）经烘干后的焊条必须在温热状态下转入保温箱中，保温箱的温度应保持在100~150℃，直至发放。

焊接材料烘焙记录（示例）　　　　　　　　　　　　　　　　表6-7-21

工程名称			×××建设工程项目						
焊材厂家		×××焊接材料厂	焊材牌号		J427（E4315）		规格（mm）		3.2×250
烘焙方法		电炉烘干法				烘焙日期		×××年××月××日	
序号	施焊部位	烘焙数量（kg）	烘焙要求					保温要求	备注
			烘干温度（℃）	烘干时间（h）	实际烘焙			降至恒温（℃）	保温时间（h）
					烘焙日期	从时分	至时分		
1	×××	20	300	1	××月××日	10：00	11：00	130	2	/

说明：
1.焊条、焊剂等在使用前，应按产品说明书及有关工艺文件规定的技术要求进行烘干；
2.焊接材料烘干后必须存放在保温箱内，随用随取；焊条由保温箱（筒）取出到施焊的时间不得超过2h，酸性焊条不宜超过4小时；烘干温度250～300℃。

施工单位记录结论	专业工长（施工员）：×××　　　　　　　记录人：×××
	符合设计及规范要求。
	项目专业质检员：×××　　　　　　专业技术负责人：×××
	×××年××月××日
监理（建设）单位意见	符合设计及规范要求。
	专业监理工程师：××× （建设单位专业技术负责人）　　　　　　　×××年××月××日

6.7.24 地下工程防水效果检验记录

地下防水工程是对房屋建筑、防护工程、市政隧道、地下铁道等地下工程进行防水设计、防水施工和维护管理等各项技术工作的工程实体，其防水标准如表6-7-22所示。地下工程防水效果检验记录，如表6-7-23所示。

地下工程防水标准　　　　　　　　　　　　　　表6-7-22

防水等级	防水标准
一级	不允许渗水，结构表面无湿渍
二级	不允许漏水，结构表面可有少量湿渍； 房屋建筑地下工程：总湿渍面积不应大于总防水面积（包括顶板、墙面、地面）的1/1000；任意100m²防水面积上的湿渍不超过2处，单个湿渍的最大面积不大于0.1m²； 其他地下工程：总湿渍面积不应大于总防水面积的2/1000；任意100m²防水面积上的湿渍不超过3处，单个湿渍的最大面积不大于0.2m²；其中，隧道工程平均渗水量不大于0.05L/（m²·d），任意100m²防水面积上的渗水量不大于0.15L/（m²·d）
三级	有少量漏水点，不得有线流和漏泥砂； 任意100m²防水面积上的漏水或湿渍点数不超过7处，单个漏水点的最大漏水量不大于25L/d，单个湿渍的最大面积不大于0.3m²
四级	有漏水点，不得有线流和漏泥砂； 整个工程平均漏水量不大于2L/（m²·d）；任意100m防水面积上的平均漏水量不大于4L/（m²·d）

地下工程防水效果检验记录（示例）　　　　　　表6-7-23

工程名称	××××建设工程项目	施工单位		××××建设集团有限公司
试水方法	干手触摸湿斑，吸墨纸贴附	试验日期：		××××年××月××日
工程试验部位及情况				
试验结果				
复查意见				

工程试验部位及情况	1.试验部位：①~⑩轴/F~K基础底板； 2.依据：《地下防水工程质量验收规范》GB 50208—2011第8.0.8条、附录C及施工方案； 3.检查方法及内容：检查人员用干手触摸湿斑，无水分浸润感觉；用吸墨纸或报纸贴附，纸不变颜色。检查时，要用粉笔勾画出湿渍范围，然后用钢尺测量高度和宽度，计算面积，标示在"展开图"上。
试验结果	经检查地下室底板不存在渗、漏现象，施工工艺及观感质量合格，符合《地下防水工程质量验收规范》GB 50208—2011的规定。
复查意见	复查人：×××　　复查日期：××××年××月××日

会签栏	监理（建设）单位（签章）	施工单位（签章）		
	专业监理工程师（专业负责人）	专业技术负责人	质检员	专业工长
	×××	×××	×××	×××
	日期：××××年××月××日	日期：××××年××月××日	日期：××××年××月××日	日期：××××年××月××日

6.7.25　防水工程试水检查记录

防水工程试水检查应符合《建筑地面工程施工质量验收规范》GB 50209—2010及《屋面工程质量验收规范》GB 50207—2012的有关规定，具体检查记录如表6-7-24所示。填写要求如下：

（1）凡有防水要求的房间应有防水层及装修后的蓄水检查记录，检查内容包括蓄水方式、蓄水时间、蓄水深度、水落口及边缘封堵情况和有无渗漏现象等。

（2）屋面工程完毕后，应对细部构造（屋面天沟、檐沟、檐口、泛水、水落口、变形缝、伸出屋面的管道等）、接缝处和保护层进行雨期观察或淋水、蓄水检查。淋水试验持续时间不得少于2小时；做蓄水检查的屋面蓄水时间不得少于24小时。

（3）种植屋面的防水层不但要满足一般屋面防水层的要求，还应符合耐腐蚀、耐霉烂、耐穿刺的要求。因为种植屋面常处于潮湿环境，当温度适当时，微生物、细菌生长会使防水层霉烂；植物生长时，根系会穿刺防水层，所以防水层应是耐穿刺能力强，并有足够厚度的材料，如PVC卷材、PE卷材等，并应有保证接缝可靠性的措施。

（4）为了保证防水层的耐久性，柔性防水层上还应设置一道细石混凝土保护层。

（5）种植屋面应具有足够的排水坡度，在四周挡墙下设置泄水孔，当雨水过多时，可将水迅速排出，以免植物烂根；在泄水孔内部还应做好滤水装置，避免种植介质被水冲走。

（6）种植屋面防水层及耐根穿刺层必须做蓄水试验，蓄水时间48h以上，淋水时间2h以上，应无渗漏。

防水工程试水检查记录（示例）　　　　　　表 6-7-24

工程名称	××××建设工程项目	施工单位	××××建设集团有限公司
试水部位	地上一层卫生间	试水日期	××××年××月××日
试水方法	检查方式及内容： 　　楼层结构为现浇混凝土，楼板四周除门洞外均做了混凝土翻边；防水层采用911牌防水材料，并按规范对细部进行了处理； 　　检查情况：厕浴间二次蓄水试验，在门口处用水泥、砂浆做挡水墙，地漏周围挡高5cm，用球塞（或棉丝）把地漏严密且不影响试水，然后进行放水，蓄水深度为24mm，蓄水时间为24h。		
试水简况	无渗漏现象，检查合格，符合蓄水规范标准。		
检查结果	经检查无渗漏现象，检查合格，符合蓄水规范标准。		
复查结果	符合施工设计验收规范要求。		

续表

结论	符合施工设计验收规范要求，检查合格。			
会签栏	监理（建设）单位（签章）	施工单位（签章）		
	专业监理工程师（专业负责人）	专业技术负责人	质检员	专业工长
	日期：××××年××月××日	日期：××××年××月××日	日期：××××年××月××日	日期：××××年××月××日

6.7.26 通风（烟）道、垃圾道检查记录

（1）通风（烟）道检查记录：烟道、通风道都应100%作通风试验，并做好自检记录。通风试验可在烟（风）道口处划根火柴，观察火苗的朝向和烟的去向，即可判别是否通风。烟（风）道除做通风试验外，还应进行观感检查。两项检验都合格后，才可验收。

（2）垃圾道检查记录：垃圾道应100%检查是否畅通并做好记录。

通风（烟）道、垃圾道检查记录如表6-7-25所示。

通风（烟）道、垃圾道检查记录（示例）　　　　表6-7-25

工程名称	××××建设工程项目			检查日期	××××年××月××日	
检查部位和检查结果					检查人	复核人
检查部位	主烟（风）道		副烟（风）道			
	烟道	风道	烟道	风道	垃圾道	
一层		√		√	×××	×××
二层		√		√	×××	×××
三层		√		√	×××	×××
四层		√		√	×××	×××
施工单位	××××建设集团有限公司					
检查人	×××					
监理单位	××××监理有限公司					
复核人	×××					

注：1）主烟（风）道可先检查，检查部位按轴线记录；副烟（风）道可按户门编号记录；

2）检查合格记（√），不合格（×）；

3）第一次检查不合格记录（×），复查合格后在（×）后面记录（√）。

6.7.27 预应力筋张拉记录

预应力筋的张拉力、张拉或放张顺序及张拉工艺应符合设计及施工技术方案的要求，并符合下列规定：

（1）当施工需要超张拉时，最大张拉应力不应大于国家现行标准《混凝土结构设计规范》GB 50010 的规定。

（2）张拉工艺应能保证同一束中各根预应力筋的应力均匀一致。

（3）后张法施工中，当预应力筋是逐根或逐束张拉时，应保证各阶段不出现对结构不利的应力状态；同时，宜考虑后批张拉预应力筋所产生的结构构件的弹性压缩对先批张拉预应力筋的影响，再确定张拉力。

（4）先张法预应力筋放张时，宜缓慢放松锚固装置，使各根预应力筋同时缓慢放松。

（5）当采用应力控制方法张拉时，应校核预应力筋的伸长值。实际伸长值与设计计算理论伸长值的相对允许偏差为6%。

预应力筋张拉记录如表6-7-26所示。

预应力筋张拉记录（示例） 表 6-7-26

工程名称	××××建设工程项目			施工单位	××××建设集团有限公司		
构件名称型号	屋面预应力梁		构件编号	×××	张拉日期	××××年××月××日	
预应力筋规格	标准型钢绞线1×7，公称直径15.2mm		抗拉强度	1860MPa	张拉端锚具类型	AQM15-7锚	
张拉方式	两端张拉	混凝土设计强度	C30		张拉时实际强度	C30	
预应力筋编号	初应力（10%）	第一次张拉（70%）	第二次张拉（100%）	超强拉应力（锚固110%）	伸长值偏差（%）	内缩值（mm）	断滑丝情况
	伸长量（mm）	伸长量（mm）	伸长量（mm）	伸长量（mm）			
1	5	33	45	50	-2.1	1	无
2	6	35	50	55	-2.1	2	无
3	6	34	49	54	0	2	无
钢筋张拉顺序及平面示意图							

续表

会签栏	监理（建设）单位（签章）	施工单位（签章）		
	专业监理工程师（专业负责人）	专业技术负责人	质检员	专业工长
	日期：××××年××月××日	日期：××××年××月××日	日期：××××年××月××日	日期：××××年××月××日

注：张拉顺序按设计要求进行，示意图应与现场对应。

6.7.28　有粘结预应力结构灌浆记录

（1）张拉后，应及时进行孔道压浆。宜采用真空辅助法压浆，并使孔道真空负压稳定保持在0.08 ~ 0.1MPa；水泥浆的强度应符合设计要求，且不得低于30MPa。

（2）压浆时排气孔、排水孔应有水泥浓浆溢出。应从检查孔抽查压浆的密实情况，如有不实，应及时处理。

（3）孔道灌浆应填写灌浆记录。

（4）压浆过程中及压浆后48h内，结构混凝土的温度不得低于5℃。当白天气温高于35℃时，压浆宜在夜间进行。

（5）压浆后应及时浇筑封锚混凝土，封锚混凝土的强度应符合设计要求，不宜低于结构混凝土强度等级的80%，且不得低于30MPa。

有粘结预应力结构灌浆记录如表6-7-27所示。

有粘结预应力结构灌浆记录（示例）　　　　　　　　表6-7-27

工程名称	××××建设工程项目			灌浆日期	××××年××月××日
施工部位	B区影院部分4~7/K~G轴				
灌浆配合比	水灰比0.38~0.42（重量比）			灌浆要求压力值	0.5~0.6MPa
水泥强度等级	P·O 42.5	进厂日期	××××年××月××日	复试报告编号	××××

灌浆点简图与编号：

续表

灌浆点编号	灌浆压力值 MPa	灌浆量（升）	灌浆点编号	灌浆压力值 MPa	灌浆量（升）
1 号孔	0.6	45	7 号孔	0.5	45
2 号孔	0.6	45	8 号孔	0.7	45
3 号孔	0.6	45	9 号孔	0.5	45
4 号孔	0.5	45	10 号孔	0.5	45
5 号孔	0.5	45	11 号孔	0.6	45
6 号孔	0.6	45	12 号孔	0.6	45
施工单位结论	专业工长（施工员）　×××　　　　　　　　记录人　×××　符合设计及规范要求。　项目专业质检员：×××　　专业技术负责人：×××　　　　　　　　　　　　　　　　　××××年××月××日				
监理（建设）单位意见	同意验收。　专业监理工程师：×××　（建设单位专业技术负责人）　　　　　　　　　××××年××月××日				

注：1）灌浆点简图与编号应该具有可操作性，与现场一致；
　　2）记录人可为灌浆工序班组长。

6.7.29　钢结构施工记录

（1）钢结构安装方法和顺序应根据结构特点、施工现场情况等确定，安装时应形成稳固的空间刚度单元；测量、校正时应考虑温度、日照和焊接变形等情况对结构变形的影响。

（2）钢结构吊装作业必须在起重设备的额定起重量范围内进行；用于吊装的钢丝绳、卸扣、吊钩等吊具应经检验合格，并应在其额定荷载范围内使用。

（3）钢结构施工方案应包含专门的防护施工内容，或编制防护施工专项方案，应明确现场防护施工的操作方法和环境保护措施。

钢结构施工记录如表 6-7-28 所示。

钢结构施工记录（示例）　　　　　　　　　　　　表 6-7-28

工程名称	××××建设工程项目		日期	××××年××月××日	
施工单位	××××建设集团有限公司	分包单位	×××安装有限公司	施工图号	×××
检测部位	标准规定	施工单位自查（实测）记录		监理（建设）单位验收记录	

续表

桁架梁	按《钢结构工程施工质量验收标准》GB 50205—2020的规定	桁架梁在吊装前，应检查柱子和柱子间距，然后在地面组装成榀后进行整体吊装。当第一榀桁架梁吊装完毕，即需对已吊装桁架梁进行误差检查和校正，其梁轴线位移控制在1/1000≤10mm。	符合要求
施工单位自查结论	经检查和复测均符合设计和《钢结构工程施工质量验收标准》GB 50205—2020的规定，评定为合格。 质检员：×××　施工单位项目技术负责人：×××　日期：××××年××月××日		
监理（建设）单位验收结论	同意验收。		
	专业监理工程师：×××		
	（建设单位专业技术负责人）		××××年××月××日

注：钢结构工程涉及分包单位施工的，记录人可为分包单位施工员或班组长。

6.7.30　网架（索膜）施工记录

对于大型复杂钢结构，应进行施工成形过程计算，并应进行施工过程监测；索膜结构或预应力钢结构施工张拉时应遵循分级、对称、匀速、同步的原则。网架（索膜）施工记录如表6-7-29所示。

网架（索膜）施工记录（示例）　　　　　　　表6-7-29

工程名称	××××建设工程项目	编号		×××
		施工日期		××××年××月××日
施工部位	钢网架A~B轴/9~12轴安装	结构类型		钢结构
施工及检查依据：设计图号GG-03至GG-05，《空间网格结构技术规程》JGJ 7—2010，《钢结构通用规范》GB 55006—2021。				
支座锚栓、构件、杆件进场检查情况：构件进场品种、数量、规格、外观检查均符合要求。				
拼、安装及吊装过程情况及偏差值：拼、安装过程中严格按照图纸施工，吊装过程中严格按照施工方案规定的方法施工，偏差值符合设计要求。				
挠度值：W设计值1.15倍纵横向长度：$\pm L/2000$，$\pm 30mm$； 支座中心偏移：$L/3000 \sim 30mm$； 支座高差：$15 \sim 30mm$。				
检查结果： 　　　　　　　　　符合设计及相关规范要求。				
签字栏	分包单位	××××安装有限公司	专业技术负责人	×××
	总包单位	××××建设集团有限公司	专业技术负责人	×××
	监理或建设单位	××××监理有限公司	专业工程师	×××

注：网架（索膜）施工涉及分包单位施工的，分包单位技术负责人签字确认后报给总包单位，总包单位技术负责人签字后报给监理单位审批。

6.7.31　木结构施工记录

应检查木桁架、梁和柱等构件的制作、安装，屋架安装允许偏差和屋盖横向支撑的完整性等，并做施工记录。

6.7.32　幕墙注胶检查记录

（1）玻璃幕墙应设置专门的注胶间，要求清洁、无尘、无火种、通风良好，并配置必要的设备，使室内温度应控制在 10 ～ 30℃（中性双组分结构聚硅氧烷密封胶施工温度控制在 10 ～ 30℃，中性单组分结构硅硐密封胶施工温度控制在 5 ～ 48℃），相对湿度控制在 35% ～ 75%。

（2）注胶操作者须接受专门的注胶培训，并经实际操作考核合格后方可持证上岗操作。严禁使用过期的结构聚硅氧烷密封胶；未做相容性试验、蝴蝶试验等相关检验者严禁使用；且全部检验参数合格的结构聚硅氧烷密封胶方可使用。

（3）清洁是保证隐框幕墙玻璃与铝型材粘结力的关键工序，也是隐框玻璃幕墙安全性、可靠性的主要技术指标之一。清洁后的基材要求必须在 15 ～ 30min 内进行注胶，否则要进行第二次清洁。

（4）进行注胶时应及时做好注胶记录，记录包括如下内容：注胶日期，结构胶的型号，大小桶的批号，桶号双面胶带的规格，清洗剂规格、产地、领用时间，注胶班组负责人，注胶人、清洗人姓名，工程名称，组件图号、规格、数量。

6.7.33　自动扶梯、自动人行道的相邻区域检查记录

自动扶梯、自动人行道的相邻区域主要检查项目有：出入口通畅区、照明、防碰挡板、净空高度、防护栏、防护网、护板、扶手带外缘、标志、须知等。

6.7.34　电梯电气装置安装检查记录

电梯的电气安全装置有两种形式：一种是安全触点，另一种是安全电路。电梯电气安全装置设计必须采用这两种形式中的任一种。控制电气安全装置的部件能在连续正常操作产生机械应力的条件下，正确地起作用。当电气安全装置为保证安全而启动时，应防止电梯驱动主机启动或立即使其停止，制动电源也应被切断。

6.7.35　自动扶梯、自动人行道电气装置检查记录

自动扶梯、自动人行道电气装置检查包括以下内容：

（1）主开关位置操作方便，开关处于断开位置时应可锁住或处于"隔离"位置。

（2）接触器、继电器接触器、安全电路元件表面清洁、功能正常。

（3）电气线路排列整齐，编号清晰，与技术资料相符；零线和地线始终分开；导体之间和导体对地之间的绝缘电阻符合要求。

（4）检修控制装置功能可靠，检修操作时安全开关和安全回路仍起作用。

6.7.36　自动扶梯、自动人行道整机安装质量检查记录

自动扶梯、自动人行道整机安装检查应符合下列规定。

（1）梯级、踏板、胶带的楞齿及梳齿板应完整、光滑。

（2）在自动扶梯、自动人行道入口处应设置使用须知的标牌。

（3）内盖板、外盖板、围裙板、扶手支架、扶手导轨、护壁板接缝应平整，接缝处的凸台不应大于0.5mm。

（4）梳齿板梳齿与踏板面齿槽的啮合深度不应小于6mm。

（5）梳齿板梳齿与踏板面齿槽的间隙不应小于4mm。

（6）围裙板与梯级、踏板或胶带任何一侧的水平间隙不应大于4mm，两边的间隙之和不应大于7mm。

当自动人行道的围裙板设置在踏板或胶带之上时，踏板表面与围裙板下端之间的垂直间隙不应大于4mm。

当踏板或胶带有横向摆动时，踏板或胶带的侧边与围裙板垂直投影之间不得产生间隙。

（7）梯级间或踏板间的间隙在工作区段内的任何位置，从踏面测得的两个相邻梯级或两个相邻踏板之间的间隙不应大于6mm；在自动人行道过渡曲线区段，踏板的前缘和相邻踏板的后缘啮合，其间隙不应大于8mm。

（8）护壁板之间的空隙不应大于4mm。

6.7.37　工程竣工测量

在工程建设项目完成后，为掌握工程内部现有建（构）筑物的平面及高程位置关系、设计要素的现状及场地地形地物的情况而进行的测量工作，称为竣工测量。竣工测量是在每一个单项工程完成后，由施工单位进行，并由其提交工程的竣工测量成果作为编绘竣工总平面图的依据。

竣工测量的成果为竣工总图。竣工总图既是工程竣工档案的重要组成部分，又是工程建设完成后重要依据性材料，还是工程竣工验收的必备条件之一。

6.8　施工试验记录及检测文件（C6）

6.8.1　设备单机试运转记录

单机试运转的目的主要是考核单台设备的机械性能，检验机械设备的制造、安装质量和设备性能是否符合规范和设计要求，设备单机试运转记录如表6-8-1所示。单机试车，一般空车试运行不少于2小时。

设备单机试运转记录（示例） 　　　　表 6-8-1

工程名称	×××建设工程项目	施工单位	×××建设集团有限公司		
试运转时间	××时××分	试验日期	××××年××月××日		
设备所在系统	空调水系统	设备名称 风机盘管	规格型号	CF022	
序号	试验项目	调试情况记录	连续时间	调试结果	
	叶轮旋转方向	旋转方向正确	/	合格	
	运转情况	运转平稳	/	合格	
	振动和声响	无异常振动和声响	/	合格	
试验结论： 　　风机运行平稳，无异常振动和声响，其电机运行功率值符合产品技术文件的规定。 　　　　　　　　试验人员：×××　　　日期：××××年××月××日					
会签栏	监理（建设）单位 （签章）	施工单位 （签章）			
	专业监理工程师 （专业负责人）	专业技术负责人	质检员	专业工长	
	日期：××××年 ××月××日	日期：××××年 ××月××日	日期：××××年 ××月××日	日期：××××年 ××月××日	

6.8.2　系统试运转调试记录

（1）系统联合试运转应带负荷运行，试运转持续时间不应小于72小时，设备应运行正常，性能指标符合设计文件的要求。

（2）连续试运行期间，开机、停机不少于3次。

系统试运转调试记录如表6-8-2所示。

系统试运转调试记录（示例）　　　表 6-8-2

工程名称	××××建设工程项目	分部（分项）工程	建筑给水排水及供暖
系统名称	二级网回水系统	设备名称	换热机组循环水泵
试运转调试时间	2021年2月3日22时0分起至 2021年2月4日22时0分止	台数	1

序号	试运转调试项目	主要技术要求	实验结论
	盘车检查	转动灵活，无异常现场	合格
	有无异常音响	无异常噪声、音响	合格
	轴承温度	滑动轴承温度及往复运动部件的升温不得超过35℃	合格
	振动值	不超过规定值	合格
	驱动电机的电压、电流、温升	不超过规定值	合格

试运转调试结论：

符合设计及相关规范要求。

试运转调试人员：×××

日期：××××年××月××日

会签栏	监理（建设）单位（签章）	施工单位（签章）		
	专业监理工程师（专业负责人）	专业技术负责人	质检员	专业工长
	日期：××××年××月××日	日期：××××年××月××日	日期：××××年××月××日	日期：××××年××月××日

6.8.3 接地电阻测试记录

电气装置的下列金属部分，均必须接地。

1）电气设备的金属底座、框架及外壳和传动装置；

2）携带式或移动式用电器具的金属底座和外壳；

3）箱式变电站的金属箱体；

4）互感器的二次绕组；

5）配电、控制、保护用的屏（柜、箱）及操作台的金属框架底座；

6）电力电缆的金属护层，接头盒、终端头和金属保护管及次电缆的屏蔽层；

7）电缆桥架、支架和井架；

8）变电站（换流站）构、支架；

9）装有架空地线或电气设备的电力线路杆塔；

10）配电装置的金属遮栏；

11）电热设备的金属外壳。

电气接地电阻测试记录如表6-8-3所示。

电气接地电阻测试记录（示例）　　　　　表6-8-3

工程名称		××××建设集团有限公司		测试部位		1~8/K~V轴基础	
仪表型号		ZC-8	计量单位	Ω	引下形式	钢筋引下	组数	4
试验日期		××××年××月××日		天气情况	晴	气温	35℃
接地类型		防雷接地	保护接地	工作接地	防静电接地	其他接地	
组别及实测数据	1	0.90					
	2	0.95					
	3	0.88					
	4	0.92					
设计要求		≤1Ω					

接地装置平面示意图：

结论：

符合设计及施工规范要求。

测试人员：

×××

日期：

××××年
××月××日

会签栏	监理（建设）单位（签章）	施工单位（签章）		
	专业监理工程师（专业负责人）	专业技术负责人	质检员	专业工长
	日期：××××年××月××日	日期：××××年××月××日	日期：××××年××月××日	日期：××××年××月××日

6.8.4 绝缘电阻测试记录

（1）规范规定及相关要求：电气线路、设备、器具等在敷设（安装）前或敷设（安装）后，必须按验收规范规定进行绝缘电阻测试并记录。测试的要求和规定应符合《电气装置安装工程　电气设备交接试验标准》GB 50150—2016的规定。绝缘电阻测试标准如表6-8-4所示。

绝缘电阻测试标准　　　　　　　　　　　　　　　　表6-8-4

低压电动机、电加热器及电动执行机构；发电机组至配电柜馈电线路；低压成套配电柜和馈电线路；UPS及EPS连线及出线的线间、线对地间；低压母线（安装好后）	UPS及EPSUPS的输入端、输出端对地面；灯具	低压母线（安装前）	高压馈电线路	开关、插座
0.5MΩ	2MΩ	20MΩ	1MΩ/kV	5MΩ

（2）注意事项。

1）测试数据与测试仪器的对应性，如有些记录中测试数据出现395MΩ，而采用的是ZC25-3指针式兆欧表；

2）兆欧表的常用规格有250V、500V、1000V、2500V和5000V等档级，选用兆欧表主要应考虑它的输出电压及其测量范围；

3）设备及回路电压等级与兆欧表的选用关系，如表6-8-5所示；

设备及回路电压等级与兆欧表的选用关系　　　　　　表6-8-5

电气设备或回路（V）	＜100	＜500	＜3000	＜10000	≥10000
兆欧表电压等级（V）	250	500	1000	2500	2500或5000
兆欧表最小量程（MΩ）	50	100	2000	10000	10000

4）仪表型号：按实际使用的兆欧表填写；

5）配电柜、屏、箱、盘、设备：按施工图纸编号填写；

6）位置：按被测试设备的安装地点填写；路别：按施工系统图编号填写；

7）电阻测试时间与隐蔽、工序、检验评定的关系不正确，如第二次绝缘电阻已测试完，而灯具还未进场，或灯具的评定已评完等；或是电缆检验批已评定完，而此时电缆还没进场；

8）绝缘电阻测试中应按箱、路进行测试；

9）第二次绝缘电阻测试值比第一次要小；

10）结论：当绝缘电阻值设计有要求时，以设计为准，此时填符合设计要求；以规范为准，此时填"符合现行《建筑电气工程施工质量验收规范》GB 50303第×××条规定"。

电气绝缘电阻测试记录如表6-8-6所示。

电气绝缘电阻测试记录（示例）　　　　表 6-8-6

工程名称	××××建设工程项目		分部（分项）工程		建筑电气	
工作电压（V）	220	计量单位	MΩ（兆欧）	仪表型号	ZC-7	
测试日期	××××年××月××日		天气情况	晴	气温	23℃
线路、名称测试内容	层段、设备		三层 3AL$_{3-1}$	支路1	支路2	支路3	支路4	支路5

绝缘电阻（MΩ）	相同	L1—L2			750			700	
		L2—L3				600			750
		L3—L1					700		
	相对零	L1—N			700			700	
		L2—N				650			600
		L3—N					750		
	相对地	L2—PE			700			700	
		L2—PE				700			650
		L3—PE					750		
	零对地	N—PE			700	700	700	700	700

测试结论	经测试：符合设计要求和现行《建筑电气工程施工质量验收规范》GB 50303第×××条的规定。 　　　　　　　　　　测试人员：×××　日期：××××年××月××日

会签栏	监理（建设）单位（签章）	施工单位（签章）		
	专业监理工程师（专业负责人）	专业技术负责人	质检员	专业工长
	日期：××××年××月××日	日期：××××年××月××日	日期：××××年××月××日	日期：××××年××月××日

注：绝缘电阻逐步测试，测试前绝缘电阻表归零，测试结束先放电才可拆除设备。

6.8.5　地基承载力检验报告

（1）地基工程的质量验收宜在施工完成后的间歇期之后进行，间歇期应符合国家现行标准的有关规定和设计要求。

（2）地基承载力检验时，静载试验最大加载量不应小于设计要求的承载力特征值的2倍。

（3）素土和灰土地基、砂和砂石地基、土工合成材料地基、粉煤灰地基、强夯地基、注浆地基、预压地基的承载力必须达到设计要求。地基承载力的检验数量每300m²不应少于1点，超过3000m²部分每500m²不应少于1点；每单位工程不应少于3点。

（4）砂石桩、高压喷射注浆桩、水泥土搅拌桩、土和灰土挤密桩、水泥粉煤灰碎石桩、夯实水泥土桩等复合地基的承载力必须达到设计要求。复合地基承载力的检验数量不应少于总桩数的0.5%，且不应少于3点。

试验方法：静载试验。

允许值或允许偏差：不小于设计值。

6.8.6　桩基检测报告

基桩是桩基础中的单桩，根据《建筑基桩检测技术规范》JGJ 106—2014规定，基桩检测一般应符合以下规定。

（1）基桩检测可分为施工前为设计提供依据的试验桩检测和施工后为验收提供依据的工程桩检测两类。基桩检测应根据检测目的、检测方法的适应性、桩基的设计条件、成桩工艺等，按表6-8-7所示，合理选择检测方法。如果两种或两种以上检测方法的相互补充、验证，能有效提高基桩检测结果判定的可靠性时，应选择两种或两种以上的检测方法。

检测目的及检测方法　　　　　　　　　　　　　　表6-8-7

检测目的	检测方法
确定单桩竖向抗压极限承载力； 判定竖向抗压承载力是否满足设计要求； 通过桩身应变、位移测试，测定桩侧、桩端阻力，验证高应变法的单桩竖向抗压承载力检测结果	单桩竖向抗压静载试验
确定单桩竖向抗拔极限承载力； 判定竖向抗拔承载力是否满足设计要求； 通过桩身应变、位移测试，测定桩的抗拔侧阻力	单桩竖向抗拔静载试验
确定单桩水平临界荷载和极限承载力，推定土抗力参数； 判定水平承载力或水平位移是否满足设计要求； 通过桩身应变、位移测试，测定桩身弯矩	单桩水平静载试验
检测灌注桩桩长、桩身混凝土强度、桩底沉渣厚度，判定或鉴别桩端持力层岩土性状，判定桩身完整性类别	钻芯法
检测桩身缺陷及其位置，判定桩身完整性类别	低应变法
判定单桩竖向抗压承载力是否满足设计要求； 检测桩身缺陷及其位置，判定桩身完整性类别； 分析桩侧和桩端土阻力； 进行打桩过程监控	高应变法
检测灌注桩桩身缺陷及其位置，判定桩身完整性类别	声波透射法

（2）设计要求有下列情况之一时，施工前应进行试验桩检测并确定单桩极限承载力：

1）设计等级为甲级的桩基；

2）无相关试桩资料可参考的设计等级为乙级的桩基；

3）地基条件复杂、基桩施工质量可靠性低的桩基；

4）本地区采用的新桩型或采用新工艺成桩的桩基。

（3）施工完成后的工程桩应进行单桩承载力和桩身完整性检测。

（4）桩基工程除应在工程桩施工前和施工后进行基桩检测外，还应根据工程需要，在施工过程中进行质量的检测与监测。

（5）基桩检测开始时间应符合下列规定：

1）当采用低应变法或声波透射法检测时，受检桩混凝土强度不应低于设计强度的70%，且不应低于15MPa；

2）当采用钻芯法检测时，受检桩的混凝土龄期应达到28天，或受检桩同条件养护试件强度应达到设计强度要求；

3）承载力检测前的休止时间，除应符合本条第2款的规定外，当无成熟的地区经验时，尚不应少于表6-8-8规定的时间。

检测休止时间表　　　　　　　　　　　　　　　表6-8-8

土的类别		休止时间（天）
砂土		7
粉土		10
黏性土	非饱和	15
	饱和	25

注：对于泥浆护壁灌注桩，宜延长休止时间。

（6）验收检测时，宜先进行桩身完整性检测，后进行承载力检测。桩身完整性检测应在基坑开挖至基底标高后进行；承载力检测时，宜在检测前、后，分别对受检桩、锚桩进行桩身完整性检测。

6.8.7　土工击实试验报告、土工干密度试验报告

（1）根据《土工试验方法标准》GB/T 50123—2019规定，土工干密度试验分为最小干密度和最大干密度试验两类。最小干密度试验宜采用漏斗法和量筒法，最大干密度试验宜采用振动锤击法，本试验应进行两次平行测定，两次测定值其最大允许平行差值应为±0.03g/cm，取两次测值的算术平均值为试验结果。

（2）土工击实试验一般应符合以下规定：

1）土样粒径应小于20mm；

2）本试验分轻型击实和重型击实两类，击实仪主要技术指标如表6-8-9所示。轻型击实试验的单位体积击实功约为592.2kJ/m³，重型击实试验的单位体积功约为2684.9kJ/m³。

（3）试样制备方法可分为干法制备和湿法制备两种。

击实试验记录如表6-8-10所示。

击实仪主要技术指标 表6-8-9

试验方法	锤底直径（mm）	锤质量（kg）	落高（mm）	层数	每层击数	击实筒			护筒高度（mm）	备注
						内径（mm）	筒高（mm）	容积（cm³）		
轻型	51	2.5	305	3	25	102	116	947.4	≥50	/
				3	56	152	116	2103.9	≥50	/
重型		4.5	457	3	42	102	116	947.4	≥50	/
				3	94	152	116	2103.9	≥50	/
				3	56				≥50	/

击实试验记录表（示例） 表6-8-10

任务单号	×××	试验者	×××
试验日期	××××年××月××日	计算者	×××
击实仪编号	××	校核者	×××
台秤编号	××	天平编号	×××
击实筒体积（cm³）	2177	烘箱编号	×××
每层击数	3	击锤质量（kg）	4.5kg

试样编号	试验序号	干密度					含水率					
		筒加土质量（g）	筒质量（g）	湿土质量（g）	湿密度（g/cm³）	干密度（g/cm³）	盒号	湿土质量（g）	干土质量（g）	盒质量（g）	含水率（%）	平均含水率（%）
	1	5245	3303	1942	1.948	1.760	1	85.3	77.14	24.1	10.54	10.7
	2	5305	3303	2002	2.008	7.752	2	104.31	94.13	24.49	10.79	10.7
最大干密度1.81（g/cm³），最佳含水率15（%）												

注：1）击实仪试验前需检测，检测正常后方可投入本次试验；

2）台秤、天平试验前校验归零；

3）试验数据应如实填写。

6.8.8　回填土试验报告

回填土试验报告由具备相应资质等级的检测单位出具后随相关资料进入资料流程。填写要求如下：

（1）土方工程应测定土的最大干密度和最佳含水率，确定最小干密度控制值，由试验单位出具土工击实试验报告。

（2）应按规范要求绘制回填土取点平面示意图，分段、分层（步）取样做回填土试验报告。

6.8.9　钢筋机械连接试验报告

（1）用于机械连接的钢筋的力学性能和工艺性能应符合现行国家标准。

（2）正式连接工程开始前及施工过程中，应对每批进场钢筋在现场条件下进行工艺检验，工艺检验合格后方可进行机械连接施工。机械连接接头应按连接类型和验收批的划分进行质量验收并现场取样复试。

（3）承重结构工程中的钢筋连接接头应按规定实行见证取样和送检管理。

（4）采用机械连接接头型式施工时，技术提供单位应提交由有相应资质等级的检测机构出具的型式检验报告。

（5）连接工人必须持有有效的岗位证书。

6.8.10　钢筋焊接连接试验报告

（1）用于焊接连接的钢筋的力学性能和工艺性能应符合现行国家标准。

（2）正式焊接工程开始前及施工过程中，应对每批进场钢筋在现场条件下进行工艺检验，工艺检验合格后方可进行焊接连接施工。

（3）钢筋焊接接头或焊接制品接头应按焊接类型和验收批的划分进行质量验收并现场取样复试。

（4）焊接工人必须持有有效的岗位证书。

6.8.11　砂浆配合比申请单、通知单

砌筑砂浆是指将砖、石、砌块等块材经砌筑成为砌体的砂浆，它起粘结、衬砌和传力作用，是砌体的重要组成部分。砌筑砂浆配合比设计应根据原材料的性能、砂浆技术要求、块体种类及施工条件进行计算或查表选择，并应经试配、调整后确定。

砂浆配合比申请单、通知单，如表6-8-11、表6-8-12所示。

砂浆配合比申请单（示例） 表 6-8-11

委托单位：××××建设集团有限公司	试验委托人：×××
工程名称：×××建设工程项目	部位：二层填充墙砌筑
砂浆种类：混合砂浆	强度等级：M5
水泥品种：P·S	等级：32.5　　　厂别：×××
水泥进场日期：××年××月××日	试验编号：×××
砂产地：××	种类：中砂　　　试验编号：×××
掺合料种类：白灰膏	外加剂种类：/
申请日期：××××年××月××日	要求使用日期：××××年××月××日

砂浆配合比通知单（示例） 表 6-8-12

工程名称	××××建设工程项目				
部位	二层填充墙		试验室配合比编号		×××
样品名称	水泥砂浆	强度等级	M10	试配编号	××
配合比					
材料名称 项目	水泥	砂	石灰膏	水	外加剂
配合比每m³用量（kg/m³）	350	1530	/	320	/
试配每m³用量（kg/m³）	352	1500	/	325	/
每盘用量（kg）	704	3000	/	650	/
说明	/				
试验人	×××		审核人		×××
批准人	×××		搅拌机组负责人		×××
试配单位	××××建设集团有限公司				
报告日期	××××年××月××日				

注：商品混凝土搅拌站配置的砂浆出厂时应随车提供此表。

6.8.12　砂浆抗压强度试验报告

（1）砂浆标准试件制作：水泥混合砂浆应为温度20℃ ±3℃，相对湿度60%~

80%；水泥砂浆和微沫砂浆应为温度20℃±3℃，相对湿度90%以上。养护期间，试件彼此间隔不小于10mm。

（2）抗压强度试块符合70.7mm×70.7mm×70.7mm立方体。

（3）砌筑砂浆按抗压强度划分为M20、M15、M10、M7.5、M5、M2.5六个强度等级。

6.8.13　砌筑砂浆试块强度统计、评定记录

砌筑砂浆试块强度统计、评定记录应由施工单位填写，如表6-8-13所示。

砌筑砂浆试块强度统计、评定记录（示例）　　　　　　表 6-8-13

工程名称	××××建设工程项目				强度等级	M10
填报单位	××××建设集团有限公司				养护方法	标养
统计期	××××年××月××日至××××年××月××日				结构部位	主体围护墙
试块组数 n		强度标准值 f_2（MPa）		平均值 $f_{2,m}$（MPa）	最小值 $f_{2,min}$（MPa）	$1.1f_2$（MPa）
3		10		11.34	11.3	1.1
每组强度值 MPa	11.2	11.1	11.4	/	/	/
	11.4	11.3	11.6	/	/	/
	11.3	11.2	11.5	/	/	/
判定式	$f_{2,m} \geqslant 1.1f_2$			$f_{2,min} \geqslant 0.85f_2$		
结果	合格			合格		
结论： 　　符合规范《砌体结构工程施工质量验收规范》GB 50203—2011第4.0.12条要求，评定为合格。						
施工单位： 　　　　　　　　　质检员：××× 　　　　　项目技术负责人：××× 　　　　　××××年××月××日			监理建设单位： 　　专业监理工程师：××× 　　（建设单位项目负责人） 　　××××年××月××日			

注：砌筑砂浆试块强度统计应在监理单位的见证下进行。

6.8.14　混凝土配合比申请书、通知单

（1）配合比申请书是委托单位（施工单位、总承包单位）依据混凝土设计强度等级、耐久性、工作性、施工部位、原材料情况等向试验部门提出配合比申请，

试验部门按照现行《混凝土结构工程施工质量验收规范》GB 50204《普通混凝土配合比设计规程》JGJ 55等标准的要求进行配合比设计，出具28天配合比通知单，如表6-8-14、表6-8-15所示。

（2）对于现场搅拌混凝土，特殊情况下28天配合比通知单出具前施工的，可由试验室出具临时配合比通知单；正式配合比通知单出具后，按正式配合比通知单施工，临时配合比附于正式配合比之后。

（3）混凝土应采用重量配合比，施工中应严格按配合比计量施工，不得随意变更。混凝土拌制前，应测定砂石含水率，根据测试结果调整材料用量，提出施工配合比。如混凝土的组成材料（水泥，骨料，外加剂等）有变化，其配合比应重新试配选定。不同品种水泥不得混用。

混凝土配合比申请书（示例）　　　　　　　表6-8-14

施工单位	××××建设集团有限公司		工程名称	××××建设工程项目		试验委托人	×××	
设计抗压强度等级	15MPa		申请抗压强度等级	15MPa		要求坍落度	（180±20）cm	
其他技术要求	/							
搅拌方法	强制式搅拌		浇捣方法	泵送		养护方法	标养	
水泥品种及等级	P·C32.5		厂别及牌号	××		出厂日期	××××年××月××日	
试验编号	××××					进场日期	××××年××月××日	
砂产地及品种	南昌/中砂	细度模数	3.2	含泥量	1%	实验编号	××××	
卵（碎）石产地及品种	南昌/碎石	最大粒径	40mm	含泥量	1%	实验编号	××××	
其他材料	/							
掺合料名称	粉煤灰	厂别	×××	外加剂名称	/	厂别	/	
申请日期	××××年××月××日	使用日期	××××年××月××日	申请负责人	/	联系电话	/	

混凝土配合比通知单（示例）　　　　　　表 6-8-15

强度等级（MPa）	水灰比	砂率（%）	水泥（kg）	水（kg）	砂（kg）	石（kg）	粉煤灰（kg）	外加剂（kg）	配合比	试配编号
C15	0.48	45	273	181	815	996	102	/	1：0.66：3：3.64	×××
执行标准	《普通混凝土配合比设计规程》JGJ 55—2011、《混凝土物理力学性能试验方法标准》GB/T 50081—2019									
备注	/									

负责人：×××　审核：×××　计算：×××　试验：×××　报告日期：××××年××月××日

注：商品混凝土搅拌站配置的砂浆出厂时应随车提供此表。

6.8.15　混凝土试块强度统计、评定记录

混凝土试块强度检验评定时划入同一检验批的混凝土，其施工持续时间不宜超过 3 个月；检验评定混凝土强度时，应采用 28 天或设计规定龄期的标准养护试件。混凝土试块强度统计、评定记录如表 6-8-16 所示。

混凝土试块强度统计、评定记录（示例）　　　　表 6-8-16

工程名称	××××建设工程项目				强度等级		C30	
施工单位	××××建设集团有限公司				养护方法		标准养护	
统计期	××××年××月××日至××××年××月××日				结构部位		主体结构二层	
每组强度值（MPa）	34.8	35.0	34.0	35.0				
试块组 n	强度标准值 $f_{cu,k}$（MPa）	平均值 m_{fcu}（MPa）		标准差 S_{fcu}（MPa）	最小值 $f_{cu,min}$（MPa）		合格判定系数	
							λ_1	λ_2
4	30	34.7		/	34.0		/	/
评定界限	□统计方法（二）					☑非统计方法		
	$0.90 f_{cu,k}$	$m_{fcu}-\lambda_1\times S_{fcu}$		$\lambda_2\times f_{cu,k}$	$1.15 f_{cu,k}$		$0.95 f_{cu,k}$	
	/	/		/	34.5		28.5	
判定式	$m_{fcu}-\lambda_1\times S_{fcu}\geq 0.90 f_{cu,k}$		$f_{cu,min}\geq \lambda_2\times f_{cu,k}$			$m_{fcu}\geq 1.15\times f_{cu,k}$		$f_{cu,min}\geq 0.95 f_{cu,k}$

结果	/		/	34.7 ≥ 34.5	34.0 ≥ 28.5
结论	符合现行标准《混凝土强度检验评定标准》GB/T 50107要求			备注	/
批准		审核			统计
×××		×××			×××
统计日期		××××年××月××日			

注：砌筑砂浆试块强度统计应在监理单位的见证下进行。

6.8.16 混凝土抗渗试验报告

相关规定与要求：

（1）防水混凝土和有特殊要求的混凝土，应有配合比申请单和配合比通知单及抗渗试验报告和其他专项试验报告。应符合《地下防水工程质量验收规范》GB 50208—2011中的有关规定，防水混凝土应进行稠度、强度和抗渗性能三项试验。稠度和强度试验同普通混凝土。防水混凝土抗渗性能，应采用标准条件下养护的防水混凝土抗渗试块的试验结果评定。

（2）有抗渗要求的混凝土应留置检验抗渗性能的试块，留置原则：对连续浇筑混凝土每500m应留置一组抗渗试块，且每项工程不得少于两组，其中至少一组在标准条件下养护。抗渗等级以每组6个试块中有3个试件端面呈有渗水现象时的水压（H）计算出的P值进行评定。若按委托抗渗等级P评定（6个试件均无透水现象），当试压至$P+1$时的水压，方可评为＞P。采用预拌混凝土的抗渗试块，留置组数应视结构的规模和要求而定。

（3）施工现场使用预拌（商品）混凝土说明：生产厂家应按规定向使用单位提供出厂合格证；施工现场使用预拌（商品）混凝土前应有技术交底和具备混凝土工程的标准养护条件，并在混凝土运送到浇筑地点15分钟内按规定制作试块，其28天强度作为评定结构混凝土强度的依据；现场混凝土坍落度检验、商品混凝土浇筑时间分析及现场取样的混凝土试块制作应在混凝土交验前完成，取样在交货地点进行。

6.8.17 砂、石、水泥放射性指标报告

民用建筑工程所使用的砂、石、砖、实心砌块、水泥、混凝土、混凝土预制构件等无机非金属建筑主体材料，其放射性限量应符合现行标准《建筑材料放射性核素限量》GB 6566的规定。

建筑主体材料中天然放射性核素镭–226、钍–232、钾–40的放射性比活度应

同时满足 $I_{Ra} \leqslant 1.0$ 和 $I_r \leqslant 1.0$。

对空心率大于25%的建筑主体材料，其天然放射性核素镭–226、钍–232、钾–40的放射性比活度应同时满足 $I_{Ra} \leqslant 1.0$ 和 $I_r \leqslant 1.3$。

建筑主体材料的放射性限量如表6-8-17所示。

建筑主体材料的放射性限量　　　　　　　　　　　　　表 6-8-17

测定项目	限量
表面氡析出率 $[Bq/(m^2 \cdot s)]$	$\leqslant 0.015$
内照射指数	$\leqslant 1.0$
外照射指数	$\leqslant 1.3$

6.8.18　混凝土碱总量计算书

（1）碱骨料反应是指水泥中的碱性氧化物含量较高时，会与骨料中所含的二氧化硅发生化学反应，并在骨料表面生成碱–硅酸凝胶，吸水后会产生较大的体积膨胀，导致混凝土胀裂现象，所以在实际使用时，应当注意混凝土中碱的含量。

（2）混凝土的总碱量＝水泥中的总碱量＋粉煤灰中的总碱量＋混凝土外加剂中的总碱量＋水中的总碱量＋骨料中的可溶性碱量。

混凝土的可溶性总碱量＝水泥中的总碱量＋粉煤灰中的可溶性碱量＋混凝土外加剂中的总碱量＋水中的总碱量＋骨料中的可溶性碱量。

6.8.19　外墙饰面砖样板粘结强度试验报告

（1）现场粘贴外墙饰面砖施工前，应对饰面砖样板粘结强度进行检验。

（2）每种类型的基体上应粘贴不小于1m²饰面砖样板，每个样板应各制取一组3个饰面砖粘结强度试样，取样间距不得小于500mm。

（3）大面积施工应采用饰面砖样板粘结强度合格的饰面砖、粘结材料和施工工艺。

（4）现场粘贴施工的外墙饰面砖，应对饰面砖粘结强度进行检验。

（5）现场粘贴饰面砖粘结强度检验应以每500m²同类基体饰面砖为一个检验批，不足500m²应为一个检验批。每批应取不少于一组3个试样，每连续三个楼层应取不少于一组试样，取样宜均匀分布。

（6）采用水泥基粘结材料粘贴外墙饰面砖后，可按水泥基粘结材料使用说明书的规定时间或样板饰面砖粘结强度达到合格的龄期，进行饰面砖粘结强度检验。当粘贴后28天以内达不到标准或有争议时，应以28～60天内约定时间检验的粘结强度为准。

6.8.20 后置埋件抗拔试验报告

（1）为了保证幕墙与主体结构连接牢固可靠，幕墙与主体结构连接的预埋件应在主体结构施工时，按设计要求的数量、位置和方法进行埋设，埋设位置应正确。施工过程中如将预埋件的防腐层损坏，应按设计要求重新对其进行防腐处理。幕墙工程验收时应提供后置埋件和槽式预埋件的现场拉拔力检验报告。

（2）幕墙分项工程的检验批应按下列规定划分：

1）相同设计、材料、工艺和施工条件的幕墙工程每1000m²应划分为一个检验批，不足1000m²也应划分为一个检验批；

2）同一单位工程不连续的幕墙工程应单独划分检验批；

3）对于异型或有特殊要求的幕墙，检验批的划分应根据幕墙的结构、工艺特点及幕墙工程规模，由监理单位（或建设单位）和施工单位协商确定。

6.8.21 超声波探伤及钢构件射线探伤报告、探伤记录

相关规定与要求：

（1）高强度螺栓连接应有摩擦面抗滑移系数检验报告及复试报告，并实行有见证取样和送检。

（2）施工首次使用的钢材、焊接材料、焊接方法、焊后热处理等应进行焊接工艺评定，有焊接工艺评定报告。

（3）设计要求的一、二级焊缝应做缺陷检验，由具有相应资质等级的检测单位出具超声波、射线探伤检验报告或磁粉探伤报告。

（4）建筑安全等级为一级、跨度40m及以上的公共建筑钢网架结构，且设计有要求的，应对其焊（螺栓）球节点进行节点承载力试验，并实行有见证取样和送检。

（5）钢结构工程所使用的防腐、防火涂料应做涂层厚度检测，其中防火涂层应由具有相应资质的检测单位出具检测报告。

（6）焊（连）接工人必须持有有效的岗位证书。

6.8.22 高强度螺栓抗滑移系数检测报告

（1）检验批可按分部工程（子分部工程）所含高强度螺栓用量划分：每5万个高强度螺栓用量的钢结构为一批，不足5万个高强度螺栓用量的钢结构视为一批。选用两种及两种以上表面处理（含有涂层摩擦面）工艺时，每种处理工艺均需检验抗滑移系数，每批3组试件。

（2）抗滑移系数试验应采用双摩擦面的二栓拼接的拉力试件，试件与所代表的钢结构构件应为同一材质、同批制作、采用同一摩擦面处理工艺和具有相同的表面状态（含有涂层），在同一环境条件下存放，并应用同批同一性能等级的高强度螺栓连接副。

（3）紧固高强度螺栓应分初拧、终拧，初拧应达到螺栓预拉力标准值的50%左右；终拧后，每个螺栓的预拉力值应在（0.95 ~ 1.05）P（P为高强度螺栓设计预拉力值）之间。

（4）加荷时，应先加10%的抗滑移设计荷载值，停1分钟后，再平稳加荷，加荷速度为3 ~ 5kN/s，直至拉至滑动破坏，测得滑移荷载Nv。

6.8.23　钢结构焊接工艺评定

（1）施工单位首次采用的钢材、焊接材料、焊接方法、接头形式、焊接位置、焊后热处理制度，以及焊接工艺参数、预热和后热措施等各种参数的组合条件，应在钢结构构件制作及安装施工之前进行焊接工艺评定。

（2）应由施工单位根据所承担钢结构的设计节点形式，钢材类型、规格，采用的焊接方法，焊接位置等，制定焊接工艺评定方案，拟定相应的焊接工艺评定指导书，按本规范的规定进行施焊试件、切取试样，并由具有相应资质的检测单位进行检测试验，测定焊接接头是否具有所要求的使用性能，并出具检测报告；应由相关机构对施工单位的焊接工艺评定施焊过程进行鉴证，再由具有相应资质的检测单位根据检测结果及本规范的相关规定对拟定的焊接工艺进行评定，并出具焊接工艺评定报告。

（3）焊接工艺评定的环境应反映工程施工现场的条件。

（4）焊接工艺评定试件应由该工程施工企业中持证的焊接人员施焊。

（5）焊接工艺评定文件包括焊接工艺评定报告、焊接工艺评定指导书、焊接工艺评定记录表、焊接工艺评定检验结果表及检验报告，并应报相关单位审查备案。

（6）焊条电弧焊发生下列变化时，应重新进行工艺评定：

1）焊条熔敷金属抗拉强度级别变化；

2）由低氢型焊条改为非低氢型焊条；

3）焊条规格改变；

4）直流焊条的电流极性改变；

5）多道焊和单道焊的改变；

6）清焊根改为不清焊根；

7）立焊方向改变；

8）焊接实际采用的电流值、电压值的变化超出焊条产品说明书的推荐范围。

6.8.24 网架节点承载力试验报告

对建筑结构安全等级为一级或跨度60m及以上的螺栓球节点钢网架、网壳结构，其连接高强度螺栓应进行拉力载荷试验。

检查数量：按规格抽查8只。

检验方法：用拉力试验机测定。

6.8.25 钢结构防腐、防火涂料厚度检测报告

（1）钢结构普通防腐涂料涂装工程应在钢结构构件组装、预拼装或钢结构安装工程检验批的施工质量验收合格后进行；钢结构防火涂料涂装工程应在钢结构安装分项工程检验批和钢结构防腐涂装检验批的施工质量验收合格后进行。

（2）采用涂料防腐时，宜在表面除锈处理后4小时内进行涂装；采用金属热喷涂防腐时，钢结构表面处理与热喷涂施工的间隔时间，晴天或湿度不大的气候条件下不应超过12小时，雨天、潮湿、有盐雾的气候条件下不应超过2小时。

（3）采用防火防腐一体化体系（含防火防腐双功能涂料）时，防腐涂装和防火涂装可以合并验收。

（4）防腐涂料、涂装遍数、涂装间隔、涂层厚度均应满足设计文件、涂料产品标准的要求。当设计对涂层厚度无要求时，涂层干漆膜总厚度为：室外不应小于150μm，室内不应小于125μm。

检查数量：按照构件数抽查10%，且同类构件不应少于3件。

检验方法：用干漆膜测厚仪检查，每个构件检测5处，每处的数值为3个相距50mm测点涂层干漆膜厚度的平均值，漆膜厚度的允许偏差应为-25μm。

（5）膨胀型（超薄型、薄涂型）防火涂料、厚涂型防火涂料的涂层厚度及隔热性能应满足国家现行标准有关耐火极限的要求，且不应小于-200μm。当采用厚涂型防火涂料涂装时，80%及以上涂层面积应满足国家现行标准有关耐火极限的要求，且最薄处厚度不应低于设计要求的85%。

检查数量：按照构件数抽查10%，且同类构件不应少于3件。

检验方法：膨胀型（超薄型、薄涂型）防火涂料采用涂层厚度测量仪，涂层厚度允许偏差应为-5%。

（6）厚涂型防火涂料的涂层厚度检测方法：

1）测针（厚度测量仪）由针杆和可滑动的圆盘组成，圆盘始终保持与针杆垂直，并在其上装有固定装置，圆盘直径不大于30mm，以保证完全接触被测试件的表面。如果厚度测量仪不易插入测试材料中，也可使用其他适宜的方法测试；

2）测试时，将测厚探针垂直插入防火涂层直至钢基材表面上，记录标尺读数。

（7）超薄型防火涂料涂层表面不应出现裂纹；薄涂型防火涂料涂层表面裂纹宽度不应大于0.5mm；厚涂型防火涂料涂层表面裂纹宽度不应大于1.0mm。

检查数量：按同类构件数抽查10%，且均不应少于3件。

检验方法：观察和用尺量。

6.8.26　幕墙双组分聚硅氧烷结构胶混匀性及拉断试验报告

幕墙工程验收时应提供幕墙双组分聚硅氧烷结构胶混匀性及拉断试验报告；幕墙分项工程的检验批应按下列规定划分：

（1）相同设计、材料、工艺和施工条件的幕墙工程每1000m²应划分为一个检验批，不足1000m²也应划分为一个检验批。

（2）同一单位工程不连续的幕墙工程应单独划分检验批。

（3）对于异形或有特殊要求的幕墙，检验批的划分应根据幕墙的结构、工艺特点及幕墙工程规模，由监理单位（或建设单位）和施工单位协商确定。

（4）隐框、半隐框玻璃幕墙听采片的中性聚硅氧烷结构密封胶，是保证隐框、半隐框玻璃幕墙安全性的关键材料。中性聚硅氧烷结构密封胶有单组分和双组分两种，单组分聚硅氧烷结构密封胶靠吸收空气中水分而固化，因此，单组分聚硅氧烷结构密封胶的固化时间较长，一般需要14～21天；双组分固化时间较短，一般为7～10天。聚硅氧烷结构密封胶在完全固化前，其粘结拉伸强度是很弱的，因此，玻璃幕墙构件在打注结构胶后，应在温度20℃、湿度50%以上的干净室内养护，待完全固化后才能进行下道工序。

6.8.27　幕墙的抗风压性能、空气渗透性能、雨水渗透性能及平面内变形性能检测报告

（1）幕墙工程验收时应提供封闭式幕墙的气密性能、水密性能、抗风压性能及层间变形性能检验报告。幕墙分项工程的检验批应按下列规定划分：

1）相同设计、材料、工艺和施工条件的幕墙工程每1000m²应划分为一个检验批，不足1000m²也应划分为一个检验批；

2）同一单位工程不连续的幕墙工程应单独划分检验批；

3）对于异形或有特殊要求的幕墙，检验批的划分应根据幕墙的结构、工艺特点及幕墙工程规模，由监理单位（或建设单位）和施工单位协商确定。

（2）检测应在环境温度不低于5℃的条件下进行。检测设备置于露天时，不应在下列情况下进行检测：

1）检测时试件最高处风速大于5m/s时；

2）当雨、雪等对检测结果有影响时。

（3）开放式幕墙的背部有气密性能要求时，以包括背部的试件单位面积空气渗透量作为分级指标；进行抗风压性能检测时，应采用柔性密封材料对开放式幕墙面板缝隙进行密闭后再进行检测。

（4）双层幕墙的气密性能以其整体气密性能指标进行定级；双层幕墙的水密性能以具有水密要求的一层的幕墙水密性能指标进行定级；双层幕墙抗风压性能分内、外层分别检测，分别定级。

（5）水密性能检测有稳定加压法和波动加压法，水密性能最大检测压力峰值不应大于抗风压安全检测压力值。

（6）抗风压性能检测需要对面板变形进行测量时，幕墙试件至少应包括2个承受设计荷载的垂直承力构件和3个横向分格，所测量挠度的面板应能模拟实际状态。

6.8.28 外门窗的抗风压性能、空气渗透性能和雨水渗透性能检测报告

门窗工程应对外门窗的抗风压性能、空气渗透性能和雨水渗透性能进行复验，采用模拟静压箱法，对安装在压力箱上的试件进行气密性能、水密性能和抗风压性能检测。气密性能检测即在稳定压力差状态下通过空气收集箱收集并测量试件的空气渗透量；水密性能检测即在稳定压力差或波动压力差作用下，同时向试件室外侧淋水，测定试件不发生渗漏的能力；抗风压性能检测即在风荷载标准值作用下测定试件不超过允许变形的能力，以及在风荷载设计值作用下测定试件抗损坏和功能障碍的能力。

6.8.29 墙体节能工程保温板材与基层粘结强度现场拉拔试验

（1）墙体节能工程保温板材与基层粘结强度现场拉拔试验是墙体节能工程的主控项目，其施工质量，必须符合以下规定：

1）保温板材与基层之间及各构造层之间的粘结或连接必须牢固；

2）保温板材与基层的连接方式、拉伸粘结强度和粘结面积比应符合设计要求；

3）保温板材与基层之间的拉伸粘结强度应进行现场拉拔试验，且不得在界面破坏；

4）粘结面积比应进行剥离检验。

（2）墙体节能工程保温板材与基层粘结强度现场拉拔检验，应在保温层粘贴后且养护时间达到粘结材料要求的龄期后进行。检验的取样部位、数量应符合下

列规定：

1）取样部位应随机确定，宜兼顾不同朝向和楼层，均匀分布；不得在外墙施工前预先确定；

2）取样数量为每处检验1点；测量试样粘结面积，当粘结面积比小于90%且检验结果不符合要求时，应重新取样；单点拉伸粘结强度按下式计算，检验结果取3个点拉伸粘结强度的算术平均值，精确至0.01MPa。

6.8.30 外墙保温浆料同条件养护试件试验报告

试件制作：

（1）抗压强度试件应采用70.7mm×70.7mm×70.7mm的有底钢模制作；导热系数试件应采用有底钢模制作，其试模尺寸应按导热系数测试仪器的要求确定。

（2）抗压强度试件数量为1组（6个），导热系数试件数量为1组（2个）。

（3）检测保温浆料干密度、导热系数、抗压强度的试样，应在现场搅拌的同一盘拌合物中取样。

（4）将在现场搅拌的拌合物一次注满试模，并略高于其上表面，用捣棒均匀由外向里按螺旋方向轻轻插捣25次，插捣时用力不应过大，不破坏其保温骨料；试件表面应平整，可用油灰刀沿模壁插捣数次或用橡皮锤轻轻敲击试模四周，直至插捣棒留下的空洞消失，最后将高出部分的拌合物沿试模顶面削去抹平。

（5）试件制作后应于3天内放置在温度为23℃±2℃、相对湿度为50%±10%的条件下，养护至28天。

6.8.31 结构实体混凝土强度验收记录

（1）根据《混凝土结构工程施工质量验收规范》GB 50204—2015规定：结构实体混凝土强度应按不同强度等级分别检验，检验方法宜采用同条件养护试件方法；当未取得同条件养护试件强度或同条件养护试件强度不符合要求时，可采用回弹-取芯法进行检验。

（2）同条件养护试件的取样和留置应符合下列规定：

1）同条件养护试件所对应的结构构件或结构部位，应由施工、监理等各方共同选定，且同条件养护试件的取样宜均匀分布于工程施工周期内；

2）同条件养护试件应在混凝土浇筑入模处见证取样；

3）同条件养护试件应留置在靠近相应结构构件的适当位置，并应采取相同的养护方法；

4）同一强度等级的同条件养护试件不宜少于10组，且不应少于3组。每连续两层楼取样不应少于1组；每2000m²取样不得少于一组。

（3）混凝土强度检验时的等效养护龄期可取日平均温度逐日累计达到600℃·d时所对应的龄期，且不应小于14天；日平均温度为0℃及以下的龄期不计入。

（4）冬期施工时，等效养护龄期计算时温度可取结构构件实际养护温度，也可根据结构构件的实际养护条件，按照同条件养护试件强度与在标准养护条件下28天龄期试件强度相等的原则，由监理、施工等各方共同确定。

（5）对同一强度等级的混凝土，当符合下列规定时，结构实体混凝土强度可判为合格：

1）三个芯样抗压强度的算术平均值不小于设计要求的混凝土强度等级值的88%；

2）各芯样抗压强度的最小值不小于设计要求的混凝土强度等级值的80%。

6.8.32 结构实体钢筋保护层厚度验收记录

（1）根据《混凝土结构工程施工质量验收规范》GB 50204—2015规定，结构实体钢筋保护层厚度检验构件的选取应均匀分布，并应符合下列规定：

1）对非悬挑梁板类构件，应各抽取构件数量的2%且不少于5个构件进行检验；

2）对悬挑梁，应抽取构件数量的5%且不少于10个构件进行检验；当悬挑梁数量少于10个时，应全数检验；

3）对悬挑板，应抽取构件数量的10%且不少于20个构件进行检验；当悬挑板数量少于20个时，应全数检验；

4）对选定的梁类构件，应对全部纵向受力钢筋的保护层厚度进行检验；对选定的板类构件，应抽取不少于6根纵向受力钢筋的保护层厚度进行检验；对每根钢筋，应选择有代表性的不同部位量测3点取平均值。

（2）钢筋保护层厚度的检验，可采用非破损或局部破损的方法，也可采用非破损方法并用局部破损方法进行校准。当采用非破损方法检验时，所使用的检测仪器应经过计量检验，检测操作应符合相应规程的规定。

（3）钢筋保护层厚度检验的检测误差不应大于1mm。

（4）钢筋保护层厚度检验时，纵向受力钢筋保护层厚度的允许偏差应符合表6-8-18的规定。

结构实体纵向受力钢筋保护层厚度的允许偏差　　　表6-8-18

结构类型	允许偏差（mm）
梁	+10，−7
板	+8，−5

（5）梁类、板类构件纵向受力钢筋的保护层厚度应分别进行验收，并应符合下列规定：

1）当全部钢筋保护层厚度检验的合格率为90%及以上时，可判为合格；

2）当全部钢筋保护层厚度检验的合格率小于90%但不小于80%时，可再抽取相同数量的构件进行检验；当按两次抽样总和计算的合格率为90%及以上时，仍可判为合格；

3）每次抽样检验结果中不合格点的最大偏差均不应大于表6-8-18规定允许偏差的1.5倍。

6.8.33　围护结构现场实体检验

建筑围护结构节能工程施工完成后，应对围护结构的外墙节能构造和外窗气密性能进行现场实体检验。

建筑外墙节能构造的现场实体检验应包括墙体保温材料的种类、保温层厚度和保温构造做法。当条件具备时，也可直接进行外墙传热系数或热阻检验。

建筑外窗气密性能现场实体检验的方法应符合国家现行有关标准的规定，下列建筑的外窗应进行气密性能实体检验：

1）严寒、寒冷地区的建筑；

2）夏热冬冷地区高度大于或等于24m的建筑和有集中供暖或供冷的建筑；

3）其他地区有集中供冷或供暖的建筑。

外墙节能构造和外窗气密性能现场实体检验的抽样数量应符合下列规定：

1）外墙节能构造实体检验应按单位工程进行，每种节能构造的外墙检验不得少于3处，每处检查一个点；传热系数检验数量应符合国家现行有关标准的要求。

2）外窗气密性能现场实体检验应按单位工程进行，每种材质、开启方式、型材系列的外窗检验不得少于3樘。

3）同工程项目、同施工单位且同期施工的多个单位工程，可合并计算建筑面积；每30000m²可视为一个单位工程进行抽样，不足30000m²也视为一个单位工程。

4）实体检验的样本应在施工现场由监理单位和施工单位随机抽取，且应分布均匀、具有代表性，不得预先确定检验位置。

5）外墙节能构造钻芯检验应由监理工程师见证，可由建设单位委托有资质的检测机构实施，也可由施工单位实施。

6）当进行外墙传热系数或热阻检验时，应由监理工程师见证，由建设单位委托具有资质的检测机构实施；检测方法、抽样数量、检测部位和合格判定标准等可按照相关标准确定，并在合同中约定。

7）外窗气密性能的现场实体检验应由监理工程师见证，由建设单位委托有资质的检测机构实施。

8）当外墙节能构造或外窗气密性能现场实体检验结果不符合设计要求和标准规定时，应委托有资质的检测机构扩大一倍数量抽样，对不符合要求的项目或参数进行再次检验。仍然不符合要求时应给出"不符合设计要求"的结论，并应符合下列规定：

①对于不符合设计要求的围护结构节能构造应查找原因，对因此造成的对建筑节能的影响程度进行计算或评估，采取技术措施予以弥补或消除后重新进行检测，合格后方可通过验收。

②对于建筑外窗气密性能不符合设计要求和国家现行标准规定的，应查找原因，经过整改使其达到要求后重新进行检测，合格后方可通过验收。

6.8.34　室内环境检测报告

民用建筑工程及室内装饰装修工程的室内环境质量验收，应在工程完工不少于7天后、工程交付使用前进行。民用建筑室内环境污染物浓度限量如表6-8-19所示。

民用建筑室内环境污染物浓度限量　　　　　　　　表 6-8-19

污染物	I 类民用建筑工程	II 类民用建筑工程
氡（Bq/m^3）	≤150	≤150
甲醛（mg/m^3）	≤0.07	≤0.08
氨（mg/m^3）	≤0.15	≤0.20
苯（mg/m^3）	≤0.06	≤0.09
甲苯（mg/m^3）	≤0.15	≤0.20
二甲苯（mg/m^3）	≤0.20	≤0.20
TVOC（mg/m^3）	≤0.45	≤0.50

民用建筑工程验收时，应抽检每个建筑单体有代表性的房间室内环境污染物浓度，氡、甲醛、氨、苯、甲苯、二甲苯、TVOC的抽检量不得少于房间总数的5%，每个建筑单体不得少于3间；当房间总数少于3间时，应全数检测。具体检测点数设置如表6-8-20所示。

民用建筑工程验收时，凡进行了样板间室内环境污染物浓度检测且检测结果合格的，其同一装饰装修设计样板间类型的房间抽检量可减半，并不得少于3间。

幼儿园、学校教室、学生宿舍、老年人照料房屋设施室内装饰装修验收时，室内空气中氡、甲醛、氨、苯、甲苯、二甲苯、TVOC的抽检量不得少于房间总数的50%，且不得少于20间；当房间总数不大于20间时，应全数检测。

室内环境污染物浓度检测点数设置　　　　　　　　表 6-8-20

房间使用面积（m²）	检测点数（个）
＜50	1
≥50，小于100	2
≥100，＜500	不少于3
≥500，＜1000	不少于5
≥1000	≥1000m²的部分，每增加1000m²增设1，增加面积不足1000m²时按增1000m²计算

6.8.35　灌（满）水试验记录

（1）相关规定与要求：

1）敞口箱、罐安装前应做满水试验；密闭箱、罐应以工作压力的1.5倍做水压试验，但不得小于0.4MPa；

2）隐蔽或埋地的排水管道在隐蔽前必须做灌水试验，灌水高度应不低于底层卫生器具的上边缘或底层地面高度；

3）安装在室内的雨水管道安装后应做灌水试验，灌水高度必须到每根立管上部的雨水斗；

4）室外排水管网安装管道埋设前必须做灌水试验和通水试验，排水应畅通、无堵塞，管接口无渗漏；

5）卫生器具交工前应做满水和通水试验；空调水系统的凝结水系统采用通水试验。

（2）注意事项：

1）以设计要求和规范规定为依据，适用条目要准确；

2）根据试运转调试的实际情况填写实测数据，要准确，内容齐全，不得漏项；工程采用施工总承包管理模式的，签字人员应为施工总承包单位的相关人员；

3）非承压管道系统和设备，在安装完毕后以及暗装、埋地、有绝热层的室内外排水管道进行隐蔽前，应进行灌水、满水试验；

4）隐蔽或埋地的排水管道其灌水高度应不低于底层卫生器具的上边缘或底层地面高度。满水15分钟水面下降后，再灌满观察5分钟，液面不降、管道及接口无渗漏为合格；

5）安装在室内的雨水管道安装后应做灌水试验，灌水高度必须到每根立管上部的雨水斗。灌水试验持续1小时，不渗不漏；

6）灌水试验不能一层一层地做，要按系统做；管道系统长度、区段不同，灌水时间应有差别，不能均为15分钟；

7）通水试验后需做满水试验，时间根据设计要求或规范24小时；

8）器具满水量：注意不同卫生器具要求不同，有溢流口的器具至溢水口下缘，冲水箱等器具至控制水位；

9）卫生器具的满水试验不是所有卫生器具都可做的，有溢流功能的卫生器具的溢流功能在试验时应予以检查和确认。

管道（设备）灌（满）水试验记录如表6-8-21所示。

管道（设备）灌（满）水试验记录（示例）　　　　表6-8-21

工程名称	××××建设工程项目	施工单位	××××建设集团有限公司
试验部位	1-A至1-3轴交1-11轴WL-13地埋水管	试验日期	××××年××月××日
试验项目	室内排水管道灌水	材料数量	120m
试验内容和要求： 注水高度以首层立管检查口高度，满水15分钟再灌满延续5分钟，液面不下降，不渗不漏为合格。			
试验情况： 管道出口处有管胆封闭，在管道末端检查口处注水，满水15分钟后再灌满延续5分钟。			
试验结论： 符合设计要求及《建筑给水排水及采暖工程施工质量验收规范》GB 50242—2002，验收合格。 　　　　　　　　　　　　　　试验人员：×××　　　日期：××××年××月××日			
会签栏	监理（建设）单位（签章）	施工单位（签章）		
	专业监理工程师（专业负责人）	专业技术负责人	质检员	专业工长
	日期：××××年××月××日	日期：××××年××月××日	日期：××××年××月××日	日期：××××年××月××日

6.8.36　强度严密性试验记录

（1）阀门压力试验的相关规定与要求如表6-8-22所示。

阀门压力试验的相关规定与要求　　　　　表 6-8-22

分部或系统	抽样规定	试验名称	试验压力	公称直径（mm）		保压时间（s）		备注
建筑给水排水（参照《建筑给水排水及采暖工程施工质量验收规范》GB 50242—2002）	每批（同牌号同型号同规格）数量中抽查10%，且不少于一个。主干管上起切断作用的闭路阀门100%	强度	1.5P	≤50		15		括号内为非金属密封面试验时间
				60~200		60		
				250~450		180		
		严密性	1.1P	≤50		15		
				60~200		30（15）		
				250~450		60（30）		
通风空调（参照《通风与空调工程施工质量验收规范》GB 50243—2016）	工作压力大于1.0MPa及在主干管上起到切断作用和系统冷、热水运行转换调节功能的阀门和止回阀全数检查	强度	1.5P	/		300		/
		严密性	1.1P	≤50	60	15	120	左边一栏为止回阀，右边为其他阀门
				65~150		60		
				200~300				
				≥350	120			
喷头（参照《自动喷水灭火系统施工及验收规范》GB 50261—2017）	每批中抽查1%，并不得少于5只	密封	3.0MPa	/		180		
报警阀（参照《自动喷水灭火系统施工及验收规范》GB 50261—2017）	全数检查	渗漏	2P	/		300		

1）室内给水管道的水压试验必须符合设计要求。当设计未注明时，各种材质的给水管道系统试验压力均为工作压力的1.5倍，但不得小于0.6MPa；

2）热水供应系统安装完毕，管道保温之前应进行水压试验，试验压力应符合设计要求。当设计未注明时，热水供应系统水压试验压力应为系统顶点的工作压力加0.1MPa，同时，在系统顶点的试验压力不小于0.3MPa；

3）热交换器应以工作压力的1.5倍做水压试验。蒸汽部分应不低于蒸汽供汽压力加0.3MPa；热水部分应不低于0.4MPa；

4）低温热水地板辐射采暖系统安装时，盘管隐蔽前必须进行水压试验，试验压力为工作压力的1.5倍，但不小于0.6MPa；

5）采暖系统安装完毕，管道保温之前应进行水压试验。试验压力应符合设计要求。当设计未注明时，应符合下列规定：

①蒸汽热水采暖系统，应以系统顶点工作压力加0.1MPa做水压试验，同时，在系统顶点的试验压力不小于0.3MPa；

②高温热水采暖系统，试验压力应为系统顶点工作压力加0.4MPa；

③使用塑料管及复合管的热水采暖系统，应以系统顶点工作压力加0.2MPa做水压试验，同时，在系统顶点的试验压力不小于0.4MPa。

6）室外给水管网必须进行水压试验，试验压力为工作压力的1.5倍，但不得小于0.6MPa；

7）消防水泵接合器及室外消火栓安装系统必须进行水压试验，试验压力为工作压力的1.5倍，但不得小于0.6MPa；

8）锅炉的汽、水系统安装完毕后，必须进行水压试验。水压试验的压力应符合规范规定；

9）锅炉分汽缸（分水器、集水器）安装前应进行水压试验，试验压力为工作压力的1.5倍，但不得小于0.6MPa；

10）锅炉地下直埋油罐在埋地前应做气密性试验，试验压力降不应小于0.03MPa；

11）连接锅炉及辅助设备的工艺管道安装完毕后，必须进行系统的水压试验，试验压力为系统中最大工作压力的1.5倍。

（2）自动喷水灭火系统当系统设计工作压力等于或小于1.0MPa时，水压强度试验压力应为设计工作压力的1.5倍，并不应低于1.4MPa；当系统设计工作压力大于1.0MPa时，水压强度试验压力应为该工作压力加0.4MPa。水压强度试验的测试点应设在系统管网的最低点。对管网注水时，应将管网内的空气排净，并应缓慢升压，达到试验压力后，稳压30分钟，目测管网应无渗漏和无变形，且压力降不应大于0.05MPa。

（3）自动喷水灭火系统水压严密性，试验应在水压强度试验和管网冲洗合格后进行。试验压力应为设计工作压力，稳压24小时，应无渗漏。

（4）自动喷水灭火系统气压严密性试验的试验压力应为0.28MPa，且稳压24小时，压力降不应大于0.01MPa。

（5）注意事项：

1）以设计要求和规范规定为依据，适用条目要准确；

2）单项试验与系统性试验、强度和严密性，试验有不同要求，试验和验收时要特别留意。系统性试验、严密度试验的前提条件应充分满足，如自动喷水灭火系统水压严密性，试验应在水压强度试验和管网冲洗合格后才能进行，而常见做法是先根据区段验收或隐检项目验收要求完成单项试验，系统形成后进行系统性试验，再根据系统特殊要求进行严密性试验；

3）根据试验的实际情况填写实测数据，数据要准确，内容齐全，不得漏项；

4）工程采用施工总承包管理模式的，签字人员应为施工总承包单位的相关人员；

5）阀门型号确定试验压力和试压持续时间；

6）注意阀门试压时间：喷淋头一般在进场验收时进行密封试验；其他阀门可以在安装前进行；

7）自动喷水灭火系统除管道外，阀门不需要做强度和严密性试验；

8）强度和严密性试验记录应符合现行国家标准《建筑给水排水及采暖工程施工质量验收规范》GB 50242—2002的有关规定，如表6-8-23所示。室内外输送各种介质的承压管道、承压设备在安装完毕后、进行隐蔽之前，应进行强度严密性试验。

管道、设备强度和严密性试验记录（示例）　　　表6-8-23

工程名称	××××建设工程项目		施工单位		××××建设集团有限公司	
系统部位	人防地下室给水管道		试验项目		室内给水管道试压	
材质及连接方式	材质为钢塑复合管，连接方式为丝口	规格型号	主管DN25、DN40支管DN15、DN25、DN40	数量	120m	
试验仪器	Y100–1.6MPa/1.5压力表	试验时间	××××年××月××日起至××××年××月××日止			
试验内容和要求： 　室内给水管道采用衬塑钢管，工作压力为1.0MPa，试验压力为1.6MPa，在试验压力下稳压1小时，压力不降；然后降至工作压力的1.5倍1.5MPa，稳压2小时，各连接处不渗漏为合格。						
试验情况： 　试验压力表设在本层支管的末端上，从7：00开始对于管进行上水并加压，至7：30表压试验，试验值升至0.6MPa，关闭供水阀门，至8：30观察1小时，压力没有下降；8：40将压力降为0.35MPa，稳压2小时至11：40，压力没有下降，同时检查管道各连接处不渗不漏。						
试验结论： 　经检查，试验方式、过程及结果均符合设计要求和《建筑给水排水及采暖工程施工质量验收规范》GB 50242—2002的规定，合格。 　　　　　　　　　　　　　试验人员：×××　　　　　日期：××××年××月××日						
会签栏	监理（建设）单位（签章）	施工单位（签章）				
	专业监理工程师（专业负责人）	专业技术负责人		质检员		专业工长
	日期：××××年××月××日	日期：××××年××月××日		日期：××××年××月××日		日期：××××年××月××日

6.8.37　通水试验记录

（1）相关规定与要求：

1）规范规定或相关要求：卫生器具交工前应做满水和通水试验，空调水系统的凝结水系统采用通水试验；

2）所有的卫生器具均应做通水试验，以检验其使用效果；

3）进行通水试验的对象是排水管道、雨水管道及凝结水管道；

4）试验时间应在室内给水管道、排水管道、卫生器具、地漏及地面清扫口完成后，分系统、分区段进行；

5）通水试验时，室内给水系统的1/3配水点同时开放，各配水点流量达到额定流量，各排放点畅通无阻；

6）排水管道灌水、通球、通水试验顺序：先通水，再通球。灌水试验是隐蔽的管道才需要做，若无隐蔽则不必做灌水试验。

（2）注意事项：

1）以设计要求和规范规定为依据，适用条目要准确；

2）根据试验的实际情况填写实测数据，数据要准确，内容齐全，不得漏项；

3）通水试验为系统试验，一般在系统完成后统一进行；

4）工程采用施工总承包管理模式的，签字人员应为施工总承包单位的相关人员；

5）表格中通水流量（m³/h）按卫生器具供水管径核算获得；

6）排放点畅通无阻，各连接件不渗不漏，通水试验给、排水畅通。

（3）给水系统交付使用前必须进行通水试验并做好记录。通水试验记录应符合现行国家标准《建筑给水排水及采暖工程施工质量验收规范》GB 50242—2002的有关规定，如表6-8-24所示。室内外给水、中水及游泳池水系统、卫生洁具、地漏及地面清扫口及室内外排水系统在安装完毕后，应进行通水试验。

给水排水管道通水试验记录（示例）　　　　　　　　　　表6-8-24

工程名称	××××建设工程项目		试验项目	排水系统	
试验部位	卫生间		试验日期	××××年××月××日	
材料数量	PVC管	通水压力（MPa）	0.32	通水流量（m³/h）	4
试验内容和要求： 　1.管件接口无渗溢情况； 　2.通水是否通畅； 　3.能否达到设计最大额定流量。					

续表

试验情况： 　　经现场检测，所有各排水口、接口和全部排水管段无渗漏现象，通水畅通无阻，并能达到设计的最大额定流量。				
试验结论： 　　经检查，试验方式、过程及结果均符合设计要求和《建筑给水排水及采暖工程施工质量验收规范》GB 50242—2002的规定，合格。 　　　　　　　　　　　　试验人员：×××　　　　日期：××××年××月××日				
会 签 栏	监理（建设） 单位（签章）	施工单位（签章）		
	专业监理工程师 （专业负责人）	专业技术负责人	质检员	专业工长
	日期：××××年 ××月××日	日期：××××年 ××月××日	日期：××××年 ××月××日	日期：××××年 ××月××日

6.8.38　冲（吹）洗试验记录

（1）相关规定与要求：

1）生活给水系统管道在交付使用前必须冲洗和消毒，并经有关部门取样检验，符合现行国家标准《生活饮用水标准检验方法》（GB/T 5750.1—2023 ~ GB/T 5750.13—2023方可使用）；

2）热水供应系统竣工后必须进行冲洗；

3）采暖系统试压合格后，应对系统进行冲洗并清扫过滤器及除污器；

4）消防管道在竣工前，必须对管道进行冲洗；

5）供热管道试压合格后，应进行冲洗；

6）自动喷水灭火系统管网冲洗的水流流速、流量不应小于系统设计的水流流速、流量；管网冲洗宜分区、分段进行；水平管网冲洗时其排水管位置应低于配水支管。管网冲洗应连续进行，当出水口处水的颜色、透明度与入水口处水的颜色、透明度基本一致时为合格。

（2）注意事项：

1）冲洗用水：水压试验和水冲洗宜采用生活用水进行，不得使用海水或含有腐蚀性化学物质的水。

2）冲洗顺序：管网冲洗应在试压合格后分段进行。冲洗顺序应先室外，后室内；先地下，后地上；室内部分的冲洗应按配水干管、配水管、配水支管的顺序进行。

3）合格标准：目测排出口的水的颜色和透明度与入口处的水相近，且无可见杂物。注意空调水系统，当系统继续运行2小时以上，水质保持稳定后，方可与设备相贯通。

4）冲洗流速要求应不低于设计流速，不宜小于2.0m/s。介质为气体的进行吹洗，吹扫速度不宜小于20m/s，气体吹扫在出口处用白布或试纸放置5分钟，无污染为合格。

（3）冲洗、吹洗试验记录应符合《建筑给水排水及采暖工程施工质量验收规范》GB 50242—2002的相关规定。室内外给水、中水及游泳池水系统，采暖、空调水、消火栓、自动喷水等系统管道，以及设计有要求的管道在使用前做冲洗试验时，及介质为气体的管道系统做吹洗试验时，应填写冲洗、吹洗试验记录，如表6-8-25所示。

管道系统冲（吹）洗（脱脂）试验记录（示例）　　　　表6-8-25

工程名称	××××建设工程项目	试验项目	室内生活给水系统		
试验部位	1~11层给水系统	试验日期	××××年××月××日		
试验条件	/	试验介质	自来水	试验方式	/

试验内容和要求：

1.管道冲洗前，应将管道上安装的水表等阻碍物通过的设施临时拆除，待冲洗合格后再按原样安装；

2.管道冲洗应采用设计提供的最大流量或不小于1.5m/s的流速连续进行，直到出水口处水的浊度、色度与入水口处的浊度、色度相同时为止。

试验情况：

1.先从室外水表井接入临时冲洗管道和加压泵，水泵扬程为40m，入口管径为DN80，关闭立管阀门，从导管末端（管径为DN70）立管泄水口接DN70排水管道，引至室外污水井。上午8时30分用加压泵往管道内加压进行冲洗，经测水流速为1.8m/s，从排放处观察水质情况，目测排水质与供水水质一致，无杂质；

2.拆掉临时排水管道，打开立管阀门和各支管阀门，从支管末端放水，直到无杂质，水色透明，至10时10分冲洗结束。

试验结论：

经检查，试验方式、过程及结果均符合设计要求和《建筑给水排水及采暖工程施工质量验收规范》GB 50242—2002的规定，合格。

　　　　　　　　　　试验人员：×××　　　日期：××××年××月××日

会签栏	监理（建设）单位（签章）	施工单位（签章）		
	专业监理工程师（专业负责人）	专业技术负责人	质检员	专业工长
	日期：××××年××月××日	日期：××××年××月××日	日期：××××年××月××日	日期：××××年××月××日

注：试验应在监理见证下进行，试验结束后双方需签字确认。

6.8.39 通球试验记录

（1）相关规定与要求：排水主立管及水平干管管道均应做通球试验，通球球径不小于排水管道管径的2/3，通球率必须达到100%。

（2）注意事项：

1）要求通球的管道除室内排水系统主立管及水平干管外，还应包括室内雨水立管（隐蔽部分）和埋地管道。

2）通球试验用球宜为硬质空心塑料球，投入时做好标记，以便同排出的试验球核对。室内排水管道通球试验如表6-8-26所示。

室内排水管道通球试验记录（示例）　　　　表 6-8-26

工程名称	××××建设工程项目	试验项目	室内生活给水系统		
试验部位	雨水管道	试验日期	××××年××月××日		
试验条件	/	管径（mm）	DN100	球径（mm）	80
试验内容和要求：《建筑给水排水及采暖工程施工质量验收规范》GB 50242—2002。					
试验情况： 1.检查皮球及管径的大小，满足皮球直径为管径的2/3； 2.将皮球从管道的末端放入； 3.持续灌水至皮球冲出管口为止。					
试验结论： 　　经检查，试验方式，过程及结果均符合设计要求和《建筑给水排水及采暖工程施工质量验收规范》GB 50242—2002的规定，合格。 　　　　　　　　　　试验人员：×××　　日期：××××年××月××日					
会签栏	监理（建设）单位（签章）	施工单位（签章）			
	专业监理工程师（专业负责人）	专业技术负责人	质检员		专业工长
	日期：××××年××月××日	日期：××××年××月××日	日期：××××年××月××日		日期：××××年××月××日

6.8.40 补偿器安装记录

（1）相关规定与要求：

1）补偿器形式、规格、位置应符合设计要求，并按有关规定进行预拉伸；

2）补偿器的型号、安装位置及预拉伸和固定支架的构造及安装位置应符合设计要求；

3）室外供热管网安装补偿器的位置必须符合设计要求，并应按设计要求或产品说明书进行预拉伸；管道固定支架的位置和构造必须符合设计要求。

（2）注意事项：

补偿器预拉伸数值应根据设计给出的最大补偿量得出（一般为其数值的50%），要注意不同位置的补偿器由于管段长度、运行温度、安装温度不同而有所不同。

补偿器预拉伸安装记录如表6-8-27所示。

补偿器预拉伸安装记录（示例）　　　　　表6-8-27

工程名称	××××建设工程项目	分部（分项）工程		建筑给水、排水及采暖工程
补偿器部位	空调冷冻供水管	补偿器材质	不锈钢	补偿器规格型号	DN100
环境温度	20℃	管内介质温度	7℃	固定支架间距（m）	30
计算预拉值（mm）	30	实际预拉值（mm）	32	检查日期	××××年××月××日

补偿器安装及预拉示意图及预拉伸试验要求：补偿器安装前应检查补偿器是否完好；内套管的工作表面不得有影响性能的损伤；安装前检查内套管的伸出长度；要保证其满足管道系统的补偿要求。

预拉伸情况记录：

补偿器安装前检查补偿器完好；内套管的工作表面没有影响性能的损伤；安装前检查内套管的伸出长度；保证其满足管道系统的补偿要求。

结论：

经检查☑符合/□不符合设计、施工规范、产品标准要求，同意报监理单位验收涉及该项内容相关检验批。

专业技术负责人：×××　　质检员：×××　　专业公章：×××　　日期：××××年××月××日

6.8.41　消火栓试射记录

消火栓试射记录相关规定与要求：室内消火栓系统安装完成后应取屋顶层

（或水箱间内）试验消火栓和在首层取两处消火栓做试射试验，达到设计要求为合格。消火栓试射试验记录如表 6-8-28 所示。

试射距离和压力值要一致，静压和动压关系。超过压力要分区，符合《消防给水及消火栓系统技术规范》GB 50974—2014要求。

屋顶试验消火栓试射可测出流量和压力（充实水柱），首层两处消火栓试射可检验两股充实水柱同时到达本消火栓应到达的最远点的能力。

消火栓试射试验记录（示例）　　　　　表 6-8-28

工程名称	××××建设工程项目	试验部位	屋顶		
试射消火栓位置	教学楼四层屋顶	试验日期	××××年××月××日		
消火栓组件	☑合格 □不合格	栓口安装	☑合格□不合格		
栓口水枪型号	☑合格 □不合格	启泵按钮	☑合格□不合格		
卷盘间距、组件	☑合格 □不合格	栓口静压（MPa）	0.4	栓口动压（MPa）	0.48
试验内容和要求： 取四层顶消火栓做系统测试试验，其出口压力应达到设计要求，即0.48MPa。					
试验情况： 启动消防泵后，经检测，栓口出水压力为0.5MPa。					
试验结论： 符合设计及规范要求。 　　　　　　　　　　　试验人员：×××　　日期：××××年××月××日					
会签栏	监理（建设）单位（签章）	施工单位（签章）			
	专业监理工程师（专业负责人）	专业技术负责人	质检员	专业工长	
	日期：××××年××月××日	日期：××××年××月××日	日期：××××年××月××日	日期：××××年××月××日	

6.8.42　安全附件安装检查记录

相关规定与要求：锅炉的高低水位报警器和超温、超压报警器及联锁保护装置必须按设计要求安装齐全和有效。检验方法：启动、联动试验并做好试验记录，如表6-8-29所示。

安全附件安装检查记录（示例）　　　表 6-8-29

工程名称	×××× 建设工程项目		安装位号		××××	
锅炉型号	WNS1.0/95/70-Q2		工作介质		热水	
设计（额定）压力（MPa）	1		最大工作压力（MPa）		1.12	
检 查 项 目			检 查 结 果			
压力表	量程及精度等级		0~1.5MPa，2.5级			
	校验日期		×××× 年 ×× 月 ×× 日			
	在最大工作压力处应划红线	☑	已划	☐	未划	
	旋塞或针型阀是否灵活	☑	灵活	☐	不灵活	
	蒸汽压力表管是否设存水弯管	☑	已设	☐	未设	
	铅封是否完好	☑	完好	☐	不完好	
安全阀	开启压力范围		1MPa ~ 1.12MPa			
	校验日期		×××× 年 ×× 月 ×× 日			
	铅封是否完好	☑	完好	☐	不完好	
	安全阀排放管应引至安全地点	☑	是	☐	不是	
	锅炉安全阀应有泄水管	☑	有	☐	没有	
水位计（液位计）	锅炉水位计应有泄水管	☑	有	☐	没有	
	水位计应划出高、低水位红线	☑	已划	☐	未划	
	水位计旋塞（阀门）是否灵活	☑	灵活	☐	不灵活	
报警装置	校验日期		×××× 年 ×× 月 ×× 日			
	报警高低限（声、光报警）	☑	灵敏、准确	☐	不合格	
	联锁装置工作情况	☑	动作迅速、灵敏	☐	不合格	
施工单位检查结论	专业工长（施工员）		×××			
	经检查、试验方式、过程及结果均符合设计要求和《建筑给水排水及采暖工程施工质量验收规范》GB 50242—2002 的规定，合格。 项目专业质检员：××× 专业技术负责人：××× ×××× 年 ×× 月 ×× 日					
监理（建设）单位验收意见	符合设计及规范要求。 专业监理工程师：××× （建设单位专业技术负责人） ×××× 年 ×× 月 ×× 日					

6.8.43　锅炉烘炉试验记录

（1）锅炉火焰烘炉应符合下列规定：

1）火焰应在炉膛中央燃烧，不应直接烧烤炉墙及炉拱；

2）烘炉时间一般不少于4天，升温应缓慢，后期烟温不应高于160℃，且持续时间不应少于24小时；

3）链条炉排在烘炉过程中应定期转动；

4）烘炉的中、后期应根据锅炉水质情况排污。

（2）烘炉结束后应符合下列规定：

1）炉墙经烘烤后没有变形、裂纹及塌落现象；

2）炉墙砌筑砂浆含水率达到7%以下。锅炉烘炉（烘干）记录如表6-8-30所示。

锅炉烘炉（烘干）记录（示例）　　　　　　　　　　　　表 6-8-30

工程名称		××××建设工程项目	安装位号	××××		
锅炉型号		WNS1.0/95/70-Q2	试验日期	××××年××月××日		
烘炉前的准备情况	1.炉膛内部情况		已全部清理完毕，无任何杂物			
	2.耐火混凝土养护情况		达到要求			
	3.设备单机试运转情况		单机试运转正常			
	4.设定的烘炉升温曲线图		烘炉升温曲线已设定			
烘干方法		木材和煤	烘炉起始时间	××：××	烘炉终止时间	××：××
烘炉（烘干）记录						
温度区间（℃）		长降温速度（℃/h）		所用时间（h）		
0~100		2.56		36		
100~200		1.45		72		
200~300		4.25		24		
300~400		1.45		72		
400~500		2.95		36		
500~550		2.6		48		

烘炉（烘干）曲线图（包括计划曲线及实际曲线）：

烘炉温度控制曲线表

注：细线为计划升温曲线
粗线为实际升温曲线

续表

会签栏	监理（建设）单位（签章）	施工单位（签章）		
	专业监理工程师（专业负责人）	专业技术负责人	质检员	专业工长
	日期：××××年××月××日	日期：××××年××月××日	日期：××××年××月××日	日期：××××年××月××日

注：1）试验应在监理见证下进行，试验结束后双方需签字确认；

2）曲线图包括计划曲线以及实际曲线。

6.8.44 锅炉煮炉试验记录

相关规定与要求：煮炉时间一般应为2～3天，如蒸汽压力较低，可适当延长煮炉时间；非砌筑或浇筑保温材料保温的锅炉，安装后可直接进行煮炉，煮炉结束后，锅筒和集箱内壁应无油垢，擦去附着物后金属表面应无锈斑。具体记录如表6-8-31所示。

锅炉煮炉记录（示例） 表 6-8-31

工程名称	××××建设工程项目		煮炉起止时间		××日××分～××日××分	
安装位号	×××	锅炉型号 WNS3.5-1.0/115/70-YZ	煮炉压力	1.25MPa	介质温度	100℃
加药配方	药品名称	纯度（%）	每立方米水中加药量（kg）		总加药量（kg）	
	氢氧化钠	100	5		87.5	
	磷酸三钠	98	5		87.5	
加药程序	加药时炉水应控制在锅炉允许的最低水位，加药后即补充水至中下水位，并保持中下水位煮炉，不允许高水位煮炉。投药后升压力至0.35MPa时暂停检查作热紧固，可使锅炉直接升压至0.4MPa（锅炉工作压力的30%），在此压力下煮炉12小时；然后再升压至0.63MPa（锅炉工作的50%），在此压力下煮炉12小时；最后升压至0.94MPa（锅炉工作的75%），在此压力下煮炉12小时。					
煮炉过程及检查情况：	严格按煮炉方案进行。					
结论	检验合格。					
会签栏	监理（建设）单位（签章）	施工单位（签章）				
	专业监理工程师（专业负责人）	专业技术负责人		质检员	专业工长	
	日期：××××年××月××日	日期：××××年××月××日		日期：××××年××月××日	日期：××××年××月××日	

注：试验应在监理见证下进行，试验结束后双方需签字确认。

6.8.45 锅炉试运行记录

填表注意事项：

1）以设计要求和规范规定为依据，适用条目要准确；

2）根据试验的实际情况填写实测数据，要准确，内容齐全，不得漏项；

3）工程采用施工总承包管理模式的，签字人员应为施工总承包单位的相关人员。锅炉48小时负荷试运行记录如表6-8-32所示。

锅炉48小时负荷试运行记录（示例） 表 6-8-32

工程名称	××××建设工程项目	安装位号	×××		
锅炉型号	WNS3.5-1.0/115/70-YZ	工作介质	热水		
设计（额定）压力（MPa）	2.5	最大工作压力（MPa）		2.8	
本锅炉在安全附件校验合格后，由××××安装公司统一组织，经共同验收，自××××年××月××日××时至××××年××月××日××时试运行，运行正常，符合规程及设计文件要求，试运行合格。					
试运行情况记录： 锅炉试运行情况合格，正常。 记录人：××× 日期：××××年××月××日					
会签栏	监理（建设）单位（签章）	施工单位（签章）			
	专业监理工程师（专业负责人）	专业技术负责人	质检员		专业工长
	日期：××××年××月××日	日期：××××年××月××日	日期：××××年××月××日		日期：××××年××月××日

6.8.46 自动喷水灭火系统联动试验记录

（1）自动喷水灭火系统调试应在系统施工完成后进行，具体试验记录如表6-8-33所示。

（2）系统调试应具备下列条件：

1）消防水池、消防水箱已储存设计要求的水量；

2）系统供电正常；

3）消防气压给水设备的水位、气压符合设计要求；

4）湿式喷水灭火系统管网内已充满水；干式、预作用喷水灭火系统管网内的气压符合设计要求；阀门均无泄漏；

5）与系统配套的火灾自动报警系统处于工作状态。

（3）湿式系统的联动试验，启动一支喷头或以0.94～1.5L/s的流量从末端试水装置处放水时，水流指示器、报警阀、压力开关、水力警铃和消防水泵等应及时动作，并发出相应信号。

检查数量：全数检查。

检查方法：打开阀门放水、使用流量计和观察检查。

（4）预作用系统、雨淋系统、水幕系统的联动试验，可采用专用测试仪表或其他方式，对火灾自动报警系统的各种探测器输入模拟火灾信号，火灾自动报警控制器应发出声光报警信号，并启动自动喷水灭火系统；采用传动管启动的雨淋系统、水幕系统联动试验时，启动1只喷头，雨淋阀应打开，压力开关及时动作，水泵启动。

检查数量：全数检查。

检查方法：观察检查。

（5）干式系统的联动试验，启动1只喷头或模拟1只喷头的排气量排气，报警阀应及时启动，压力开关、水力警铃动作并发出相应信号。

检查数量：全数检查。

检查方法：观察检查。

自动喷水灭火系统联动试验记录（示例）　　　　表6-8-33

工程名称	××××建设工程项目					建设单位			××××开发有限公司		
设计单位	××××设计院					施工单位			××××建设集团有限公司		
调试单位	××××安装公司					试验日期			××××年××月××日		
输入信号类别	报警和启动执行信号时间（s）			启动消防水泵时间（min）			启动稳压泵时间（min）			报警阀动作及信号反馈（s）	
	要求时间	实际时间	结论	要求时间	实际时间	结论	要求时间	实际时间	结论		
模拟火警信号	90	85	90	85	90	85	90	85	90	85	
末端放水	90	85	90	85	90	85	90	85	90	85	

续表

试验经过及存在问题处理：试验时，末端试验阀打开，压力表读数为0.052MPa，压力开关接通，消防中心显示报警信号。开启喷淋泵，主、备泵切换正常，泵启动信号显示正常。水流指示器动作后，准确输出报警信号，水力警铃准确发出报警信号。					
建设（监理）单位	××××开发有限公司		调试单位	××××安装公司	
	代表：×××			代表：×××	
技术负责人	×××	质检员	×××	施工员	×××

注：1）自动喷水灭火系统联动试验前，应确认联动主机及喷淋泵处于自动状态；

2）调试单位需要为有消防检测资质的第三方检测单位，现场试验数据如实填写。

6.8.47　电气器具通电安全检查记录

（1）电气器具通电试运行检查是确保安全运行的必要条件之一。电气器具安装完成后，按照楼层、部位全数进行通电试运行检查。电气器具通电试运行检查内容应包括接线情况、开关、灯具、插座、漏电保护器和地线等，如表6-8-34所示。

（2）电气器具通电试运行检查要求：

1）电气器具通电试运行检查，应由项目负责人组织专业工长，质检员、施工班（组）长，并会同建设（监理）单位代表进行；

2）电气器具通电试运行检查应做到分楼门、单元、层数、户别逐一进行通电检查；

3）电气器具通电试运行检查的内容：

①开关：检查型号是否统一，开关通断位置是否一致，开关是否能切断相线；

②灯具：检查灯具及其配件是否齐全，相线应接在中心触点的端子上，零线应接在螺纹的端子上；

③插座：插座应左零右火，地线在上。

电气器具通电安全测试记录（示例）　　　　　表 6-8-34

工程名称	××××建设工程项目		分部（分项）工程		建筑电气	
楼门单元	/	记录代号	/	试验日期	××××年××月××日	

续表

	层数		北楼一层									
	户别		/									
检查记录	开关	1	√	√	√	√	√	√	√	√	√	√
		2	√	√	√	√	√	√	√	√	√	√
		3	√	√	√	√	√	√	√	√	√	
	灯具	1	√	√	√	√	√	√	√	√	√	√
		2	√	√	√	√	√	√	√	√	√	√
		3	√	√	√	√	√	√	√	√		
	插座	1	√	√	√	√	√	√	√	√	√	√
		2	√	√	√	√	√	√	√	√	√	
		3	√	√	√	√	√	√	√	√		
	地线	1	√	√	√	√	√	√	√	√	√	√
		2	√	√	√	√	√	√	√	√		
		3	√	√	√	√	√	√	√	√	√	√

试验结论	符合《建筑电气工程施工质量验收规范》GB 50303—2015的要求，检查评定合格。 试验单位（签章） 测试人员：×××　　日期：××××年××月××日			
会签栏	监理（建设）单位（签章）	施工单位（签章）		
	专业监理工程师 （专业负责人）	专业技术负责人	质检员	专业工长
	日期：××××年 ××月××日	日期：××××年 ××月××日	日期：××××年 ××月××日	日期：××××年 ××月××日

6.8.48　电动机空载试运行记录

电动机应试通电，并应检查转向和机械转动情况，电动机试运行应符合下列规定：

1）空载试运行时间宜为2小时，机身和轴承的温升、电压和电流等应符合建筑设备或工艺装置的空载状态运行要求，并应记录电流、电压、温度、运行时间等的有关数据；

2）空载状态下可启动次数及间隔时间应符合产品技术文件的要求；无要求时，连续启动2次的时间间隔不应小于5分钟，并应在电动机冷却至常温下进行再次启动。

检查数量：按设备总数抽查10%，且不得少于1台。

检查方法：轴承温度采用测温仪测量，其他参数可在试验时观察检查并查阅电动机空载试运行记录（表 6-8-35）。

电动机空载试运行记录（示例）　　　　　　　　　　表 6-8-35

工程名称		××××建设工程项目	分部（分项）工程	建筑电气				
试运行项目		试运行	设备名称	地下室水泵房消防泵（主）AEP-×f				
试运行时间		自××××年××月××日××时××分开始至××××年××月××日××时××分结束						
序号	回路名称	试运行时间（min）	运行电压（V）			运行电流（A）			温度（℃）	备注
			L1–N（L1–L2）	L2–N（L2–L3）	L3–N（L3–L1）	L1	L2	L3		
1	消防水泵配电柜×1	0	388	388	388	20.5	20.5	20.5	32	/
		1	386	387	387	20.6	20.5	20.5	36	/
		2	386	386	387	20.6	20.6	20.5	38	/

试运行情况记录及运行结论：

　　由于水泵与电动机为一体，无法长时间空转，因此进行短时间间断运行，首先关闭供水阀门，通电空载试运行 1min 后关闭，冷却至常温后（6min）再次启动空载试运行 1min；经 2min 通电空载试运行，电压、电流运行正常，电动机转向和机械转动无异常情况，检查机身和轴承的温升符合技术条件要求；配电线路、开关等运行正常，符合电动机铭牌及设计和《建筑电气工程施工质量验收规范》GB 50303—2015 的要求，检查评定为合格。

　　　　　　　　　　　　　　　　　　　　　　　　日期：××××年××月××日

会签栏	监理（建设）单位（签章）	施工单位（签章）		
	专业监理工程师（专业负责人）	专业技术负责人	质检员	专业工长
	日期：××××年××月××日	日期：××××年××月××日	日期：××××年××月××日	日期：××××年××月××日

6.8.49　建筑物照明通电试运行记录

（1）灯具回路控制应符合设计要求，且应与照明控制柜、箱（盘）及回路的标识一致；开关宜与灯具控制顺序相对应，风扇的转向及调速开关应正常。

　　检查数量：按每检验批的末级照明配电箱数量抽查 20%，且不得少于 1 台配电箱及相应回路。

　　检查方法：核对技术文件，观察检查并操作检查。

（2）公共建筑照明系统通电连续试运行时间应为24小时，住宅照明系统通电连续试运行时间应为8小时。所有照明灯具均应同时开启，且应每2小时按回路记录运行参数，连续试运行时间内应无故障。

检查数量：按每检验批的末级照明配电箱总数抽查5%，且不得少于1台配电箱及相应回路。

检查方法：试验运行时观察检查或查阅建筑物照明通电试运行记录（表6-8-36）。

建筑物照明通电试运行记录（示例）　　　表 6-8-36

工程名称	××××建设工程项目	分部（分项）工程	建筑电气		
试运行项目	北楼室内照明系统全负荷通电试运行	试运行电压	220V		
试运行时间	××××年××月××日	建筑类型	☑公用建筑物□民用住宅		
试运行内容	照明系统灯具等电器均投入运行，经24h通电试验，观察空开、线路结点温度及器具的运行情况。				
试运行情况	照明系统灯具等电器均投入运行，经24h通电试验，每2h记录运行状态1次，共记录12次，所有照明灯具在开启且连续试运行时间内无故障，配电控制正确，电压、电流稳定，空开、线路结点温度及器具运行情况正常，合格。				
试运行结论	同精装修单位合并进行室内照明系统全负荷通电试运行，符合设计要求和《建筑电气工程施工质量验收规范》GB 50303—2015的规定，检查评定合格。				
会签栏	监理（建设）单位（签章）	施工单位（签章）			
	专业监理工程师（专业负责人）	专业技术负责人	质检员	专业工长	
	日期：××××年××月××日	日期：××××年××月××日	日期：××××年××月××日	日期：××××年××月××日	

6.8.50　大型照明灯具牢固性试验记录

大型照明灯具牢固性试验记录应符合《建筑电气工程施工质量验收规范》GB 50303—2015的有关规定。

（1）大型灯具的固定及悬吊装置的构造、使用材料及规格应符合设计和产品技术要求，其制作安装质量应保证大型灯具固定及悬吊的安全可靠。

（2）大型灯具的固定及悬吊装置预埋件应埋设牢靠，隐蔽前应经专业监理人员（建设单位专业人员）检查合格。

（3）大型灯具的固定及悬吊装置安装后，应按灯具全重的2倍做过载试验，试验时间一般为15分钟，并填写大型灯具牢固性试验记录（表6-8-37），经有关人员签证齐全。

（4）大型灯具牢固性试验时，专业监理人员（建设单位专业人员）应在现场检查签证确认。

大型灯具牢固性试验记录（示例）　　　　　　　表 6-8-37

工程名称	××××建设工程项目		分部（分项）工程	电气照明安装/风扇、灯具安装		
试验方法	过载试验		试验日期	××××年××月××日		
灯具名称	安装部位	安装方式	灯具自重（kg）	试验载重（kg）	试验时间（min）	
水晶灯	2号大厅	预埋吊钩	80	160	15	
水晶灯	2号电梯厅	预埋吊钩	80	160	15	
水晶灯	2号会议室	预埋吊钩	80	160	15	
试验结论	使用灯具的规格、型号符合设计要求，经2倍的灯具重量过载试验，符合设计要求及《建筑电气工程施工质量验收规范》GB 50303—2015和《建筑电气照明装置施工与验收规范》GB 50617—2010的规定，试验合格。 　　　　　　　试验人员：×××　　　日期：××××年××月××日					
会签栏	监理（建设）单位（签章）	施工单位（签章）				
	专业监理工程师（专业负责人）	专业技术负责人		质检员		专业工长
	日期：××××年××月××日	日期：××××年××月××日		日期：××××年××月××日		日期：××××年××月××日

6.8.51　漏电开关模拟试验记录

通电试验前，电气器具及线路绝缘电阻应测试合格；当照明回路装有剩余电流动作保护器时，剩余电流动作保护器应检测合格。漏电开关模拟试验记录如表6-8-38所示。

漏电开关模拟试验记录（示例）　　　　　　　表 6-8-38

工程名称	××××建设工程项目	分部（分项）工程	建筑电气
试验仪器	漏电开关测试仪5406A/G660003587	试验日期	××××年××月××日

续表

安装部位	型号	设计要求		实测情况	
		动作电流（mA）	动作时间（s）	动作电流（mA）	动作时间（s）
东楼地下室 ALkt6箱c1支路	N×BLE-32C16A/2P30mA	30	100	30	89
东楼地下室 ALkt6箱c2支路	N×BLE-32C20A/2P30mA	30	100	30	91
东楼地下室 ALkt6箱c3支路	N×BLE-32C20A/2P30mA	30	100	30	84
东楼地下室 ALht箱c1支路	N×BLE-32C16A/2P30mA	30	100	30	81
东楼地下室 ALht箱c2支路	N×BLE-32C20A/2P30mA	30	100	30	87
东楼地下室 ALht箱c3支路	N×BLE-32C20A/2P30mA	30	100	30	90
东楼地下室 B1-5AL箱备用支路	N×BLE-32C20A/2P30mA	30	100	30	90
东楼地下室 B1-5AL箱备用支路	N×BLE-32C20A/2P30mA	30	100	30	94
东楼地下室 B1-5AL箱备用支路	N×BLE-32C20A/2P30mA	30	100	30	85
东楼地下室 B1-5AL箱备用支路	N×BLE-32C20A/2P30mA	30	100	30	92
东楼地下室 B1-5AL箱备用支路	N×BLE-32C20A/2P30mA	30	100	30	93
试验结论	经对东楼地下室配电箱内所有带漏电保护的回路进行测试，所有漏电保护装置动作可靠，漏电保护装置的动作电流和动作时间均符合设计及施工规范要求。 　　　　　　　　　　　　　　试验人员：×××　　日期：××××年××月××日				
会签栏	监理（建设）单位（签章）	施工单位（签章）			
	专业监理工程师（专业负责人）	专业技术负责人	质检员		专业工长
	日期：××××年××月××日	日期：××××年××月××日	日期：××××年××月××日		日期：××××年××月××日

6.8.52　大容量电气线路结点测温记录

大容量（630A上）导线、母线连接处或开关、设备连接处应做电气线路连接结点测试，在设计计算负荷运转情况下，温升值稳定且不大于设计值，以保障线路安全运行。测温一般采用远红外线测温仪，大容量电气线路结点测温记录如表6-8-39所示。

大容量电气线路结点测温记录（示例）　　　　　　表 6-8-39

工程名称	××× 建设工程项目		分部（分项）工程	建筑电气	
测试部位	☑导线/□母线/□开关		设计计算负荷	/	
测试地点	指针万用表	测试仪器	远红外摇表测温仪	测试日期	××××年××月××日
测试回路	测试时间	电流（A）		设计温度（℃）	测试温度（℃）
地下配电室1号柜A相母线	10：00	24		29	27
地下配电室1号柜B相母线	10：00	24		29	27
地下配电室1号柜C相母线	10：00	24		29	27
测试结论	设备在设计计算负荷运行情况下，对母线与电缆的连接结点进行抽测，温升值稳定且不大于设计值，符合设计及施工规范规定。 测试人员：×××　　　日期：××××年××月××日				
会签栏	监理（建设）单位（签章）	施工单位（签章）			
	专业监理工程师（专业负责人）	专业技术负责人		质检员	专业工长
	日期：××××年××月××日	日期：××××年××月××日		日期：××××年××月××日	日期：××××年××月××日

6.8.53　低压配电电源质量检查记录

工程安装完成后应对低压配电系统进行调试，调试合格后应对低压配电电源质量进行检测，如表6-8-40所示。

1）供电电压允许偏差：三相供电电压允许偏差为标称系统电压的+7%；单相220V为+7%或-10%。

2）公共电网谐波电压限值为：380V的电网标称电压，电压总谐波畸变率（THDu）为5%，奇次（1～25次）谐波含有率为4%，偶次（2～24次）谐波含有率为2%。

3）三相电压不平衡度允许值为2%，短时不得超过4%。

低压配电电源质量检查记录（示例）　表 6-8-40

工程名称	××××建设工程项目		检查部位	一层配电室		
序号	检查内容		质量要求	检查记录		
1	供电电压允许偏差	三相380V	±7%	2%	−5%	4%
		单相220V	+7%、−10%	5%	−5%	2%
2	公共电网谐波电压限值（380V）	电压总谐波畸变率	≤5%	2%、3%、1%、1%、2%		
		奇次（1～25次）谐波含有率	4%	2%、3%、2%、2%、3%		
		偶次（2～24次）谐波含有率	2%	1%、1%、1%、1%、1%		
3	谐波电流允许值	12.2.3		标准电压为0.38kV时，符合谐波电流的允许偏差值		
4	三相电压不平衡	≤2%	2%	0.5%	1%	
		短时≤4%	1%	3%	2.5%	
施工单位检查评定结果				符合设计及规范要求。 项目专业质量检查员：××× 项目专业技术负责人：××× 日期：××××年××月××日		
监理（建设）单位验收结论				符合设计及规范要求。 监理工程师：××× （建设单位项目专业技术负责人） 日期：××××年××月××日		

6.8.54　建筑物照明系统照度测试记录

对设计有照度测试要求的场所，试运行时应检测照度，并应符合设计要求。

检查数量：全数检查。

检查方法：用照度测试仪测试，并查阅建筑物照明系统照度测试记录（表6-8-41）。

172

建筑物照明系统照度测试记录（示例）　　表 6-8-41

工程名称	××××建设工程项目		编号	×××
			测试日期	××××年××月××日
测试仪器名称、型号	光照度传感器NHZD10			
测试部位	照度设计值（lx）	照度实测值（lx）	功率密度设计值（W/m^2）	功率密度实测值（W/m^2）
办公室1	220	218	11	11.4
办公室2	220	218	11	11.2
办公室3	220	218	11	11
测试结论：　经测试，建筑物照明系统照度合格，符合《建筑电气工程施工质量验收规范》GB 50303—2015规定。				
签字栏	施工单位	××××建设集团有限公司　×××	施工员　×××	质量员　×××
	监理单位	××××监理有限公司	监理工程师	×××

6.8.55　综合布线测试记录

（1）综合布线工程电气测试应包括电缆布线系统电气性能测试及光纤布线系统性能测试。

（2）综合布线系统工程测试应随工程进行。

（3）各等级的布线系统应按照永久链路和信道进行测试。

1）永久链路性能测试连接模型应包括水平电缆及相关连接器件，对绞电缆两端的连接器件也可为配线架模块。

2）信道性能测试连接模型应在永久链路连接模型的基础上包括工作区和电信间的设备电缆和跳线。

综合布线测试记录如表6-8-42所示。

综合布线测试记录（示例）　　表 6-8-42

工程名称：××××建设工程项目　　施工单位：××××建设集团有限公司

仪表型号	××××					测试日期	××××年××月××日
序号	点编号	位置	设备房号	长度（m）	接线正确	衰减（dB）	近端串扰（dB）
1	JK-A1F-1	1层走道	3层弱电间	62	√	20.6	5.1
2	JK-A1F-2	1层走道	3层弱电间	55	√	19.2	5.4
3	JK-A1F-3	1层走道	3层弱电间	50	√	19.8	4.8

续表

测试结论	经测试符合设计及施工规范要求。 日期：××××年××月××日		
签字栏	建设（监理）单位	施工单位	
	×××	技术负责人	质检员	专业工长
		×××	×××	×××

6.8.56　光纤损耗测试记录

（1）光纤到用户单元系统工程中，应检测用户接入点至用户单元信息配线箱之间的每一条光纤链路，衰减指标宜采用插入损耗法进行测试。

（2）当对光纤信道或链路的衰减进行测试时，可测试光跳线的衰减值作为设备光缆的衰减参考值，整个光纤信道或链路的衰减值应符合设计要求。

（3）光纤损耗可用下式计算：

光纤损耗＝光纤损耗系数（dB/km）× 光纤长度（km）

光纤损耗测试记录如表6-8-43所示。

光纤损耗测试记录（示例）　　　　　　　　表6-8-43

工程名称	××××建设工程项目		分部（子分部）工程		线路通信工程	
光缆标识	/	测试仪器	OTRD	测试日期	××××年××月××日	
区域	地点X（起端）		×××	起点Y（起端）	×××	
测试要求	MAX期望损耗小于		3dB	光缆损耗	1dB	
光纤号	链路长度（m）	波长（nm）	X端损耗 L_x（dB）	Y端损耗 L_y（dB）	总损耗为（L_x+L_y）/2（dB）	
1	8000	850	0.8	1.1	0.95	
2	8000	850	0.6	0.8	0.7	
3	8000	850	1.2	1.1	1.15	
测试结论	符合设计及规范要求。 测试人员：×××　　　日期：××××年××月××日					
会签栏	监理（建设）单位（签章）		施工单位（签章）			
	专业监理工程师（专业负责人）	专业技术负责人	质检员	专业工长		
	日期：××××年××月××日	日期：××××年××月××日	日期：××××年××月××日	日期：××××年××月××日		

6.8.57　视频系统末端测试记录

视频系统安装完成后应逐个房间进行测试，如表6-8-44所示，结果应符合规范要求。

视频系统末端测试记录（示例）　　　　　表 6-8-44

工程名称	××××建设工程项目					分部（子分部）工程		线路通信工程		
测试部位	二层				测试仪器	场强仪 DS1001		测试日期	××××年××月××日	
序号	房间号	输出电平	载波互调比	载噪比	图像	色/亮度时延差	交换抑制比	载波交流声	伴音和调频广播的声音	
1	101	70dB	60dB	40dB	/	80ns	/	70dB	/	
2	102	72dB	61dB	41dB	/	80ns	/	72dB	/	
3	103	71dB	61dB	40dB	/	80ns	/	75dB	/	
测试结论	符合设计及规范要求。 测试人员：×××　　日期：××××年××月××日									
会签栏	监理（建设）单位（签章）	施工单位（签章）								
	专业监理工程师（专业负责人）	专业技术负责人		质检员		专业工长				
	日期：××××年××月××日	日期：××××年××月××日		日期：××××年××月××日		日期：××××年××月××日				

6.8.58　智能建筑子系统检测记录

（1）智能建筑子系统检测应在系统试运行合格后进行，具体检测记录如表6-8-45所示。

（2）智能建筑子系统检测前应提交下列资料：

1）工程技术文件；

2）设备材料进场检验记录和设备开箱检验记录；

3）自检记录；

4）分项工程质量验收记录；

5）试运行记录。

（3）智能建筑子系统检测应按照先分项工程，再子分部工程，最后分部工程的顺序进行。

（4）检测结论与处理应符合下列规定：

1）检测结论应分为合格和不合格；

2）主控项目有一项及以上不合格的，系统检测结论应为不合格；一般项目有两项及以上不合格的，系统检测结论应为不合格；

3）被集成系统接口检测不合格的，被集成系统和集成系统的系统检测结论均应为不合格；

4）系统检测不合格时，应限期对不合格项进行整改，并重新检测，直至检测合格。重新检测时，抽检应扩大范围。

智能建筑子系统检测记录（示例）　　　　表6-8-45

工程名称	××××建设工程项目		施工单位	××××建设集团有限公司		
系统名称	智能化系统	子系统名称	安全防系统序号1	检测部位	一层走廊	
执行标准名称及编号	建筑电气工程施工工艺标准ZJQ00-SG-006-2003			分包单位	××××安装公司	
主控项目	系统检测内容	检测规范的规定	检测记录	检测结果 合格	检测结果 不合格	备注
	系统数据集成	执行本规第10.3.7的规定	/	√		
	系统集成联动	执行本规第10.3.8的规定	/	√		/
一般项目	系统维护说明书	执行本规第10.3.13的规定	/	√		/
	系统安全性	执行本规第10.3.14的规定	/	√		/
强制性条文						
检测结论	主控项目全部合格，一般项目满足规范要求。 审核：×××　　检测人员：×××　　日期：××××年××月××日					
监理（建设）单位： （检测专用章） 业监理工程师：××× 日期：××××年××月××日			检测机构： （检测专用章） 技术负责人：××× 日期：××××年××月××日			

6.8.59　智能化系统试运行记录

智能化系统试运行应连续进行120小时；试运行中出现系统故障时，应重新开始计时，直至连续运行满120小时。

智能化系统试运行记录如表6-8-46所示。

智能化系统试运行记录（示例）　　　　　　　　表 6-8-46

工程名称	××××建设工程项目		分部（分项）工程	监控系统			
系统名称	弱电智能化系统		主要设备	换盘录像机矩阵			
日期/时间	重要运行参数	运行环境参数	系统关联参数	系统运行情况	备注	值班人	
××××年××月××日	硕盘录像机	实际环境	/	正常	/	×××	
××××年××月××日	矩阵	实际环境	/	正常	/	×××	
××××年××月××日	摄像机电源	实际环境	/	正常	/	×××	
××××年××月××日	半球、枪机、球机	实际环境	/	正常	/	×××	
注：系统运行情况栏中注明正常/不正常，并每班至少填写一次，不正常的备注栏内扼要说明情况（包括修复日期）。							
会签栏	监理（建设）单位（签章）		使用单位	安装单位（签章）			
	专业监理工程师（专业负责人）		管理、操作员	专业技术负责人		值班工长	
	日期：××××年××月××日		日期：××××年××月××日	日期：××××年××月××日		日期：××××年××月××日	

6.8.60　风管漏光检测记录

（1）相关规定与要求：

1）低压系统风管的严密性检验应采用抽检，抽检率为5%，且不得小于1个系统。在加工工艺得到保证的前提下，采用漏光法检测；检测不合格时，应按规定的抽检率做漏风量测试；

2）风管系统严密性检测的被抽检系统，全数合格，则被视为通过；如有不合格时，应再加倍抽检，直至全数合格。

（2）注意事项：

1）漏光检测时为便于观察，应选择地下室管道或在晚间进行，检测时应重点对板材拼缝和管段间连接处进行检查；

2）所使用的照明设备应为低压电源；

3）工程名称与施工文件一致，且各专业应统一；

4）应根据试验的情况真实填写，内容要齐全，不得漏项；应以规程规范为依据，结论要准确；

5）签字栏必须本人手签，不得打印或他人代签。

（3）风管漏光检测记录如表6-8-47所示，应符合《通风与空调工程施工质量验收规范》GB 50243—2016的有关规定。

风管漏光测试记录（示例）　　表6-8-47

工程名称	××××建设工程项目		分部（分项）工程		防排烟系统	
测试部位	一层走廊	测试工具	100W低压照明灯	试验日期	××××年××月××日	
风管类型	□高压口/☑低压口/□总管口/□干管口			工作压力（Pa）	300	
分段序号	接缝长度（m）		实测漏光点数（个）		每10m接缝的允许漏光点数	
1	30		1		小于2	
2	30		0		小于2	
3	30		0		小于2	
合计	接缝总长度（m）		总漏光点数（个）		每100m接缝的允许漏光点数	
	90		1		平均小于16个	
测试结论	按施工验收规范要求进行的测试评定结果合格，已测试出的漏光处用密封胶堵严。 测试人员：×××　　　日期：××××年××月××日					
会签栏	监理（建设）单位（签章）	施工单位（签章）				
	专业监理工程师（专业负责人）	专业技术负责人		质检员		专业工长
	日期：××××年××月××日	日期：××××年××月××日		日期：××××年××月××日		日期：××××年××月××日

6.8.61　风管漏风检测记录，如表6-8-38所示。

（1）相关规定与要求：

1）低压系统风管的严密性检验应采用抽检，抽检率为5%，且不得小于1个系统。在加工工艺得到保证的前提下，采用漏光法检测；检测不合格时，应按规定的抽检率做漏风量测试；

2）中压系统风管的严密性检验，应在漏光法检测合格后，对系统漏风量测试进行抽检，抽检率为20%，且不得小于1个系统；

3）高压系统风管的严密性检测，为全数进行漏风量测试；

4）风管系统严密性检测的被抽检系统，全数合格，则被视为通过；如有不合格时，应再加倍抽检，直至全数合格。

（2）注意事项：

1）系统工作压力不能简单以风机、空调机组等设备出口处的静压、余压值判断，应由设计确定；

2）试验时应注意缓慢升压；

3）分段表面积应为实测的面积值，未测到的支管等不计在内，但应包括临时设置的全封闸板、消声器等阀部件的表面积；

4）系统分段试压时，某段的漏风量超标，不能判定整个系统不合格，应将各测试段漏风量平均后，与允许值比较判断；

5）数值的计算要求见《通风与空调工程施工质量验收规范》GB 50243—2016；

6）工程名称与施工文件一致，且各专业应统一；

7）应根据试验的情况真实填写，内容要齐全，不得漏项；应以规程规范为依据，结论要准确；

8）签字栏必须本人手签，不得打印或他人代签。

（3）风管漏风检测记录如表6-8-48所示，应符合《通风与空调工程施工质量验收规范》GB 50243—2016的有关规定。

风管漏风测试记录（示例）　　　　　　　表6-8-48

工程名称	××××建设工程项目		分部（分项）工程		防排烟系统	
测试部位	一层走廊		测试日期		××××年××月××日	
风管类型	□高压/□中压/☑低压			测试工具	漏风量测试仪	
工作压力（Pa）		系统总面积（m^2）	184.9	允许漏风量[m^3（$m^2 \cdot h$）]		5.061
试验压力（Pa）	780	试验总面积（m^2）	174.1	实测漏风量[m^3（$m^2 \cdot h$）]		4.92
检测区段图示：		实测数值				
		分段序号	表面积（m^2）	试验压力（Pa）	漏风量（m^3）	
		Ⅰ	30	500	100	
		Ⅱ	20	500	82	
		Ⅲ	10	500	41	

续表

测试结论	符合设计要求及施工验收规范。 测试人员：×××　　　日期：××××年××月××日			
会签栏	监理（建设）单位 （签章）	施工单位（签章）		
	专业监理工程师 （专业负责人）	专业技术负责人	质检员	专业工长
	日期：××××年 ××月××日	日期：××××年 ××月××日	日期：××××年 ××月××日	日期：××××年 ××月××日

6.8.62　现场组装除尘器、空调机漏风检测记录

（1）相关规定与要求

1）现场组装的组合式空气调节机组应做漏风量的检测，漏风量必须符合《组合式空调机组》GB/T 14294—2008的标准；

2）检查方法：依据设计图核对，检查测试记录；

3）现场组装的除尘器壳体应做漏风量检测，在设计工作压力下允许漏风率为5%，其中离心式为3%；

4）检查方法：按图核对，检查测试记录和观察检查。

（2）注意事项

1）工程名称与施工文件一致，且各专业应统一；

2）应根据试验的情况真实填写，内容要齐全，不得漏项；应以规程规范为依据，结论要准确；

3）签字栏必须本人手签，不得打印或他人代签。

（3）现场组装除尘器、空调机漏风检测记录由施工单位提供，如表6-8-49所示。

除尘器、空调机漏风检测记录（示例）　　　　表6-8-49

工程名称	××××建设工程项目	分部（分项）工程		通风空调
设备名称	组合式脉冲扁袋除尘器	型号规格	ZH-4/32	测试日期	××××年××月××日
安装部位	一层	额定风量（m³/h）	8000	允许漏风率（%）	6
工作压力（Pa）	900	允许漏风量（m³/h）		400
测试压力（Pa）	100	实测漏风量（m³/h）		280

续表

检测记录：				
除尘器组装后，经采用Q89漏风检测设备测试先打压至工作压力，漏风量在允许范围内，然后再打压超出工作压力值看漏风量仍在允许范围内，证明安装严密。				

测试结论	符合设计要求及《通风与空调工程施工质量验收规范》GB 50243—2016有关规定。 测试人员：×××　　　日期：××××年××月××日			
会签栏	监理（建设）单位（签章）	施工单位（签章）		
	专业监理工程师（专业负责人）	专业技术负责人	质检员	专业工长
	日期：××××年××月××日	日期：××××年××月××日	日期：××××年××月××日	日期：××××年××月××日

6.8.63　各房间室内风量测量记录

（1）相关规定与要求

实测风量与设计风量的相对偏差不应大于10%。

（2）注意事项

1）工程名称与施工文件一致，且各专业应统一；

2）应根据试验的情况真实填写，内容要齐全，不得漏项；应以规程规范为依据，结论要准确。

室内风量、温度测量记录如表6-8-50所示。

室内风量、温度测量记录（示例）　　　　　　　　　表6-8-50

工程名称	×××建设工程项目		分部（分项）工程		/		
系统名称	通风系统		系统部位	二层	测试日期	××××年××月××日	
项目 房间（测点）编号	风量（m³/h）			温度（℃）	相对温度	备注	
	设计（$L_设$）	实际（$L_实$）	相对差 $\Delta=[(L_设-L_实)/L_设]\times100\%$				
1	770	840	9.1%	12	/	/	
2	770	790	2.6%	13	/	/	
3	100	145	45%	19	/	/	
4	200	206	3%	15	/	/	

续表

测量结论	满足设计和规范要求。			
	测量人员：×××　　　日期：××××年××月××日			
会签栏	监理（建设）单位（签章）	施工单位（签章）		
	专业监理工程师（专业负责人）	专业技术负责人	质检员	专业工长
	日期：××××年××月××日	日期：××××年××月××日	日期：××××年××月××日	日期：××××年××月××日

6.8.64　空调管网风量平衡调试记录

（1）相关规定与要求

1）系统各测点的实际风量与设计风量的相对偏差不应大于10%。

2）空调系统各测点调测的单线平面图或透视图，图中应标明系统名称、测点编号、测点位置、风口位置，并注明送风、回风、新风管。

3）系统风量调整采用"流量等比分配法"或"基准风口法"，从系统最不利环路的末端开始，最后进行总风量的调整。

4）系统风量调整平衡后，应能从表中的数据反映出：

①风口的风量、新风量、排风量、回风量的实测值与设计风量的相对偏差不大于10%；

②新风量与回风量之和应近似等于总的送风量或各送风量之和；

③总的送风量应略大于回风量与排风量之和。

（2）注意事项

1）工程名称与施工文件一致，且各专业应统一。

2）应根据试验的情况真实填写，内容要齐全，不得漏项；应以规程规范为依据，结论要准确。

3）管网风量平衡记录的最终目的是比较出实测风量与设计值之差，因此，采用风速风量法则测量风压值是必需的。现在科技不断进步，测量仪器不断更新，各种风量测试仪逐渐应用到工程中，若风量测试仪能够直接、有效、准确地测试出风口风量，则风压值一栏可空白不填。具体调试记录如表6-8-51所示。

空调管网风量平衡调试记录（示例）　　　　　　　　表 6-8-51

工程名称	××××建设工程项目		分部（分项）工程		防排烟系统		
系统名称	K/A-B空调风系统	系统位置	二层		调试日期	××××年××月××日	
测点编号	风管尺寸（m）	端面积（m²）	平均风压（Pa）			风速（m/s）	风量（m³/h）		相对差 $\Delta=[(L_{实}-L_{设})/L_{设}]\times100\%$	使用仪器及编号
			动压	静压	全压		实际（$L_{实}$）	设计（$L_{设}$）		
1	800×400	0.32	/	/	/	1.76	2033	2050	1%	/
2	1250×850	1.06	/	/	/	0.38	1452	1500	3%	/
3	1250×800	1.00	/	/	/	0.82	2953	3000	2%	/
4	500×400	0.2	/	/	/	1.02	732	750	2%	/
备注	/									
测量结论	满足设计和规范要求。 测试人员：×××　　日期：××××年××月××日									
会签栏	监理（建设）单位（签章）		施工单位（签章）							
	专业监理工程师（专业负责人）		专业技术负责人		质检员		专业工长			
	日期：××××年××月××日		日期：××××年××月××日		日期：××××年××月××日		日期：××××年××月××日			

6.8.65　空调系统试运转调试记录

（1）相关规定与要求

系统实际风量与设计风量的相对偏差不应大于10%，为调试合格。

（2）注意事项

1）工程名称与施工文件一致，且各专业应统一。

2）应根据试验的情况真实填写，内容要齐全，不得漏项；应以规程规范为依据，结论要准确。

空调系统试运转调试记录如表6-8-52所示。

空调系统试运转调试记录（示例）　　　　　表 6-8-52

工程名称	××××建设工程项目	施工单位		××××建设集团有限公司	
系统名称	通风及防排烟系统工程	系统位置	二层	调试日期	××××年××月××日
设计总风量（m³/h）		840	实测总风量（m³/h）		860
风机全压（Pa）		55	实测风机全压（Pa）		55
运行调试内容：					
满负荷运行，运行时间 10：00～12：00，FGR5H/A 运行正常，符合设计和规范要求。					
调试结论	视景仿真试验室制冷系统气密性试验项目符合厂家技术文件要求和《通风与空调工程施工质量验收规范》GB 50243—2016 规定试验合格。 　　　　　　　　　　　调试人员：×××　　　日期：××××年××月××日				
会签栏	监理（建设）单位（签章）	施工单位（签章）			
	专业监理工程师（专业负责人）	专业技术负责人	质检员		专业工长
	日期：××××年××月××日	日期：××××年××月××日	日期：××××年××月××日		日期：××××年××月××日

6.8.66　空调水系统试运转调试记录

（1）相关规定与要求

空调冷（热）水、冷却水总流量的实际流量与设计流量的相对偏差不应大于 10%，为调试合格；空调冷（热）水、冷却水进出水温度应符合设计要求及规范规定。

（2）注意事项

1）工程名称与施工文件一致，且各专业应统一；

2）应根据试验的情况真实填写，内容要齐全，不得漏项；应以规程规范为依据，结论要准确；

空调水系统试运转调试记录如表 6-8-53 所示。

空调水系统试运转调试记录（示例）　　　表 6-8-53

工程名称	××××建设工程项目		施工单位		××××建设集团有限公司
系统名称	空调水系统	系统位置	二层	调试日期	××××年××月××日
设计空调冷（热）水总流量（$Q_设$）（m³/h）	110		相对差 $\Delta = \dfrac{Q_设 - Q_实}{Q_设} \times 100\%$		6%
实际空调冷（热）水总流量（$Q_设$）（m³/h）	103.6				
空调冷（热）水供水温度（℃）	7℃/45℃		空调冷（热）水回水温度（℃）		12℃/40℃
实际冷却水总流量（$Q_设$）（m³/h）	130		相对差 $\Delta = \dfrac{Q_设 - Q_实}{Q_设} \times 100\%$		3%
实际冷却水总流量（$Q_实$）（m³/h）	126.4				
冷却水供水温度（℃）	15		冷却水回水温度（℃）		7

运行调试内容：

　　本工程空调水系统为带风机盘管系统，所有系统共有 61 台风机盘管，运行中随时测温、测噪声，检查有无异常情况。地下一层机房冷热源为三台 PSRHH0601 水源热泵机组、10 台水泵，运转过程中测量温度，流量，观察系统压力，检查有无异常情况。

调试结论	系统联动试运转时，设备及主要部件联动中协调，运作正确，无异常现象，所测数值均达到设计和规范要求。　　　　调试人员：×××　　日期：××××年××月××日			
会签栏	监理（建设）单位（签章）	施工单位（签章）		
	专业监理工程师（专业负责人）	专业技术负责人	质检员	专业工长
	日期：××××年××月××日	日期：××××年××月××日	日期：××××年××月××日	日期：××××年××月××日

6.8.67　制冷系统气密性试验记录

　　组装式制冷机组和现场充注制冷剂的机组，必须进行吹污、气密性试验，真空试验和充注制冷剂检漏试验，其相应技术数据必须符合产品技术文件和有关现行国家标准、规范的规定。

制冷系统气密性试验记录如表6-8-54所示。

制冷系统气密性试验记录（示例）　　　　表6-8-54

工程名称	××××建设工程项目		分部（分项）工程		通风与空调工程	
试验部位	二层	试验项目	设备系统安装	试验日期	××××年××月××日	
管道编号	气密性试验					
	试验介质	试验压力（MPa）	停压时间（h）		试验结果	
	氮气	2.1	24		压降不大于0.03MPa	
管道编号	真空试验					
	设计真空度（kPa）	试验真空度（kPa）	试验时间（h）		试验结果	
	95	84	10		84kPa以上	
管道编号	充注制冷剂试验					
	充制冷剂压力（kPa）	检漏仪器	补漏位置		试验结果	
	1.78～1.89MPa	肥皂泡沫	无漏点		1.72MPa以上	
试验结论	符合施工规范及厂家的技术文件规定，试验结果合格。 测试人员：×××　　　日期：××××年××月××日					
会签栏	监理（建设）单位（签章）		施工单位（签章）			
	专业监理工程师（专业负责人）	专业技术负责人		质检员	专业工长	
	日期：××××年××月××日	日期：××××年××月××日		日期：××××年××月××日	日期：××××年××月××日	

6.8.68　净化空调系统检测记录

净化空调系统检测记录如表6-8-55所示。

净化空调系统检测记录（示例）　　　　表6-8-55

工程名称	××××建设工程项目		分部（分项）工程	通风与空调工程	
系统名称	空调系统	洁净室级别	4级	测试日期	××××年××月××日
仪器型号	光学粒子计数器1L/min		仪器编号	×××	
高效过滤器	型号	1L/min	数量	3	
	检测内容与结果	依据《通风与空调工程施工质量验收规范》GB 50243—2016附录B中B.3条要求：检测高效过滤器，其上风侧应引入均匀浓度的大气或含其他溶胶尘的空气，采用扫描法，在过滤器下风侧用粒子计数器的等动力采样头，放在距离被检部位表面20～30mm处，以5～30mm/s的速度，对过滤器的表面、连框和封头胶处进行移动扫描检查。在检测过程中，对计数器突然递增的部位进行定点扫描。			

续表

室内洁净度	检测内容与结果	依据《通风与空调工程施工质量验收规范》GB 50243—2016附录B中B.4条要求，空气洁净度等级的检测在设计指定的占用状态下进行，采样点均匀分布于整个面积内，并位于工作区高度（距地平0.8mm水平面），采样符合规定；采样时接近室内设计气流速度，采样管干净，连接处无渗漏，由测定人员记录数据评价。			
测试结论		经测试，高效过滤器透过率不大于出厂合格透过率2倍，室内洁净度等级达到4级，符合设计要求和《通风与空调工程施工质量验收规范》GB 50243—2016规定。 　　测试人员：×××　　　　日期：××××年××月××日			
会签栏	监理（建设）单位（签章）	施工单位（签章）			
	专业监理工程师（专业负责人）	专业技术负责人	质检员	专业工长	
	日期：××××年××月××日	日期：××××年××月××日	日期：××××年××月××日	日期：××××年××月××日	

6.8.69　防排烟系统联合试运行记录

防排烟系统联合试运行与调试的结果（风量及正压），必须符合设计与消防的规定，具体运行记录如表6-8-56所示。

防排烟系统联合试运行记录（示例）　　　　表 6-8-56

工程名称		××××建设工程项目		分部（分项）工程		防排烟系统	
试运行项目		排烟风口排风量	试运行楼层	地下室消防水泵房	试运行日期	××××年××月××日	
风道类别		钢板PY-1	风机类别型号	HTF-10	防火（风）阀类别	280℃防火调节阀	
序号	风口尺寸	风速（m/s）	风量（m³/h）		相对差 $\Delta=\left[\left(L_设-L_实\right)/L_设\right]\times100\%$	风压（正压）（Pa）	
			设计风量（$L_设$）	实际风量（$L_实$）			
1	800×400	6.90	7108	7016	1.3%	480	
2	800×400	5.06	7108	6965	2%	480	
3	800×400	5.87	7108	6768	4.7%	480	
/	/	/	总21324	总20749	$\Delta=8$	/	
运行结论		经运行，前端风口调节阀关小，末端风口调节阀开至最大，经实测各风口风量值基本相同，相对偏差不超过5%，符合设计及规范要求，运转合格。 　　测试人员：×××　　　　日期：××××年××月××日					

续表

会签栏	监理（建设）单位（签章）	施工单位（签章）		
	专业监理工程师（专业负责人）	专业技术负责人	质检员	专业工长
	日期：××××年 ××月××日	日期：××××年 ××月××日	日期：××××年 ××月××日	日期：××××年 ××月××日

注：1）防排烟系统已安装完成且其他单项试验合格；

2）试验前确保风机控制柜以及消防联动主机设置在自动状态；

3）试验分为手动启动及报警信号联动启动，两种测试状态应分别记录；

4）试验需要在监理单位的见证下进行，涉及消防工程分包的，分包单位以及风机厂家也应参加，测试完成后各方在报告上签字确认。

6.8.70 轿厢平层准确度测量记录

轿厢内分别为轻载和额定载重量，单层、多层和全程上下各运行一次，在开门宽度的中部测量层门地坎上表面与轿门地坎上表面间的垂直高度差。

6.8.71 电梯层门安全装置检测记录

（1）试验时层门、轿厢门处于关闭状态，将300N的力通过测力装置垂直作用于层门或轿门的任何部位处，此力应均匀分布在5cm的圆形或方形区域内，检查并记录弹性变形；外力消失后，检查层门及轿厢门的永久变形，检查玻璃的固定件是否损坏，检查开门机能否正常工作。

（2）试验时层门、轿厢门处于关闭状态，沿门开启方向，在任一主动门扇上通过测力装置施加150N的力在一个最不利点上，检查门扇与门扇间的缝隙。

6.8.72 电梯电气安全装置检测记录

（1）各种安全保护开关应可靠固定，安装后不应因电梯正常运行的碰撞或因钢丝绳、钢带、皮带的正常摆动使开关产生位移、损坏和误动作。

（2）当电气安全装置中的某一个动作时，应防止电梯驱动主机的启动或应使其立即停止运转，同时应切断制动器的供电。

6.8.73 电梯整机功能检测记录

电梯整机功能测试主要是针对安全设施或保护功能进行检测，主要包括：供电系统断相、错相保护装置或保护功能、限速器–安全钳、缓冲器、极限开关、层门与轿门的关闭、轿厢上行超速保护装置、紧急操作、停止装置、检修运行控制、紧急报警装置、机–电式制动器、电动机运行时间限制器、曳引能力、对接操作、载重量控制等。

6.8.74　电梯主要功能检测记录

电梯主要功能检测主要包括：

（1）检查呼梯功能（楼层显示、灯、钟）。

（2）检查对讲、消防、应急功能。

（3）检查监控、多媒体、刷卡功能。

（4）制动力测试（空载测试）。

（5）安全触点功能测试。

（6）轿厢振动测试。

6.8.75　电梯负荷运行试验记录

电梯负荷运行试验包括：

（1）电梯自动试验

1）电梯轿厢空载，以额定速度上行，行程至井道的上部范围（即约上部的1/2处），断掉机房电源，电梯制动后，轿厢应完全停止；试验次数每台不得低于3次。

2）电梯轿厢以载有额定负荷的125%，以额定速度上行，行程至井道的上部范围，（约上部的1/2处），断掉机房电源，电梯制动后，轿厢应能完全停止；试验次数每台不得低于3次。

（2）电梯对重缓冲器的试验

将电梯行驶至最高层停止后，轿门完全关闭，在机房断掉电源，用手动撬开制动器，电梯不能上升。

（3）电梯平衡系数试验

电梯以额定负荷的40% ~ 50%，以额定速度上行、下行，在机房测试电流，上行电流和下行电流不得超过0.2%A。

（4）电梯超载安全装置试验

将电梯行驶至最底层，在电梯轿厢内陆续平稳地加入100% ~ 110%的额定载荷，超载安全装置应动作，发出报警声，超载信号灯亮，电梯不能启动，自动门不能关闭。

（5）电梯运行试验

电梯轿厢分别以50%的载荷和额定载荷，并在通电持续率40%的情况下往复运行1.5h，电梯应运行平稳、制动可靠，启动、运行和停止时轿厢应无剧烈振动或冲击。

（6）电梯静载试验

将电梯轿厢置于底层，陆续平稳加入200%的额定载荷保持10分钟，各承载构件无损坏，曳引机无打滑现象，掣动可靠。

6.8.76　电梯噪声测试记录

（1）运行中轿厢内噪声

风扇、空调等轿厢内的附属设备，以及可在轿厢内听到的警报、广播等层站附属设备宜处于关闭状态，如有任何一种设备不能关闭，则应在结果中说明。传声器放置在轿厢地板中央半径为0.10m的圆形范围上方1.50+0.10m处，沿着水平方向直接对着轿厢主门。噪声值取电梯全程上行和全程下行运行过程中以额定速度运行时的最大值。

（2）开关门过程噪声

测试时传声器分别从轿内和层站门宽中央水平对着轿门和层门，传声器距门0.24m，距地面1.50+0.10m处测量。噪声值取开、关门过程中的最大值。

（3）机房噪声

电梯以额定速度运行，取5个测点，即距驱动主机前、后、左、右最外侧各1m处的（$H+1$）/2高度上4个点（H为驱动主机的顶面高度）及正上方1m处1个点，受建筑物结构或者设备布置的限制可以减少测点。噪声值取每个测点测得的声压修正值的平均值。

6.8.77　自动扶梯、自动人行道安全装置检测记录

自动扶梯、自动人行道安全装置为由安全开关和（或）安全电路组成的部分安全回路。检测电气安全装置动作时，应能防止驱动主机启动或应能立即使其停机，工作制动器应起作用。

6.8.78　自动扶梯、自动人行道整机运行试验记录

自动扶梯、自动人行道整机运行试验基本要求：

（1）普通型自动扶梯、自动人行道连续运行试验累计运行时间为240h，且单次运行时间不小于12h；公共交通型自动扶梯和自动人行道连续运行试验累计运行时间为480h，且单次运行时间不小于24h。

（2）试验运行期间不允许出现故障停梯，上、下行运行时间各为一半，最长每隔24h切换一次，切换时停止运行时间不能超过5min。

（3）试验应在空载和名义速度工况下进行。

连续运行试验由申请单位自行负责进行，在试验前应制订连续运行试验方案，

方案至少包括试验起止时间、具体试验日程、人员配置、试验工况、试验记录内容、建议的抽查见证点、真实性声明、故障停机后的应急处理方案等。

6.9　施工质量验收文件（C7）

6.9.1　检验批质量验收记录

（1）表的名称及编号

检验批由监理工程师或建设单位项目技术负责人组织项目专业质量检查员等进行验收，表的名称应在制订专用表格时就印好，前边印上分项工程的名称，表的名称下边注上"质量验收规范的编号"。

检验批表的编号按全部施工质量验收规范系列的分部工程、子分部工程统一为 10 位数的数码编号，写在表的右上角；前 8 位数字均印在表上，后留三个口，检查验收时填写检验批的顺序号。编号规则为：

第 1 ~ 2 位数字是分部工程的代码：地基与基础为 01，主体结构为 02，建筑装饰装修为 03，建筑屋面为 04，建筑给水排水及采暖为 05，通风与空调为 06，建筑电气为 07，智能建筑为 08，建筑节能为 09，电梯为 10；

第 3 ~ 4 位数字是子分部工程的代码；

第 5 ~ 6 位数字是分项工程的代码；

第 7 ~ 8 位数字是检验批工程的代码，其顺序号见《建筑工程施工质量验收统一标准》GB 50300—2013；

第 9 ~ 11 位数字是各分项工程检验批验收的顺序号。由于在高层或超高层建筑中，同一个分项工程会有很多数量的检验批，故留了 2 位数的空位置。如地基与基础分部工程—地基子分部工程—素土、灰土地基分项工程—素土、灰土地基检验批工程，其检验批表的编号为 01010101001。

需说明的是，有些子分部工程中有些项目可能在两个分部工程中都出现，这就要在同一个表上编 2 个分部工程及相应子分部工程的编号。如砖砌体分项工程在地基与基础和主体结构中都有，砖砌体分项工程检验批的表编号为：01020101□□□、02020101□□□。

还有些分项工程可能在几个子分部工程中都出现，这就应在同一个检验批表上编几个子分部工程及子分部工程的编号。如建筑电气的接地装置安装，在室外电气、变配电室、备用和不间断电源安装及防雷接地安装等子分部工程中都有，其编号分别为：07070101□□□、07011101□□□、07020701□□□、07060901□□□。

（2）表头部分填写

1）检验批表编号的填写，在3个方框内填写检验批序号，如为第5个检验批则填为⓪⓪⑤。

2）单位（子单位）工程名称按施工许可证上的单位工程名称填写，子单位工程标出该部分的位置。分部（子分部）工程名称按验收规范划定的分部（子分部）名称填写，验收部位是指一个分项工程中验收的那个检验批的抽样范围，如二层轴线砖砌体。施工单位、分包单位填写施工单位的全称，应与合同上公章名称相一致，项目经理填写施工许可证上指定的项目负责人。在装饰、安装分部工程施工中，有分包单位时，也应填写分包单位全称，分包单位的项目经理应是合同中指定的项目负责人。

（3）施工单位检查评定结果。施工单位自行检查评定合格后，应注明"主控项目全部合格，一般项目满足规范规定要求"。"专业工长（施工员）和施工班组长"栏由本人签字，以示承担责任。专业质量检查员代表企业逐项检查评定合格，填写验收结论，签字后交监理工程师或建设单位项目专业技术负责人验收。

（4）监理（建设）单位验收结论。主控项目、一般项目验收合格，混凝土、砂浆试件强度待试验报告出来后判定，其余项目已全部验收合格的，应注明"同意验收"，由专业监理工程师、建设单位的专业技术负责人签字。素土、灰土地基检验批质量验收记录如表6-9-1所示。

素土、灰土地基检验批质量验收记录（示例）　　　　　　　表6-9-1

单位（子单位）工程名称		×××建设工程项目	分部（子分部）工程名称	地基与基础分部–地基子分部	分项工程名称	素土、灰土地基分项
施工单位		×××建设集团有限公司	项目负责人	×××	检验批容量	1200m²
分包单位		《建筑地基基础工程施工规范》GB 51004—2015	分包单位项目负责人	×××	检验批部位	检验批质量验收记录
施工依据		《建筑地基基础工程施工规范》GB 51004—2015		验收依据	《建筑地基基础工程施工质量验收标准》GB 50202—2018	
验收项目			设计要求及规范规定	最小/实际抽样数量	检查记录	检查结果
主控项目	1	地基承载力（kPa）	250	/	试验合格，报告编号××	√
	2	配合比	2:8	/	试验合格，报告编号××	√
	3	压实系数	0.95	12/12	抽查12处，全部合格	100%

续表

一般项目	1	石灰粒径（mm）	≤ 5	12/12	抽查12处，全部合格	100%
	2	土料有机质含（%）	≤ 5	12/12	抽查12处，全部合格	100%
	3	土颗粒粒径（mm）	≤ 15	11/12	抽查12处，合格11处	91.7%
	4	含水量（最优含水量）（%）	± 2	12/12	抽查12处，全部合格	100%
	5	分层厚度（mm）	± 50	12/12	抽查12处，全部合格	100%
施工单位检查结果		符合设计及规范要求。			专业工长：×××　项目专业质检员：×××　××××年××月××日
监理单位验收结论		符合设计及规范要求。			专业监理工程师：×××　××××年××月××日

6.9.2　分项工程质量验收记录

（1）分项工程的验收在检验批验收的基础上进行。构成分项工程的各检验批的验收资料文件完整，并且均已验收合格，则可判定该分项工程验收合格。

（2）每一分项工程完工后，由专业监理工程师组织施工单位项目专业质量（技术）负责人等进行验收，并填写验收结论。

（3）分项工程质量验收记录是在检验批验收的基础上进行归纳统计，并没有实质性验收内容。

分项工程质量验收记录应符合《建筑工程施工质量验收统一标准》GB 50300—2013的相关规定。施工单位填写的分项工程质量验收记录应一式三份，并由建设单位、监理单位、施工单位各保存一份。素土、灰土地基分项工程质量验收记录如表6-9-2所示。

素土、灰土地基分项工程质量验收记录（示例）　　　表 6-9-2

单位（子单位）工程名称	×××建设工程项目	分部（子分部）工程名称		地基与基础
分项工程数量	500m²	检验批数量		1
施工单位	×××建设集团有限公司	项目负责人	×××	项目技术负责人 ×××
分包单位	/	分包单位项目负责人	/	分包内容 /

续表

序号	检验批名称	检验批容量	部位/区段	施工单位检查结果	监理单位验收结论
1	素土、灰土地基	500m²	6-8/E-F轴	符合要求	验收合格

说明：	/		
施工单位检查结果	符合质量验收规范要求。	项目专业技术负责人：××× ××××年××月××日	
监理单位验收结论	符合质量验收规范要求。	专业监理工程师：××× ××××年××月××日	

注：1）分项工程中各检验批施工已完成；

2）由监理单位专业监理工程师组织验收，验收记录由施工单位填写，并提交专业监理工程师审核。

6.9.3 分部（子分部）工程质量验收记录

分部（子分部）工程质量验收记录填写要求

1）分部、子分部工程的验收内容、程序都是一样的，可以一个分部、一个子分部地进行质量验收，然后将各子分部的质量控制资料进行核查等。

2）子分部工程质量验收由总监理工程师组织施工单位项目负责人、专业项目负责人、设计单位项目负责人，对全部分项工程、质量管理、使用功能、观感质量等内容进行验收，共同签署验收意见。

3）分部工程质量验收由施工单位填写，验收结论由监理单位填写。对子分部工程质量验收、质量管理资料核查、安全和功能、观感质量验收等方面进行检查，综合验收结论由参加验收各方共同商定，由建设单位填写，填写内容应对工程质量是否符合设计和相关规范要求及总体质量做出评价，四方签字盖章确认。

其中，地基与基础分部工程的验收应由施工、勘察、设计单位项目负责人和总监理工程师参加并签字；主体结构、节能分部工程的验收应由施工、设计单位项目负责人和总监理工程师参加并签字。

4）对有关安全及功能的检测和抽样检测结果的验收内容，包括安全及功能这两个方面的检测资料。

5）分部（子分部）工程的观感质量检查，是经过现场工程的检查，由检查人员共同确定评价等次。在进行检查时，要注意一定要在现场将工程的各个部位全部观察到，能操作的应操作，以观察其方便性、灵活性和有效性等；能打开观看的应打开观看，不能只看"外观"，应全面了解分部（子分部）的实物质量。观感质量只是辅助项目，评价内容只有项目，无具体化标准，由检查评价人员宏观掌握，如果没有较明显达不到要求的，就可以评"一般"；如果某些部位质量较好，细部处理到位，就可评"好"；如果有的部位达不到要求，或有明显的缺陷，但不影响安全或使用功能的，则评为"差"。评为差的项目能进行返修的应进行返修，不能返修的只要不影响结构安全和使用功能的也可通过验收。有影响安全或使用功能的项目，不能评价的，应修理后再评价。评价时，施工单位应先自行检查合格后，由监理单位验收。参加评价的人员应具有相应资格，由总监组织，专业监理工程师参加，在听取其他参加人员的意见后，共同做出评价，但总监理工程师的意见应为主导意见。

6）单位（子单位）工程质量竣工验收时，还要求主要功能项目的抽查结果应符合相关专业质量验收规范的规定，主要功能抽测项目应为有关项目最终的综合性使用功能。通常监理单位应在施工过程中，提醒将抽测的项目在分部、子分部工程检查和验收时进行，以保证和验证工程的综合质量和最终质量。多数情况是施工单位在检测时，监理、建设单位有关负责人都参加，不再重复检测，防止造成浪费及对工程的损害。主要功能抽测项目进行时，可对照该项目的检测记录逐项核查，可重新做抽测记录表，也可以不形成抽测记录，在原检测记录上注明签字确认。

7）一般在工程中，分项工程验收完成后即进入分部工程的验收流程，只有复杂大型工程根据实际需要，才会设置子分部工程。

8）分部（子分部）工程应由总监理工程师（建设单位项目负责人）组织有关设计单位及施工单位项目负责人和技术、质量负责人等共同验收并签字确认，分部工程质量验收记录如表6-9-3所示。

分部工程质量验收记录（示例）　　　　　表 6-9-3

单位（子单位）工程名称	×××建设工程项目	子分部工程数量	×	分项工程数量	××
施工单位	×××建设集团有限公司	项目负责人	×××	技术（质量）负责人	×××
分包单位	/	分包单位负责人	/	分包内容	/
序号	子分部工程名称	分项工程名称	检验批数	施工单位检查结果	监理单位验收结论
1	×××××	××××	××	×××	×××
		××××	××	×××	×××
		××××	××	×××	×××
		××××	××	×××	×××

续表

序号					
2	××××	×××	××	×××	×××
		×××	××	×××	×××
		××××	××	×××	×××
		××××	××	×××	×××
3	××× ×××	××××	××	×××	×××
		××××	××	×××	×××
质量控制资料			齐全		×××
安全和功能检验结果			合格		×××
观感质量检验结果			好		×××
综合验收结论		×××××××××			

施工单位 项目负责人： ××× ××××年 ××月××日	勘察单位 项目负责人： ××× ××××年 ××月××日	设计单位 项目负责人： ××× ××××年 ××月××日	监理单位 项目负责人： ××× ××××年 ××月××日	建设单位 项目负责人： ××× ××××年 ××月××日

注：1）分部工程中各分项工程施工已完成；

2）安全和功能、观感质量一并验收；

3）由监理单位总监理工程师组织验收，验收记录由施工单位填写，并提交监理单位审核。

6.9.4　建筑节能分部工程质量验收记录

建筑节能分部工程质量验收记录应符合《建筑节能工程施工质量验收标准》GB 50411—2019的相关规定，如表6-9-4所示。

建筑节能　　分部工程质量验收记录（示例）　　　　　　表6-9-4

单位（子单位） 工程名称	××××建设工程项目		子分部工程数量	5	分项工程数量	14
施工单位	××××建设集团有限公司		项目负责人	×××	技术（质量） 负责人	×××
分包单位	××××建设有限公司		分包单位负责人	×××	分包内容	石材幕墙
序号	子分部工 程名称	分项工程名称	检验 批数	施工单位检查结果	监理单位验收结论	
1	围护系统 节能	墙体节能	23	合格	合格，同意验收	

续表

1	围护系统节能	幕墙节能	43	合格	合格，同意验收
		门窗节能	15	合格	合格，同意验收
		屋面节能	14	合格	合格，同意验收
2	采暖空调设备及管网节能	采暖节能	1	合格	合格，同意验收
		通风与空调设备节能	11	合格	合格，同意验收
		空调与采暖系统冷热源节能	1	合格	合格，同意验收
		空调与采暖系统管网节能	1	合格	合格，同意验收
3	电气动力节能	配电节能	3	合格	合格，同意验收
		照明节能	3	合格	合格，同意验收
4	监控系统节能	监测系统节能	1	合格	合格，同意验收
		控制系统节能	1	合格	合格，同意验收
5	可再生能源	地源热泵系统节能	1	合格	合格，同意验收
		太阳能光伏节能	1	合格	合格，同意验收
	质量控制资料		齐全		合格，同意验收
	安全和功能检验结果		合格		合格，同意验收
	观感质量检验结果		好		合格，同意验收
综合验收结论		经现场验收，各子分部资料齐全，质量符合设计及施工规范要求，同意验收。			

分包单位项目负责人：×××　×××××年××月××日	施工单位项目负责人：×××　×××××年××月××日	设计单位项目负责人：×××　×××××年××月××日	监理单位项目负责人：×××　×××××年××月××日	建设单位项目负责人：×××　×××××年××月××日

6.9.5　自动喷水系统验收缺陷项目划分记录

自动喷水系统验收缺陷项目分为严重缺陷（A）、重缺陷（B）、轻缺陷（C）。

6.9.6　程控电话交换系统分项工程质量验收记录

程控交换系统是一种采用现代数字交换、计算机通信、信息电子、微电子等先进技术，进行综合集成的模块化结构的集散系统。程控是存储程序控制的简称，指用电子计算机自动执行事先编好存放在存储器中的程序，用以控制交换机的动作，完成电话的接续任务，也就是用软件来控制交换机的动作。

6.10 施工验收文件（C8）

6.10.1 单位（子单位）工程竣工预验收报验表

（1）单位（子单位）工程完成后，施工单位要依据质量标准、设计图纸等组织有关人员自检，并对检测结果进行评定，符合要求后填写《单位工程竣工验收报审表》，并附工程质量验收报告和工程功能检验资料报送项目监理机构，申请竣工预验收。

（2）总监理工程师组织各专业监理工程师对竣工资料进行核查：构成单位工程的各分部工程均已验收，且质量验收合格；按《建筑工程施工质量验收统一标准》GB 50300—2013相关专业质量验收规范的规定，相关资料文件完整。

（3）涉及安全和使用功能的分部工程有关安全和功能检验资料，按《建筑工程施工质量验收统一标准》GB 50300—2013逐项复查，不仅要全面检查其完整性（不得有漏检缺项），而且对分部工程验收时补充进行的见证抽样检验报告也要复查。

（4）总监理工程师应组织各专业监理工程师会同施工单位对各专业的工程质量进行全面检查、检测，按《建筑工程施工质量验收统一标准》GB 50300—2013附录H表H0.1-4进行观感质量检查，对发现影响竣工验收的问题，签发《监理通知单》，要求施工单位整改。施工单位整改完成，填报《监理通知回复单》，由专业监理工程师进行复查，直至符合要求。

（5）对需要进行功能试验的工程（包括单机试车和无负荷试车），专业监理工程师应督促施工单位及时进行试验，并对重要项目进行现场监督、检查，必要时请建设单位和设计单位参加。专业监理工程师应认真审查试验报告单。

（6）专业监理工程师应督促施工单位做好成品保护和现场清理。

（7）经项目监理机构对竣工资料及实物全面检查，验收合格后由总监理工程师签署《单位工程竣工验收报审表》和竣工报告。

（8）竣工报告经总监理工程师、监理单位法定代表人签字并加盖监理单位公章后，由施工单位向建设单位申请竣工。

（9）总监理工程师组织专业监理工程师编写工程质量评估报告，由总监理工程师和工程监理单位技术负责人审核签字并加盖工程监理单位公章后报建设单位，如表6-10-1所示。

工程竣工预验收报验表（示例）　　　　　　表 6-10-1

工程名称	××××建设工程项目	施工单位	××××建设集团有限公司

致：×××××监理有限公司（监理单位）

　　我方已按合同要求完成了××××建设项目工程，经自检合格，请予以检查和验收。

附件：

工程竣工验收报告

施工项目总结

项目经理（签字）：×××

日期：××××年××月××日

审查意见：

经预验收，该工程：

　　1.☑符合□不符合我国现行法律、法规要求；

　　2.☑符合□不符合我国现行工程建设标准；

　　3.☑符合□不符合设计文件要求；

　　4.☑符合□不符合施工合同要求。

综上所述，该工程预验收结论：☑合格□不合格

可否组织正式验收：☑可□否

监理单位名称：××××监理有限公司　监理工程师（签字）：×××

日期：××××年××月××日

注：1）工程施工已完成；

　　2）施工单位自检合格后，提请监理单位组织预验收；

　　3）由监理单位总监理工程师组织验收。

6.10.2　单位（子单位）工程质量竣工验收记录

　　单位工程竣工验收报审表用于单位（子单位）工程完成后，施工单位自检符合竣工验收条件后，向建设单位及项目监理机构申请竣工验收。

　　（1）规范用表说明

　　每个单位工程应单独填报。质量验收资料是指能够证明工程按合同约定完成并符合竣工验收要求的全部资料，包括单位工程质量控制资料，有关安全和使用功能的检测资料，主要使用功能项目的抽查结果等；对需要进行功能试验的工程（包括单机试车、无负荷试车和联动调试），应包括试验报告。

　　（2）填表注意事项

　　1）施工单位已按工程施工合同约定完成设计文件所要求的施工内容，并对工程质量进行了全面自检，在确认工程质量符合法律法规和工程建设强制性标准规定，且符合设计文件及合同要求后，向项目监理机构填报单位工程竣工验收报审表。

　　2）质量验收资料指能够证明工程按合同约定完成并符合竣工验收要求的全部资料，包括各分部（子分部）工程验收记录、单位（子单位）工程质量控制资料

核查记录、单位（子单位）工程安全和功能检验资料核查及主要功能抽查记录、单位（子单位）工程观感质量检查记录表等；对需要进行功能试验的工程（包括单机试车、无负荷试车和联动调试），应包括试验报告。

3）项目监理机构在收到单位工程竣工验收报审表后应及时组织工程竣工预验收。单位（子单位）工程质量竣工验收记录如表6-10-2所示。

单位（子单位）工程质量竣工验收记录（示例）　　　表6-10-2

工程名称	××××建设工程项目			建筑面积	49800m²
施工单位	××××建设集团有限公司	技术负责人	×××	结构类型	框剪
项目经理	×××	项目技术负责人	×××	层数	地下1层、地上7层
开工日期	××××年××月××日	竣工日期		××××年××月××日	

序号	项目	验收记录	验收结论
1	分部工程	共10分部，经查10分部，符合标准及设计要求10分部	合格
2	质量控制资料核查	共41项，经审查符合要求41项经核定符合规范要求0项	合格
3	安全和主要使用功能核查及抽查结果	共核查23项，符合要求23项，共抽查10项，符合要求10项，经返工处理符合要求0项	合格
4	观感质量验收	共抽查27项，符合要求27项，不符合要求0项	合格
5	综合验收结论	经检查，该工程施工质量、竣工文件符合设计和规范要求，予以验收。	

会签栏	建设单位（公章）	监理单位（公章）	施工单位（公章）	设计单位（公章）	勘察单位（公章）
	单位（项目）负责人	总监理工程师	单位（项目）负责人	单位（项目）负责人	单位（项目）负责人
	日期：××××年××月××日	日期：××××年××月××日	日期：××××年××月××日	日期：××××年××月××日	日期：××××年××月××日

注：1）工程施工已完成；
　　2）工程预验收合格；
　　3）由建设单位项目负责人组织验收。

6.10.3　单位（子单位）工程质量控制资料核查记录

单位（子单位）工程质量控制资料核查记录应符合《建筑工程施工质量验收

统一标准》GB 50300—2013的相关规定，如表6-10-3所示。

单位（子单位）工程质量控制资料核查记录（示例）　　　　　表6-10-3

工程名称		××××建设工程项目				
施工单位		××××建设集团有限公司	技术部门负责人	×××	项目技术负责人	×××
序号	项目	资料名称	份数		核查意见	检查人
1	建筑与结构	图纸会审、设计变更、洽商记录	2		符合要求	×××
2		工程定位测量、放线记录	41			
3		原材料出厂合格证书及进场检（试）验报告	663			
4		施工试验报告及见证检测报告	1814			
5		隐蔽工程验收报告	1362			
6		施工记录	6657			
7		预制构件、预拌混凝土合格证	472			
8		地基、基础、主体结构检验及抽样检测资料	8			
9		分项、分部工程质量验收记录	75			
10		工程质量事故及事故调查处理资料	/			
11		新材料、新工艺施工记录	17			
1	给排水与采暖	图纸会审、设计变更、洽商记录	1		符合要求	×××
2		材料、配件出厂合格证书及进场检（试）验报告	122			
3		管道、设备强度试验、严密性试验记录	332			
4		隐蔽工程验收记录	116			
5		系统清洗、灌水、通水、通球试验记录	293			
6		施工记录	21			
7		分项、分部工程质量验收记录	34			
1	建筑电气	图纸会审、设计变更、洽商记录	1		符合要求	×××
2		材料、设备出厂合格证书及进场检（试）验报告	90			
3		设备调试记录	421			
4		接地、绝缘电阻测试记录	105			
5		隐蔽工程验收记录	365			
6		施工记录	/			
7		分项、分部工程质量验收记录	53			

续表

1	通风与空调	图纸会审、设计变更、洽商记录	/	符合要求	×××
2		材料、设备出厂合格证书及进场检（试）验报告	321		
3		制冷、空调、水管道强度试验、严密性试验记录	92		
4		隐蔽工程验收记录	74		
5		制冷设备运行调试记录	1		
6		通风、空调系统调试记录	131		
7		施工记录	31		
8		分项、分部工程质量验收记录	45		
1	电梯	土建布置图纸会审、设计变更、洽商记录	/	符合要求	
2		设备出厂合格证书及开箱检验记录	22		
3		隐蔽工程验收记录	11		
4		施工记录	/		
5		接地、绝缘电阻测试记录	22		
6		负荷试验、安全装置检查记录	12		
7		分项、分部工程质量验收记录	12		
1	智能建筑	图纸会审、设计变更、洽商记录、竣工图及设计说明	/	符合要求	×××
2		材料、设备合格证及技术文件及进场检（试）验报告	242		
3		隐蔽工程验收记录	12		
4		系统功能测定及设备调试记录	36		
5		系统技术、操作和维护手册	12		
6		系统管理、操作人员培训记录	/		
7		系统检测报告	1		
8		分项、分部工程质量验收记录	102		
检查结论	施工单位项目经理：××× 施工单位技术部门负责人：××× 日期：××××年××月××日		验收结论	总监理工程师：××× （建设单位项目负责人） 日期：××××年××月××日	

注：工程完工后，施工单位整理质量控制资料提交监理单位审核，监理单位应填写核查意见。

6.10.4 单位（子单位）工程安全和功能检验资料核查及主要功能抽查记录

单位（子单位）工程安全和功能检验资料核查及主要功能抽查记录应符合《建筑工程施工质量验收统一标准》GB 50300—2013的有关规定，如表6-10-4所示。

单位（子单位）工程安全和功能检验资料核查及主要功能抽查记录（示例）　表 6-10-4

工程名称		××××建设工程项目		施工单位		××××建设集团有限公司
施工单位质量部门负责人		×××	技术部门负责人	×××	项目技术负责人	×××
序号	项目	安全和功能检查项目	项数	核查意见	抽查结果	核查（抽查）人
1	建筑与结构	屋面淋水试验记录	52	符合要求	合格	×××
2		地下室防水效果检查记录	1	符合要求	合格	
3		有防水要求的地面蓄水试验记录	26	符合要求	合格	
4		建筑物垂直度、标高、全高测量记录	14	符合要求	合格	
5		抽气（风）道检查记录	1	符合要求	合格	
6		幕墙及外窗气密性、水密性、耐风压检测报告	12	符合要求	合格	
7		建筑物沉降观测测量记录	34	符合要求	合格	
8		节能、保温测试记录	3	符合要求	合格	
9		室内环境检测报告	3	符合要求	合格	
1	给排水与采暖	给水管道通水试验记录	30	符合要求	合格	×××
2		暖气管道、散热器压力试验记录	3	符合要求	合格	
3		卫生器具满水试验记录	/		合格	
4		消防管道、燃气管道压力试验记录	121	符合要求	合格	
5		排水干管通球试验记录	140	符合要求	合格	
1	电气	照明全负荷试验记录	6	符合要求	合格	×××
2		大型灯具牢固性试验记录	/		合格	
3		避雷接地电阻测试记录	1	符合要求	合格	
4		线路、插座、开关接地检验记录	7	符合要求	合格	
1	通风与空调	通风、空调系统试运行记录	226	符合要求	合格	×××
2		风量、温度测试记录	54	符合要求	合格	
3		洁净室洁净度测试记录	/	符合要求	合格	
4		制冷机组试运行调试记录	1	符合要求	合格	
1	电梯	电梯运行记录	11	符合要求	合格	×××
2		电梯安全装置检测报告	11	符合要求	合格	
1	智能建筑	系统试运行记录	11	符合要求	合格	×××
2		系统电源及接地检测报告	1	符合要求	合格	

续表

检查结论	项目经理：××× 技术部门负责人：××× 日期：××××年××月××日	验收结论	总监理工程师：××× （建设单位项目负责人） 日期：××××年××月××日

注：1）工程完工后，施工单位整理质量控制资料提交监理单位审核，监理单位应填写核查意见；

2）抽查项目由验收组协商确定。

6.10.5　单位（子单位）工程观感质量检查记录

单位（子单位）工程观感质量检查记录应符合《建筑工程施工质量验收统一标准》GB 50300—2013 的相关规定，如表 6-10-5 所示。

单位（子单位）工程观感质量检查记录（示例） 表 6-10-5

工程名称		××××建设工程项目	质量部门负责人		×××		
施工单位		××××建设集团有限公司	项目技术负责人		×××		
序号	项目		施工单位自评			验收检查记录	验收质量评价
			好	一般	差		好	一般	差

序号	项目		好	一般	差	验收检查记录	好	一般	差
1	建筑与结构	室外墙面、横竖线角、滴水线（槽）	√			合格	√		
2		变形缝		√		合格		√	
3		水落管，屋面	√			合格	√		
4		室内墙面		√		合格		√	
5		室内顶棚、吊顶		√		合格		√	
6		室内地面		√		合格		√	
7		楼梯、踏步、护栏	√			合格	√		
8		门窗		√		合格		√	
9		散水、台阶、明沟	√			合格	√		
1	给排水与采暖	管道接口、坡度、支架		√		合格		√	
2		卫生器具、支架、阀门	√			合格	√		
3		检查口、扫除口、地漏	√			合格	√		
4		散热器、支架	√			合格	√		
1	建筑电器	配电箱、盘、板、接线盒		√		合格		√	
2		设备器具、开关、插座	√			合格	√		
3		防雷、接地	√			合格	√		

续表

1	通风与空调	风管、支架		√		合格		√	
2		风口、风阀				合格		√	
3		风机、空调设备		√		合格		√	
4		阀门、支架	√			合格	√		
5		水泵、冷却塔	√			合格	√		
6		绝热	√			合格	√		
1	电梯	运行、平层、开关门	√			合格	√		
2		层门、信号系统		√		合格		√	
3		机房	√			合格	√		
1	智能	机房设备安装及布局		√		合格		√	
2		现场设备安装		√		合格		√	
观感质量综合评价						优良			

检查结论	符合设计及规范要求。 施工单位项目经理：××× 施工单位质量部门负责人：××× 日期：××××年××月××日	验收结论	符合设计及规范要求。 总监理工程师：××× （建设单位项目负责人） 日期：××××年××月××日

注：工程完工后，监理单位专业监理工程师组织工程观感质量检查并按实际填写检查记录。

6.11　施工资料移交书

施工资料移交书（示例）

××××建设工程项目按相关规定向××××开发有限公司办理监理资料移交手续。共计××册。

附件：
施工单位（公章）　　　　　　建设单位（公章）
单位负责人（签字）　　　　　单位负责人（签字）
项目负责人（签字）　　　　　项目负责人（签字）
移交人（签字）　　　　　　　接收人（签字）

移交日期：××××年××月××日

6.12　建筑工程质量保修书

建筑工程质量保修书是施工单位按法律、行政法规或国家关于工程质量保修的有关规定，对该工程在质量保修期内承担质量保修责任。

《房屋建筑工程质量保修书》（示例）

工程名称：××××建设工程项目

施工单位：××××建设集团有限公司

地址：江西省南昌市南昌县××路××号

邮编：330200

电话：152×××××

联系人：×××

××××年××月××日

发包人（全称）：<u>×××</u>

承包人（全称）：<u>×××</u>

发包人、承包人根据《中华人民共和国建筑法》《建设工程质量管理条例》和《房屋建筑工程质量保修办法》，经协商一致，对<u>××××建设工程项目</u>（工程全称）签订工程质量保修书。

一、工程质量保修范围和内容

承包人在质量保修期内，按照有关法律、法规、规章的规定和双方约定，承担本工程质量保修责任。

质量保修范围包括地基基础工程、主体结构工程，屋面防水工程，有防水要求的卫生间、房间和外墙面的防渗漏，供热与供冷系统，电气管线、给水排水管道、设备安装和装修工程，以及双方约定的其他项目。具体保修的内容，双方约定如下：

<u>按施工总承包合同中相关条款执行。</u>

二、质量保修期

双方根据《建设工程质量管理条例》及有关规定，约定本工程的质量保修期如下：

1.地基基础工程和主体结构工程为设计文件规定的该工程合理使用年限；

2.屋面防水工程，有防水要求的卫生间、房间和外墙面的防渗漏为5年；

3.装修工程为2年；

4.电气管线、给水排水管道、设备安装工程为2年；

5.供热与供冷系统为2个采暖期、供冷期；

6. 住宅小区内的给水排水设施、道路等配套工程为2年；

7. 其他项目保修期限约定如下：

<u>质量保修期自建筑工程质量监督行政主管部门验收合格之日起开始计算（即本保修书签订之日起计算）。</u>

三、质量保修责任

1. 属于保修范围、内容的项目，承包人应当在接到保修通知之日起7天内派人保修。承包人不在约定期限内派人保修的，发包人可以委托他人修理。

2. 发生紧急抢修事故的，承包人在接到事故通知后，应当立即到达事故现场抢修。

3. 对于涉及结构安全的质量问题，应当按照《房屋建筑工程质量保修办法》的规定，立即向当地建设行政主管部门报告，采取安全防范措施；由原设计单位或者具有相应资质等级的设计单位提出保修方案，承包人实施保修。

四、质量保修完成后，由发包人组织验收

保修费用由造成质量缺陷的责任方承担。

五、其他

双方约定的其他工程质量保修事项。

本工程质量保修书，由施工合同发包人、承包人双方在竣工验收前共同签署，作为施工合同附件，其有效期至保修期满。

发包人（公章）：   承包人（公章）：

法定代表人（签字）：   法定代表人（签字）：

×××× 年 ×× 月 ×× 日   ×××× 年 ×× 月 ×× 日

第7章 施工现场安全管理资料

7.1 安全管理资料的管理要求

施工现场安全管理资料的管理为工程项目施工管理的重要组成部分，是预防安全生产事故和提高文明施工的有效措施。

建设单位、监理单位和施工单位应负责各自的安全管理资料的管理工作，逐级建立健全施工现场安全资料管理岗位责任制，明确负责人，落实岗位职责。

建设单位、监理单位和施工单位应建立安全管理资料的管理制度，规范安全管理资料的形成、收集、整理、组卷等工作。施工现场安全管理资料应随施工现场安全管理工作同步形成，做到真实有效、及时完整。

施工现场安全管理资料应字迹清晰，签字、盖章等手续齐全，计算机形成的资料可打印并手写签名。

施工现场安全管理资料应为原件，因故不能为原件时，可为复印件。复印件上应注明原件存放处，加盖原件存放单位公章，由经办人签字并注明时间。

施工现场安全管理资料应分类整理和组卷，由各参与单位项目经理部保存备查至工程竣工。

7.2 安全资料的分类和编号

安全管理资料分类应以形成资料的单位来划分，安全管理资料的代号应为SA。

7.2.1 建设单位形成的施工现场安全管理资料代号应为SA-A

当有多种资料时，资料代号可按SA-A-1、SA-A-2、SA-A-3……依次排列。

7.2.2 监理单位形成的施工现场安全管理资料代号应为SA-B

监理单位自身形成的有关施工现场安全管理的资料，资料代号为SA-B1；

监理单位对施工单位申报审核的有关施工现场安全管理的资料，资料代号为 SA-B2。当一项中有多种资料时，资料代号可按 SA-B1-1、SA-B1-2……依次排列。

7.2.3　施工单位形成的施工现场安全管理资料代号为 SA-C

施工单位形成的施工现场安全管理资料有多项，其资料代号可按项目依次分为 SA-C1、SA-C2……当一项中有多种资料时，资料代号可分别按 SA-C1-1、SA-C1-2、SA-C1-3……依次排列。

7.3　安全管理资料整理及组卷

施工现场安全管理资料整理应以单位工程分别进行整理及组卷。

施工现场安全管理资料组卷应按资料形成的参与单位组卷。一卷为建设单位形成的资料；二卷为监理单位形成的资料；三卷为施工单位形成的资料，各分包单位形成的资料单独组成为第三卷内的独立卷。

每卷资料排列顺序为封面、目录、资料及封底。封面应包括工程名称、案卷名称、编制单位、编制人员及编制日期。案卷页号应以独立卷为单位顺序编写。

7.4　施工单位施工现场安全管理资料（SA-C）

7.4.1　安全控制管理资料（SA-C1）

1. 施工现场安全生产管理概况表（表 SA-C1-1）

项目经理部应将工程基本信息、相关单位情况和施工现场安全管理组织及主要安全管理人员情况，填写表 SA-C1-1，向当地住房和城乡建设主管部门施工安全监督机构备案；同时报建设单位、监理单位备案。

2. 施工现场重大危险源识别汇总表（表 SA-C1-2）

项目经理部应对施工现场存在的重大危险源进行识别汇总，并报项目监理部备案。

3. 施工现场重大危险源控制措施表（表 SA-C1-3）

项目经理部对施工过程中可能出现的重大危险源事前应进行评价，制定重大危险源控制措施，每张表格只记录一种危险源，按住房和城乡建设部《危险性较大的分部分项工程安全管理办法》的要求，由项目经理批准实施，并报项目监理部备案。

4. 施工现场危险性较大的分项分部工程专项施工方案表（表SA-C1-4）

危险性较大的分项分部工程应编制专项施工方案。专项施工方案经施工单位技术负责人批准，报项目监理部审查认可后，报项目所在地住房和城乡建设主管部门施工安全监督机构。

5. 施工现场超过一定规模危险性较大的分部分项工程专家论证表（表SA-C1-5）

危险性较大的分部分项工程专项安全施工方案应经专家论证。项目经理部应编制专项安全施工方案，组织专家组进行论证，并按表SA-C1-5进行记录。将其作为专项安全施工方案的附件，一并报项目监理部核查确认后，报项目所在地住房和城乡建设主管部门施工安全监督机构备案。

6. 施工现场安全生产检查汇总表（表SA-C1-6，汇总的内容含表SA-C1-7至表SA-C1-17）

项目经理部应根据当地住房和城乡建设主管部门的规定，对施工现场的一些安全措施、设施定期进行检查评价，并督促整改。

7. 施工现场安全技术交底汇总表（表SA-C1-18）

项目经理部应将各项安全技术交底按照作业内容顺序依次汇总，填写表SA-C1-18，存放施工现场，以备查验，并报项目监理部备案。

8. 施工现场安全技术交底表（表SA-C1-19）

分部分项工程施工前及有特殊风险项目作业前，应由项目技术负责人对施工作业人员进行书面安全技术交底，并填写表SA-C1-19，存放施工现场，以备查验。

9. 施工现场作业人员安全教育记录表（表SA-C1-20）

项目经理部对新入场、转场及变换工种的施工人员必须进行安全教育，经考试合格后方准上岗作业；同时应对施工人员每年至少进行两次安全生产培训，并对被教育人员、教育内容、教育时间等基本情况按表SA-C1-20进行记录。

10. 施工现场安全事故原因调查表（表SA-C1-21）

施工现场凡发生生产安全事故，应按照表SA-C1-21的要求进行原因调查与分析并记录，同时报项目监理部备案。

11. 施工现场特种作业人员登记表（表SA-C1-22）

电工、焊（割）工、架子工、起重机械作业工（包括司机、安装/拆卸、信号指挥等）、场内机动车驾驶等特种作业人员上岗前，项目经理部应审查特种作业人员的操作证，核对资格证原件后在复印件上盖章并由项目经理部存档，填写表SA-C1-22，并报项目监理部核查。

12.　施工现场地上、地下管线保护措施验收记录表（表 SA–C1–23）

施工现场应在平整场地，槽、坑、沟土方开挖前，编制地上、地下管线保护措施，由项目技术负责人组织相关人员进行审查，填写表 SA–C1–23，并报项目监理部核查。

13.　施工现场安全防护用品合格证及检测资料登记表（表 SA–C1–24）

项目经理部对采购和租赁的安全防护用品和涉及施工现场安全的重要物资，应认真审核生产许可证、产品合格证、检测报告等相关文件，按表 SA–C1–24 予以登记存档。

14.　施工现场施工安全日志表（表 SA–C1–25）

施工安全日志应由专职安全员按照日常安全活动和安全检查情况逐日按表 SA–C1–25 记录。

施工安全日志应装订成册（防拆的），页次、日期应连续，不得缺页缺日，填写错可划"×"作废，但不能撕掉。工程项目部安全负责人应定期对安全日志进行检查，并签名以示负责。

15.　施工现场班（组）班前讲话记录表（表 SA–C1–26）

各作业班（组）长于每班工作开始前必须对本班（组）全体人员进行班前安全交底，并填写表 SA–C1–26。

本表可以班（组）为单位或工程项目为单位装订成册。由安全员将班（组）活动记录，以天装订，然后按日期顺序成册。定期对其内容、活动情况进行讲评。

16.　施工现场安全检查隐患整改记录表（表 SA–C1–27）

项目安全负责人组织检查过程中，针对存在的安全隐患填写表 SA–C1–27。其中应包括检查情况及安全隐患、整改要求、整改后复查情况等内容，并签字负责。

17.　监理通知回复单（表 SA–C1–28）

项目负责人接到监理通知后应积极组织整改，整改自行检查符合要求后，填写此表，报项目监理部复查。

18.　施工现场安全生产责任制

项目经理部应将现场安全机构设置、制度、生产安全目标、管理责任书形成文字，并公布在施工现场。并报项目监理部备案。

19.　施工现场总分包安全管理协议书

总分包应签订安全管理协议书，落实有关安全事项，并形成文件，同时报项目监理部备案。

项目经理部应针对工程项目编制施工组织设计及专项安全技术措施，并报项目监理部备案。

20. 施工现场冬雨风季施工方案

项目经理部应对冬雨期、台风季节施工的项目，制订针对性的专项施工方案，即冬期施工方案、雨期防雨防涝方案、防台风方案等，并应有检查记录，以保证工程质量和施工正常进行，同时报项目监理部备案。

21. 施工现场安全资金投入记录

项目经理部应在工程开工前编制安全资金投入计划，并取得项目监理部的认可，并以月为单位对项目安全资金使用情况进行小结，同时报项目监理部备案。

22. 施工现场生产安全事故应急预案

项目经理部应编制生产安全事故应急预案，成立应急救援组织，配备必要的应急救援器材和物资；对全体施工人员进行培训，定期组织演练，并有相应的记录，同时报建设单位、项目监理部备案。

23. 施工现场安全标识

施工现场各类安全标识发放、使用情况应进行登记；现场安全标识设置应与施工现场安全标识布置平面图相符，使安全标识起到应有的作用。

24. 施工现场自身检查违章处理记录

施工现场的违章作业、违章指挥及处理整改情况应及时进行记录，建立违章处理记录台账。

本单位上级管理部门、政府主管部门来施工现场检查的有关情况，检查出的不足之处、整改建议等，应进行记录。

7.4.2 施工现场消防保卫安全管理资料（SA-C2）

1. 施工现场消防重点部位登记表（表SA-C2-1）

项目经理部应根据施工总平面图中消防设施布置将施工现场消防重点部位进行登记；如施工现场消防重点部位发生变化，应重新进行登记。登记表应保持与现场实际情况一致，并报建设单位、项目监理部备案。

2. 施工现场用火作业审批表（表SA-C2-2）

作业人员每次用火作业前，必须到项目经理部办理用火申请，并填写表SA-C2-2，经项目经理部审批同意后，方可用火作业。

3. 施工现场消防保卫定期检查表（表SA-C2-3）

项目经理部安全负责人应根据施工消防的要求，定期组织有关人员对施工现场消防、保卫设施进行检查，并按表SA-C2-3进行记录。

4. 施工现场居民来访记录

施工现场应设置居民来访接待室，对居民来访内容进行登记，并记录处理结果。

5. 施工现场消防设备平面图

施工现场消防设施、器材平面图应明确现场各类消防设施、器材的布置位置和数量，并报项目监理部核查。

6. 施工现场消防保卫制度及应急预案

项目经理部应制定施工现场的保卫消防制度、现场消防保卫管理方案、重大事件、重大节日管理方案、现场火灾应急预案和消防安全操作规程等相关技术文件，并将文件向相关人员进行交底，同时报项目监理部审查。

7. 施工现场消防保卫协议

建设单位与总包单位、总包单位与分包单位必须签订现场保卫消防协议，明确各方相关责任，协议必须履行签字、盖章手续，并报项目监理部备案。

8. 施工现场消防保卫组织机构及活动记录

施工现场应设立消防保卫组织机构，成立义务消防队，定期组织教育培训和消防演练，各项活动应有文字和图片记录，并报项目监理部备案。

9. 施工现场消防审批手续

项目经理部应在工程施工前，到当地消防部门进行申报登记，取得审批手续，以便消防部门了解施工现场的消防布置。将消防安全许可证存档，以备查验，并报项目监理部核查，

10. 施工现场消防设施、器材维修记录

施工现场各类消防设施、器材，应经项目经理部验收合格，应定期检查并按使用期限及时更换、补充、维修等，并形成文字记录。

11. 施工现场防火等高温作业施工安全措施及交底

施工现场防火等高温作业施工时，应制定相关的防中暑、防火灾的安全防范技术措施，并对所有参与防火作业的施工人员进行书面交底，所有被交底人必须履行签字手续，同时报项目监理部备案。

12. 施工现场警卫人员值班、巡查工作记录

施工现场警卫人员应在每班作业后填写警卫人员值班、巡查工作记录，对当班期间主要事项进行登记。

7.4.3　脚手架安全管理资料（SA-C3）

1. 施工现场钢管扣件式脚手架支撑体系验收表（表SA-C3-1）

钢管扣件式脚手架支撑体系应根据实际情况分段、分部位，由施工单位项目技术负责人组织相关单位人员验收。六级以上大风及大雨后、停用超过一个月时，均要进行相应的检查验收，并报项目监理部备案。

2. 施工现场落地式（悬挑）脚手架搭设验收表（表SA-C3-2）

落地式或悬挑脚手架搭设完成，施工单位项目技术负责人应组织相关单位人员验收。六级以上大风及大雨后、停用超过一个月时，均要进行相应的检查，并报项目监理部备案。

3. 施工现场工具式脚手架安装验收表（表SA-C3-3）

门式外挂脚手架、吊篮脚手架、附着式升降脚手架、卸料平台等应由施工单位项目技术负责人组织有关单位验收，并报项目监理部备案。

4. 施工现场脚手架、卸料平台和支撑体系设计及施工方案

落地式钢管扣件式脚手架、工具式脚手架、卸料平台及支撑体系等应在施工前编制相应专项施工方案，应按施工方案进行搭设、安装，保证脚手架安全。施工方案应存放施工现场备查，并报项目监理部备案。

7.4.4 基坑支护与模板工程安全管理资料（SA-C4）

1. 施工现场基坑支护验收表（表SA-C4-1）

基坑支护完成后施工单位应组织相关单位按照设计文件、施工组织设计、施工专项方案及相关规范进行验收，并报项目监理部审查。

2. 施工现场基坑支护沉降观测记录表（表SA-C4-2）

3. 施工现场基坑支护水平位移观测记录表（表SA-C4-3）

基坑支护沉降观测和水平位移观测时，施工单位和专业承包单位应按规定指派专人对基坑、土方、护坡开挖及开挖后的支护结构进行监测，并按表SA-C4-2或表SA-C4-3进行记录。项目监理部对监测的程序进行审核，如发现监测数据异常，应立即采取必要的措施纠正。

4. 施工现场人工挖孔桩防护检查表（表SA-C4-4）

人工挖孔桩工程应编制专项施工方案，超过16m时应进行专家论证。项目经理部应每天派专人对人工挖孔桩作业进行安全检查，项目监理部应定期对检查表及实物进行抽查，并用表SA-C4-4进行记录。

5. 施工现场特殊部位气体检测记录（表SA-C4-5）

在人工挖孔桩和密闭空间等的施工中，对可能存在有害气体的场所应有专项施工方案。应在每班作业前进行气体检测，按表SA-C4-5进行记录，并报项目监理部备案。

6. 施工现场模板工程验收表（表SA-C4-6）

模板工程应按工程施工质量验收规范进行验收。对一些特殊的模板工程：高度大于8m，或跨度超过18m，或施工总荷载大于15kN/m²，或集中线荷载大于20kN/m²或大面积满堂红支模等，在施工组织设计、专项施工方案中明确要求进行稳定性、强度等安全验收时，除按规范验收外，还应专门对安全性进行验收，按表SA-C4-6进行记录，并报项目监理部审查。

7. 施工现场基坑、土方、护坡及模板施工方案

基坑、土方、护坡、模板施工必须按有关规定做到有方案、有审批，方案报项目监理部审查认可；模板工程还应有设计计算书。

7.4.5 "三宝""四口"及"临边"防护安全管理资料（SA-C5）

1. 施工现场"三宝""四口"及"临边"防护检查记录（表SA-C5-1）

施工现场"三宝""四口"及"临边"防护应按当地住房和城乡建设主管部门的规定定期进行检查；当地没有具体规定的，每周至少应检查一次。凡出现风、雨天气过后及每升高一层施工时，都应及时进行检查，并报项目监理部备案。

每发现一人、一处存在安全防护措施不到位的情况，就应及时做出处理，并责成立即改正。

2. 施工现场"三宝""四口"及"临边"防护措施方案

项目经理部应在施工组织设计或有关专项安全技术方案中对"三宝""四口"及"临边"防护做出详细规定，包括材料器具的品种、规格、数量、安装方式、质量要求及安装时间、责任人等。

7.4.6 临时用电安全管理资料（SA-C6）

1. 施工现场施工临时用电验收表（表SA-C6-1）

施工现场临时用电架设安装完成后，必须由总包单位组织验收，合格后方可使用。验收时可根据施工进度分项、分回路进行，项目监理部对验收资料及实物进行核查。

2. 施工现场电气线路绝缘强度测试记录表（表SA-C6-2）

电气线路绝缘测试包括临时用电动力、照明线路等绝缘强度测试，可按系统回路进行测试，测试结果报项目监理部备案。

3. 施工现场临时用电接地电阻测试记录表（表SA-C6-3）

临时用电接地电阻测试包括临时用电系统、设备的重复接地、防雷接地、保护接地以及设计有要求的接地电阻测试，测量结果报项目监理部备案。

4. 施工现场电工巡检维修记录表（表SA-C6-4）

施工现场电工应按有关要求进行巡检维修，并由值班电工每日填写记录表。项目安全负责人要定期进行检查，以保证巡检维修的到位有效。

5. 施工现场临时用电施工组织设计及变更资料

临时用电设备在5台及以上，或设备总容量在50kW及以上者，均应编制临时

用电施工组织设计，并按《施工现场临时用电安全技术规范》JGJ 46的要求履行审批手续。如发生变更应重新办理审批手续，并报项目监理部备案。

6. **施工现场总、分包临时用电安全管理协议**

总包单位、分包单位必须订立临时用电管理协议，明确各方相关的责任，协议必须履行签字、盖章手续，并报项目监理部备案。

7. **施工现场电气设备测试、调试技术资料**

电气设备的测试、检验单和精度记录应由设备生产者或专业维修者提供。

7.4.7 施工升降机安全管理资料（SA-C7）

1. **施工现场施工升降机安装/拆卸任务书（表SA-C7-1）**

施工升降机安装/拆卸均应有明确的任务书，以保证安装质量和落实安装/拆卸的安全责任。

2. **施工现场施工升降机安装/拆卸安全和技术交底记录表（表SA-C7-2）**

施工升降机安装/拆卸任务书下达后，安装/拆卸单位安全负责人、技术负责人应对升降机安装/拆卸的安全、技术措施进行详细的安全技术交底，以保证安装/拆卸的质量和安全。

3. **施工现场施工升降机基础验收表（表SA-C7-3）**

施工升降机基础验收应根据升降机安装技术要求的承载力、强度、基础尺寸、地脚螺栓规格数量等进行。基础完工后达到一定强度，升降机安装前，应进行全面验收。

4. **施工现场施工升降机安装/拆卸过程记录表（表SA-C7-4）**

施工升降机安装/拆卸施工中，应对各安装/拆卸环节情况进行记录，包括各项工作的分工、每个施工人员的工作内容以及周围环境安装/拆卸过程中的一些情况，以便验收时了解安装/拆卸全过程的情况。

5. **施工现场施工升降机安装验收记录表（表SA-C7-5）**

施工升降机安装验收是在升降机安装完毕，由安装单位组织有关单位负责人进行全面验收，判定其是否符合标准，特别是试运行及坠落实验以及安全装置，应经过实地实验和检查，并报项目监理部核查。日常和定期检查参照此表执行。

6. **施工现场施工升降机接高验收记录表（表SA-C7-6）**

施工升降机每次接高都应经过验收后才能运行使用。在接高过程中应按表SA-C1-4进行记录，接高完成后应按表SA-C7-6的内容检查验收记录，并报项目监理部核查。

7. **施工现场施工升降机运行记录**

施工升降机在使用过程中，每日应对运行情况进行记录，并对发生的事项详细记录。每周使用单位的负责人应检查记录。

8. 施工现场施工升降机维修保养记录

施工升降机应由产权单位负责定期维修保养。

9. 施工现场机械租赁、使用、安装/拆卸安全管理协议书

出租和承租双方应签订租赁合同和安全管理协议书，明确双方安全责任和义务，并报项目监理部备案。

10. 施工现场施工升降机安装/拆卸方案

施工升降机安装前，应编制设备的安装/拆卸方案，经安装/拆卸单位技术负责人审核批准后方可进行作业。

11. 施工现场施工升降机安装/拆卸报审报告

施工升降机安装/拆卸报审报告，按当地住房和城乡建设主管部门的规定执行。

12. 施工现场施工升降机使用登记台账

施工单位应建立施工升降机使用台账，每台机械使用情况应详细记录。

13. 施工现场施工升降机登记备案记录

记录内容有设备登记编号、使用情况登记资料、安装告知手续等。

7.4.8　塔式起重机及起重吊装安全管理资料（SA-C8）

1. 施工现场塔式起重机安装/拆卸任务书（表SA-C8-1）

塔式起重机安装/拆卸均应有专项任务书，以保证安装质量和落实安装/拆卸的安全责任。

2. 施工现场塔式起重机安装/拆卸安全和技术交底（表SA-C8-2）

塔式起重机安装/拆卸任务下达后，安装/拆卸单位的安全负责人、技术负责人应对塔式起重机安装/拆卸的安全和技术措施进行详细交底，以确保安装/拆卸的质量和安全。

3. 施工现场塔式起重机基础验收记录表（表SA-C8-3）

塔式起重机基础验收应根据塔式起重机安装技术要求的承载力、场地环境、固定支脚、基础的尺寸、平整度及预埋螺栓情况、接地电阻等，在塔式起重机安装前进行一次全面验收，以保证塔式起重机安装和使用期间的安全。

4. 施工现场塔式起重机轨道验收记录表（表SA-C8-4）

轨道行走式塔式起重机轨道验收应根据安装技术要求进行全面检查验收。对其路基碎石厚度、钢轨接头、轨距、轨顶面倾斜度及接地装置等，在钢轨铺设完成塔式起重机安装前，进行全面检查验收。

5. 施工现场塔式起重机安装/拆卸过程记录表（表SA-C8-5）

塔式起重机安装/拆卸过程中，应对安装/拆卸过程中的有关环节情况进行记录，包括各项工作的分工、每个人员的工作内容、重点环节的检查等情况，以便验收检查时了解安装/拆卸过程的情况。

6. 施工现场塔式起重机附着检查记录表（表SA-C8-6）

塔式起重机安装过程中或安装后，或每次提升后，对增加的附着都应进行全面检查合格。

7. 施工现场塔式起重机顶升检验记录表（表SA-C8-7）

塔式起重机需要顶升的，委托原安装单位或具有相应资质的安装单位按照专项施工方案实施。每次顶升完毕，使用单位应组织有关人员进行检查验收，合格后才能投入使用，并报项目监理部备案。

8. 施工现场塔式起重机安装验收记录表（表SA-C8-8）

塔式起重机安装完成后，安装/拆卸单位应先自行检查合格。总包单位应组织施工单位、有关分包单位等有关人员进行全面检查验收，须进行检测的应委托有相应资质的检测单位检测合格后才能投入使用，并报项目监理部审查。日常和定期检查参照此表执行。

9. 施工现场塔式起重机安装垂直度测量记录表（表SA-C8-9）

由安装单位测量，按表SA-C8-9记录，报施工单位及租赁单位。

10. 施工现场塔式起重机运行记录表（表SA-C8-10）

施工现场使用的塔式起重机、施工电梯、移动式起重机、物料提升机等起重机械操作人员应在每班作业后填写，运行中如发现设备有异常情况，应立即停机检查报修，排除故障后方可继续运行。运行记录通常要装订成册，连续编页码，不得缺页数。起重机械运行记录每个台班都必须填写，产权单位安全负责人至少应每周审查一次，签字负责。运行记录由设备产权单位和使用单位存档。

11. 施工现场塔式起重机维修保养记录表（表SA-C8-11）

塔式起重机在使用过程中，应按设备使用说明书要求定期请专业人员对设备进行维修保养。

维修保养工作应由设备租赁单位或产权单位负责按期进行，机械设备都应在维修保养的有效期内使用。

12. 施工现场塔式起重机检查记录表（表SA-C8-12）

由施工单位组织有关人员定期或在雨天、风天、停用一周之后进行检查。

13. 施工现场塔式起重机租赁、使用、安装/拆卸安全管理协议书

租赁的塔式起重机等施工机具，出租和承租双方应签订租赁合同，并签订使用、安装/拆卸过程中的安全管理协议书，明确双方在租赁、使用期间、安装/拆卸过程中的安全责任和义务。委托安装/拆卸单位安装/拆卸塔式起重机时，还应签订安装/拆卸合同，也应明确安装/拆卸安全责任。塔式起重机的安装/拆卸单位资质、相关人员的资格证书及设备统一编号存档备查，并报项目监理部备案。

14. 施工现场塔式起重机安装/拆卸方案及群塔作业方案、起重吊装作业的专项施工方案

塔式起重机安装/拆卸、起重吊装作业等必须编制专项施工方案，涉及群塔（2台及以上）作业时，必须制定相应的方案和措施，确保每个相邻塔式起重机之间的安全距离。应制定起重作业的安全措施，并绘制平面布置图，同时报项目监理部核查。

15. 施工现场塔式起重机安装/拆卸报审报告

报审报告按当地住房和城乡建设主管部门的规定执行。

16. 施工现场塔式起重机机组与信号工安全技术交底

塔式起重机使用前，总承包单位与机械出租单位应共同对塔式起重机机组人员和信号工进行联合安全技术交底，并做好记录。

7.4.9　施工机具安全管理资料（SA-C9）

1. 施工现场施工机具检查验收记录表（表SA-C9-1至表SA-C9-10）

施工机具包括物料提升机械、电动吊篮、龙门吊、打桩及钻孔机械、挖掘机、装载机、混凝土泵、混凝土搅拌机、钢筋机械、木工机械等中小型机械。施工机具检查验收由租赁单位主动向施工单位提供有关资料，提供已经过检查的有关资料及必须现场检查的部位情况，并按表SA-C9-1至表SA-C9-10进行记录，相关人员签字负责，报项目监理部备案。（其中1～8每台一验，9～10可每棚、每房一验。）

2. 施工现场施工机具安装验收记录表（表SA-C9-11）

为保证施工机具正常运行和使用安全，凡进入施工现场需安装的机具都应根据实际情况进行安装验收。

3. 施工现场施工机具维修保养记录表（表SA-C9-12）

施工单位自有施工机具，由项目经理部负责；租赁的由出租单位负责。应建立机械设备的检查、维修和保养制度，编制设备保修计划。

4. 施工现场施工机具使用单位与租赁单位租赁、使用、安装/拆卸安全管理协议

施工机具凡是租赁来的，使用单位与租赁单位应签订租赁、使用、安装/拆卸过程中的安全管理协议，明确双方责任和义务。

凡由租赁单位负责维修保养及责任安全管理的，由租赁单位建立施工机具检查、维修和保养制度，编制保修计划，保证施工机具的安全使用。

5. **施工现场施工机具安装/拆卸方案**

施工机具凡需安装/拆卸的，都必须由安装单位编制安装/拆卸施工方案，并经技术负责人批准，按施工方案进行安装/拆卸。

7.4.10 施工现场文明生产（现场料具堆放、生活区）安全管理资料（SA-C10）

1. **施工现场施工噪声监测记录表（表SA-C10-1）**

施工现场作业过程中，各类设备产生的噪声在场界边缘应符合国家有关标准。项目经理部应定期在施工现场的边界对噪声进行监测，将监测结果填写表SA-C10-1，并报项目监理部备案。

2. **施工现场文明生产定期检查表（表SA-C10-2）**

项目经理部项目安全负责人应根据施工安全制度及施工现场文明施工的情况，组织有关人员定期对（第7.10.1条至第7.10.10条）各项内容等进行检查，并按表SA-C10-2进行记录。

3. **施工现场办公室、生活区、食堂等卫生管理制度**

办公区、生活区、食堂等各类场所应制定相应的卫生管理制度、卫生设施布置图，明确各区域负责人。

4. **施工现场应急药品、器材的登记及使用记录**

施工现场应配备必要的急救药品和器材，并对药品、器材的配备品种、数量及使用情况进行登记。

5. **施工现场急性职业中毒应急预案**

施工现场应编制急性中毒应急预案，应定期演练，以保证预案能有效启动。

6. **施工现场食堂卫生许可证及炊事人员的卫生、培训、体检证件**

施工现场设置食堂时，必须办理卫生许可证和炊事人员的健康合格证、培训证，并将相关证件在食堂明示，复印件存档备案。

7. **施工现场材料保存、保管制度**

施工现场应绘制材料堆放平面图，现场内各种材料应按照平面图进行堆放，并明确各责任区的划分，确定责任人。

8. **施工现场成品保护措施**

施工现场应制定各类成品、半成品的保护措施，并将措施落实到相关管理部门和作业人员。并报项目监理部审查。

9. **施工现场各种垃圾存放、消纳管理制度**

项目经理部应对施工现场的垃圾、建筑渣土建立处理制度，并及时对运输和处理情况进行记录，同时报项目监理部审查。

10.　施工现场环境保护管理方案

项目经理部应识别和评价作业过程中可能出现的环境危害因素，制定环境污染控制措施，编制项目环境保护管理方案。应成立由项目经理负责的环境保护管理机构，制定相关责任制度，明确控制对象及责任人，并报项目监理部审查。

第8章　竣工图的收集、审核与整理

8.1　竣工图资料的收集

竣工图资料收集主要包括：承包单位施工过程中产生的文件（技术核定单）；设计交底记录；设计变更通知单。

1.设计变更通知单：设计院要求的变更，由设计院发文，签字、盖章确认后生效。

2.技术核定单：施工单位、监理单位在施工过程中提出的变更，由施工单位、监理公司提出，施工、监理、设计、建设单位四方签字、盖章后确认。

3.设计交底记录：在设计交底会议上，建设单位、施工单位和监理单位将图纸会审中的设计问题整理成设计交底记录，经四方签字、盖章确认。

8.2　竣工图的审核

1.竣工图编制完成后，监理单位应督促和协助竣工图编制单位检查其竣工图编制情况，发现不准确或短缺时要及时修改和补齐。

2.竣工图内容应与施工图设计、设计变更、洽商、材料变更、施工及质量检验记录相符合。

3.竣工图按单位工程分专业编制，并配有详细编制说明和目录。

8.3　竣工图的编制的规范要求

1.竣工图的编制应按照单位工程并根据专业的不同，系统地进行分类和整理。

2.凡是按照施工图施工的工程，由竣工图编制单位在施工图（干净的蓝图）的图签附近的空白处，加盖竣工图章，并由相关人员亲自签署姓名。

3.凡是一般性的图纸变更，编制单位可根据设计变更依据，在施工图上直接改绘标明变更修改依据，并加盖竣工图章。

4.凡是结构形式、工艺、平面布置、项目等发现的重大改变或变更部分不能在原施工图上改绘的，应重新绘制竣工图，加盖竣工图章。重新绘制的图纸必须有图名和图号，图号可按原图编号。

5.凡是用于改绘竣工图的图纸，都必须是新蓝图或是由绘图仪绘制的白图，不得使用旧图或复印的图纸。

6.各专业竣工图必须编制图纸目录，作废的图纸在目录上扣掉，补充的图纸必须在目录上列出图名和图号，并加盖竣工图章和由相关人员亲自签署姓名。

7.竣工图必须符合有关制图标准的要求，绘制的竣工图必须准确、清楚、完整，能够真实反映工程实际情况。

8.竣工图绘制的具体规定：

（1）在施工图上改绘，不得使用涂改液涂抹、刀刮、补贴等方法修改图纸。

（2）修改时，对字、线、墨水的使用，应按下列规定进行。

1）字体及大小应与原图一致，严禁错、别、草字；

2）一律使用绘图工具，不得徒手绘制；

3）使用绘图笔或签字笔及不褪色的绘图墨水；

4）凡是将洽商图作为竣工图的，必须符合建筑制图要求，并做附图附在图纸之后。

8.4　竣工图章及图纸折叠

1.竣工图章的内容应包括"竣工图"字样、施工单位、编制人、审核人、技术负责人、编制日期、监理单位、现场监理、总监。竣工图章尺寸为50mm×80mm，如图8-4-1所示。

2.不同幅面的工程图纸，应统一折叠成A4幅面（297mm×210mm）。应图面朝内，首先沿标题栏的短边方向以W形折叠，然后再沿标题栏的长边方向以W形折叠，并使图签及竣工图章露在

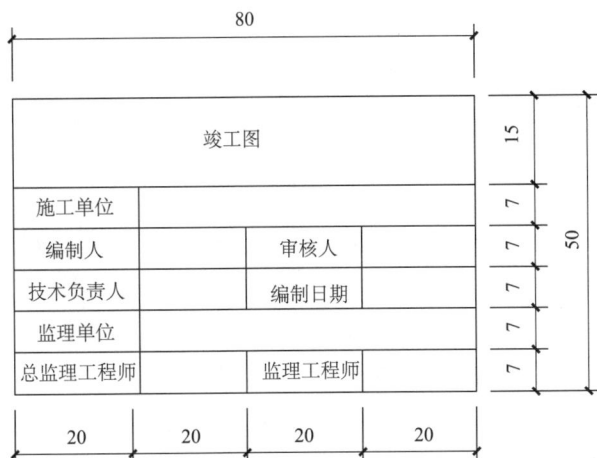

图 8-4-1　竣工图章（示例）

外面；不同图签位的图纸，按图8-4-2至图8-4-4所示方法折叠。

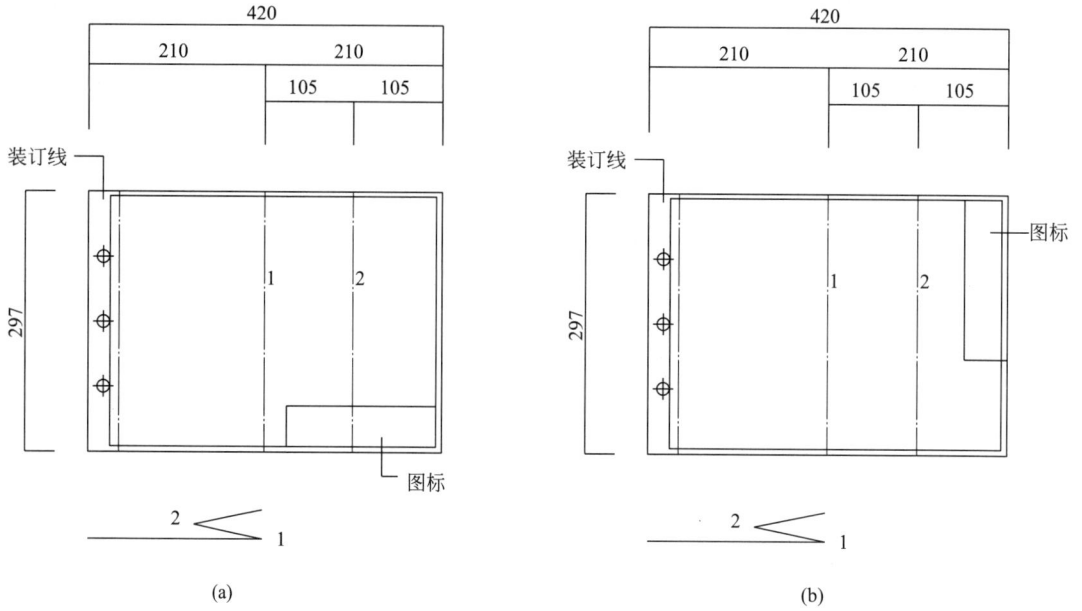

图 8-4-2　1号图纸折叠示意图

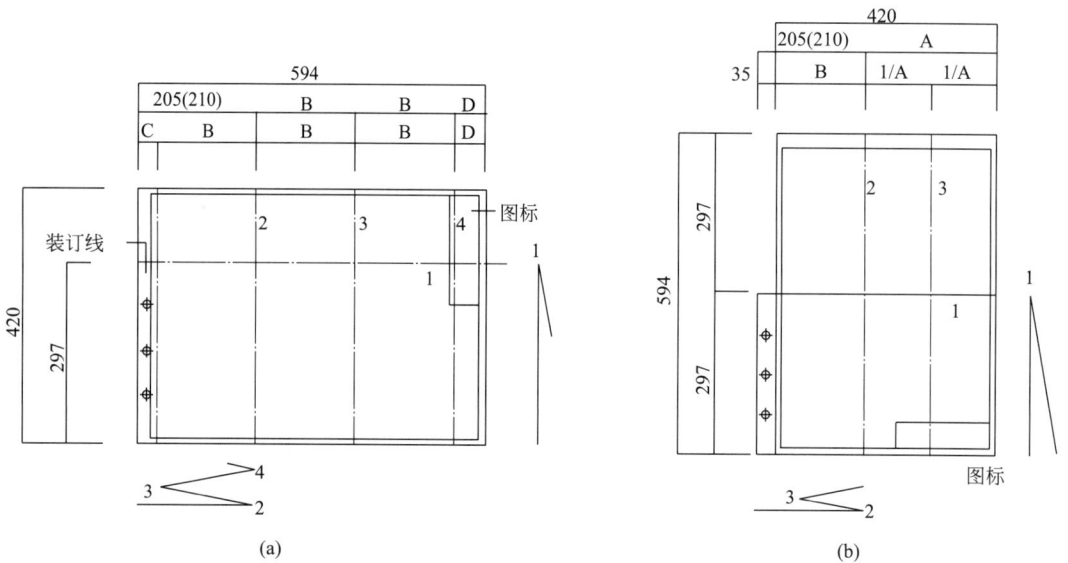

图 8-4-3　2号图纸折叠示意图

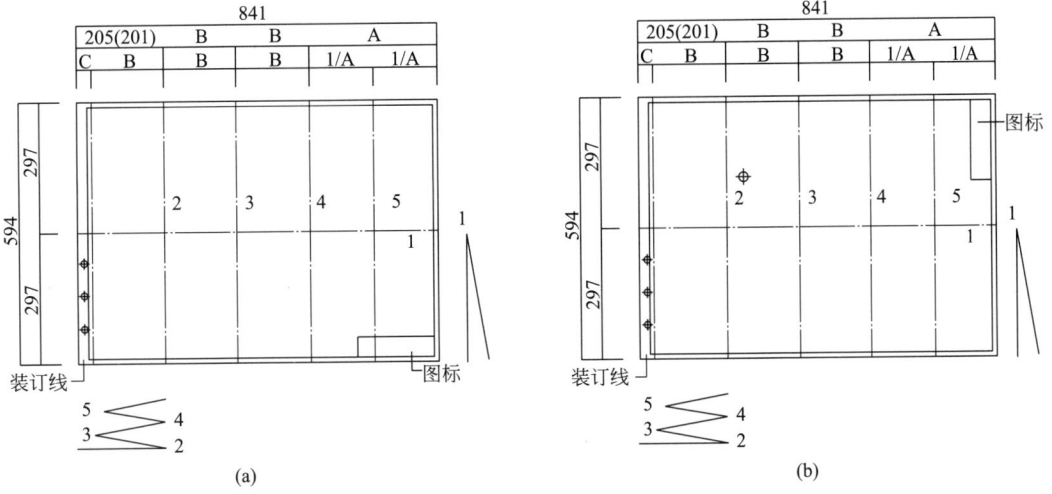

图 8-4-4 3 号图纸折叠示意图

第9章 工程竣工验收文件的编制与管理

9.1 工程质量评估资料

施工单位提交工程自评报告及竣工初验申请后，总监理组织竣工初验；验收完成后，总监理组织专业监理工程师编制工程质量评估资料，总监理审核签字加盖执业印章后报监理单位技术负责人审批；审批完成后盖监理单位公章，并上报建设单位申请竣工验收，如表9-1-1～表9-1-5所示。

工程质量监理评估报告（示例）　　　　　　　　表 9-1-1

工程名称：××××建设工程项目

监理单位：××××监理有限公司（公章）

工程名称	××××建设工程项目			工程地址	××县××路		
建筑面积	49800m²	结构形式	框架	层数	地下1层、地上7层	建筑高度	32.4m
开工日期	××××年××月××日		竣工日期	××××年××月××日		工程造价	26500.5万元
建设单位	××××开发有限公司			勘察单位	××××工程勘察院		
施工单位	××××建设集团有限公司			设计单位	××××设计院		
监理单位	××××监理有限公司			监理资质	甲级		

工程监理情况：

　　受业主委托及时组建项目监理部。监理部监理人员按监理委托合同的要求，根据实际图纸、文件、国家建设规范等实施监理。在此基础上，监理部还制定了相关的监理规划及监理实施细则。针对工程施工现场特点，对工程主要项目可能产生的隐患提出意见及质量控制措施并贯彻到施工单位的施工方案中，进行跟踪调查。制订了监理工作目标和监理工作制度（工地会议制度、审核施工图纸制度、施工组织设计（方案）审批制度、分包单位资格审查制度、设计变更和工程洽商审批制度、工程质量管理制度等），并在日常工程中执行。

项目监理人员及专业分工：

×××总监理工程师

×××土建监理工程师

×××水电监理工程师

×××总监代表

×××智能化专业监理工程师

监理过程中履行职责情况：

　　在日常监理工作中主要从如下几个方面履行监理职责：

　　1.加强图纸审核。为确保工程按图施工，监理工程师及时对图纸进行审核，并协助业主及时组织现场各方进行图纸会审。在施工过程中对施工单位提出疑义的问题或监理人员认为不妥之处，及时配合业主同设计单位联系解决。

　　2.加强工程原材料检查。对各种工程中使用的材料进场时，要求施工单位提供相应的材料质保证书及出厂合格证，并对相应材料进行抽样复检，合格后方可用于工程施工，严禁不合格材料使用。

　　3.加强工序间的检查。在基础主体施工中，监理人员加强对钢筋、模板的复查工作，对不合格的工序不得进入下道工序施工。

　　4.严格隐蔽工程验收。对工程中的土建、水、电预埋等工程进行全过程监理，做好隐蔽工程验收签证。监理人员对土建工程的钢筋工程进行逐个部位详细检查，对施工单位疏忽的地方及时督促指正，经整改合格后方可进入下道工序施工。

　　5.加强工程质量的事后检查。混凝土工程拆模后，监理人员及时对混凝土成型情况进行检查，对小的质量通病，经协商确定修补方案修补完成后，再进行检查并做好记录。初装饰阶段施工时，对屋面施工抹灰及门窗安装、电气和给水排水等施工进行检查，对不足之处及时通知施工单位整改。

　　6.严格执行监理旁站制度。在基础工程、主体工程竣工验收前，项目部及时组织各专业监理人员对工程施工质量进行全面检查，对不符合要求的工程部位及时要求施工单位进行整改，合格后方可进行工程验收。

进场材料、设备见证检测情况：

　　本工程主要进场材料，如钢筋、水泥、砂石、防水材料、保温材料、水电材料等均按相关规定进行现场取样送检，检测结果均符合要求后方可用于施工。

　　施工过程中及时留置混凝土、砂浆试块、检测结果符合要求。

　　屋面进行淋水试验，通电试验，排水管道闭水、通水、通球试验等均符合要求。

　　建筑节能检测、建筑结构实体检测等均符合要求。

检验批、分项、分部、单位工程质量预验收情况（程序、执行强制性条文、整改复查、验收结果）：

　　本工程检验批、分项、分部工程的验收等符合验收规范及强制性条文的要求，各项验收结果均符合要求，验收合格。

　　本工程进行了如下几个分部工程验收：

　　地基与基础分部：5个子分部、10个分项、1718项检验批；

　　主体结构分部：4个子分部、16个分项、936项检验批；

　　建筑装饰装修分部：9个子分部、17个分项、428项检验批；

　　屋面分部：5个子分部、12个分项、182项检验批；

　　建筑给水排水及供暖分部：8个子分部、33个分项、350项检验批；

　　通风与空调分部：9个子分部、44个分项、364项检验批；

　　建筑电气分部：7个子分部、52个分项、679项检验批；

　　智能建筑分部：14个子分部、77个分项、289项检验批；

　　建筑节能分部：5个子分部、14个分项、124项检验批；

　　电梯分部：1个子分部、11个分项、121项检验批；

　　本单位工程各分部工程符合要求，验收合格。工程质量评定为合格。

　　消防经相关部门单项验收合格。

结构安全和使用功能抽查检测情况：

　　本工程安全、功能检验记录无遗漏，检验项目齐全，检验程序合理，检测方法正确，检验报告结论满足要求，主要功能抽查结果全部合格。

续表

工程观感质量检查情况：
1.建筑与结构工程观感质量评为：好
2.给水排水工程观感质量评为：好
3.建筑电气工程观感质量评为：好

设计变更、设计核定情况：
本工程施工过程中未发生大的设计变更，小的设计变更、设计核定均按规定完善相应手续。

质量事故（问题）处理情况：
本工程无质量事故。

工程资料（施工、监理）核查情况：
本工程施工技术资料基本齐全，能反映工程质量情况，达到保证结构安全和使用功能的要求，质量控制资料及文件归档完整，符合要求。

工程质量评估意见：
1.本工程地基与基础分部工程，主体结构分部工程经建设单位、设计单位、勘察单位、监理单位和施工单位联合检查验收合格。 　　2.建筑装饰装修分部工程、建筑屋面分部工程、建筑电气分部工程、建筑给水排水及供暖分部工程、通风与空调分部工程、智能建筑分部工程、建筑节能分部工程、电梯分部工程等，技术资料齐全，使用功能抽查检测达到设计和规范要求。 　　3.本工程施工过程中，监理在检查验收时，主控项目全部符合设计和规范要求，一般项目合格率达到100%，符合验收规范要求。 　　4.本工程各分部工程质量满足设计和规范要求，达到了合同约定质量标准，技术资料齐全，工程质量评估优良。 　　5.本工程于××××年××月××日由建设单位组织我司、施工、设计及勘察单位对现场进行竣工验收。经核查，现场外观及质量满足相关规范要求及合同、图纸等要求，同意该项目竣工验收。

项目总监理工程师（签字）：×××　　　　　报告编写人（签字）：×××
单位技术负责人（签字）：×××　　　　　日期：××××年××月××日

　注：1）本表由监理单位填写；
　　　2）本表要求字迹清楚，用钢笔或墨笔填写，或计算机打印；
　　　3）建设单位在申请竣工验收备案时，一份交备案部门。

工程设计质量检查报告（示例）　　　　表 9-1-2

工程名称：××××建设工程项目
设计单位：××××设计院（公章）

工程名称	××××建设工程项目			工程地址		××县××路
施工图完成日期	××××年××月			设计资质		甲级
施工图审查单位	××××工程咨询有限公司			施工图审查编号		×××
建筑面积	49800m²	高度	32.4m	结构类型	框架	层数	地下1层、地上7层

续表

工程设计概况：   ×××× 建设工程项目总建筑面积 49800m², 北楼占地面积为 3063.14m², 东楼占地面积为 3995.30m², 西楼占地面积为 5271.77m², 建筑高度 32.4m, 地下 1 层、地上 7 层。根据国家规范和本项目的规模及使用性质, 耐火等级一级设计。建筑结构形式为框架结构, 使用年限为 50 年, 抗震设防烈度为 6 度。
工程设计项目相关责任人： 项目负责人：××× 建筑：××× 结构：××× 给水排水：××× 电气：×× 暖通：×××、××
施工图审查结果意见：   经我审图中心审查, 该工程结构设计可靠、稳定, 审查合格。
施工图审查要求整改内容及落实情况：   对我审图中心出具的整改通知书, 设计单位已按要求整改完毕。

图纸会审、设计交底情况（时间、内容、意见）：
  建设单位于 ×××× 年 ×× 月 ×× 日在项目部会议室组织各参建单位对 ×× 市 ×××× 活动中心建设工程进行图纸会审, 参加的单位有：
  ×××× 开发有限公司
  ×××× 建设集团有限公司
  ×××× 设计院
  ×××× 监理有限公司
  会上, 各单位就 ×× 市 ×××× 活动中心建设工程图纸进行会审, 设计单位做了设计交底工作, 对施工单位及各方提出的图纸问题一一解决, 并要求施工单位按要求施工。
参加人员：×××、×××、××、××、××、××、××、×××、×××、×××、×××、×××、×××、
×××

地基处理、桩基验收、地基验槽验证情况（时间、内容、意见）： 地基验槽：×××× 年 ×× 月 ×× 日验收合格。 桩基验收：×××× 年 ×× 月 ×× 日验收合格。 参加人员：×××、×××、××、××、××、××、××、×××、×××、×××、×××、×××、×××、 ×××
基础验收、主体验收签证情况（时间、内容、意见）： 基础验收：×××× 年 ×× 月 ×× 日验收合格。 主体验收：×××× 年 ×× 月 ×× 日验收合格。 节能验收：×××× 年 ×× 月 ×× 日验收合格。 参加人员：×××、×××、××、××、××、××、××、×××、×××、×××、×××、×××、×××、 ×××
质量事故（问题）处理签证情况（时间、内容、意见）：   本工程无质量事故。
设计变更的主要内容及签证情况（可另加附页）： 详见设计变更单。 参加人员：×××、×××、××、××、××、××、××、×××、×××、×××、×××、×××、×××、 ×××

续表

工程初验、竣工验收签证情况（时间、内容、意见）： 　　该单位工程于××××年××月××日由建设单位组织施工、监理、勘察及我司对现场外观及质量情况按相关规范及图纸要求进行竣工预验收。预验收过程中所提出的问题由相关施工单位进行整改，并要求一星期内整改完毕后上报监理及建设单位进行验收，验收合格后方能组织竣工验收。 　　该单位工程于××××年××月××日由建设单位组织施工、监理、勘察及我司对施工现场进行竣工验收，验收过程中未发现问题，同意该项目竣工验收。 参加人员：×××、×××、×××、×××、×××、×××、×××、×××、×××、×××、×××、×××、×××、×××、×××、×××、×××、×××、 ×××	
设计质量检查意见： 　　经再次对现场进行复检后，该工程各分部工程及施工工序均符合设计规范要求，符合国家强制性规定，同意该工程竣工验收。	
项目设计负责人（签字）：××× 设计单位负责人（签字）：×××	（单位公章） ××××年××月××日

注：1）本表由设计单位填写；

　　2）本表要求字迹清楚，用钢笔或墨笔填写，或计算机打印；

　　3）建设单位申请竣工验收备案时需提供本表。

工程勘察质量检查报告（示例）　　　　　　　　表 9-1-3

工程名称：××××建设工程项目

勘察单位：××××工程勘察院（公章）

	工程名称	××××建设工程项目	工程地址	××县××路
勘察文件概况	勘察单位	××××工程勘察院	资质等级	工程勘察专业类甲级
	勘察日期	××××年××月	勘察报告编号	××××
	勘察主要内容及方法： 　　　　按《岩土工程勘察规范》GB 50021—2001（2009年版）相关要求进行。|			
	勘察文件变更内容：无				
	勘察结论及建议： 　　　　结论：本次勘察范围的拟建工程包括3栋多层建筑物，工程重要性等级二级，场地等级二级，地基等级二级，岩土工程勘察（详细）等级为乙级，基坑工程安全等级为二级。 　　　　建议：建议采用钻（冲）孔灌注桩，桩径 $d=800 \sim 1500mm$，桩长 $14 \sim 16m$，桩端持力层选择⑥层—中风化泥质粉砂岩为持力层，桩端全截面嵌入持力层应不宜少于1天，且应保证一定桩长。|			
	勘察项目相关责任人： 项目负责人：×××　　　审核：××× 报告编写人：×××　　审定：××× 校核：×××				

右上角：续表

勘察报告审查意见	勘察报告审查机构	××××工程咨询有限公司	勘察报告审查编号	××××
	勘察报告审查意见及整改结果：经审查，已将勘察报告中存在的问题或做法不明确的部分进行修改，具体修改详见勘察报告审查意见表。			

地基处理、地基验槽签证情况（时间、内容、意见）：
地基验槽：××××年××月××日验收意见：合格。
验收意见：经检查，该分部工程质量符合设计规范及国家现行法律法规要求，同意验收。
参加人员：×××、×××、×××、×××、×××、×××

桩基验收情况（时间、内容、意见）：
桩基验收：××××年××月××日验收意见：合格。
参加人员：×××、×××、×××、×××、×××、×××

工程竣工验收情况（时间、内容、意见）：
该工程于××××年××月××日由建设单位组织设计、勘察、监理及施工单位对现场质量进行检查，检查过程中未发现质量隐患，该工程质量符合设计规范要求。再由我方及设计单位对施工单位资料进行抽查，该工程检验批、隐蔽及质保资料齐全，均符合验收要求，同意验收。
参加人员：×××、×××、×××、×××、×××、×××

勘察质量检查意见：
合格，同意验收。

勘察项目负责人（签字）：××× 单位负责人（签字）：×××	（单位公章） ××××年××月××日

注：1）本表由勘察单位填写；

　　2）本表要求字迹清楚，用钢笔或墨笔填写，或计算机打印；

　　3）建设单位申请竣工验收备案时需提供本表。

单位工程施工竣工报告（示例）　　　　　　　表 9-1-4

工程名称：××××建设工程项目

施工单位：××××建设集团有限公司（公章）

工程名称	××××建设工程项目			工程地址		××县××路
建筑面积	49800m²	层数	地下1层、地上7层	结构形式	框剪	工程造价 26500.5万元
开工日期	××××年××月××日			竣工日期		××××年××月××日
建设单位	××××开发有限公司			监理单位		××××监理有限公司
设计单位	××××设计院			勘察单位		××××工程勘察院
施工单位	××××建设集团有限公司			验收日期		××××年××月××日

施工概况：

　　××市××××活动中心建设工程位于××××××地块内，基础为泥浆护壁反循环钻孔灌注桩基础。工程为地下1层、地上7层框架剪力墙结构，建筑面积为49800m²。

　　本工程勘察单位为××××工程勘察院设计，由××××设计院设计，由××××监理有限公司监理，由××××建设集团有限公司施工，由××市建设工程质量监督站监督。

项目部相关责任人员：
项目经理：×××项目技术负责人：××× 施工员：××质检员：×× 各工种负责人： 泥工：×××、××　　木工：××、×××　　钢筋工：××、×× 水电班组：××

分包单位、分包工程内容及分包单位相关责任人：
分包单位分包内容负责人 ×××电梯工程有限公司　　电梯工程：××× ××××××智能网络技术有限公司　　智能化：××× ××科技工程发展有限公司　　剧场：××× ××建设有限公司　　石材幕墙：×××

检验批、分项、分部、单位工程施工及验收、质量评定情况：
根据《建筑工程施工质量验收统一标准》的规定，本工程共划分为10个分部，其中： 地基与基础分部：5个子分部、10个分项、1718项检验批； 主体结构分部：4个子分部、16个分项、936项检验批； 建筑装饰装修分部：9个子分部、17个分项、428项检验批； 屋面分部：5个子分部、12个分项、182项检验批； 建筑给水排水及供暖分部：8个子分部、33个分项、350项检验批； 通风与空调分部：9个子分部、44个分项、364项检验批； 建筑电气分部：7个子分部、52个分项、679项检验批； 智能建筑分部：14个子分部、77个分项、289项检验批； 建筑节能分部：5个子分部、14个分项、124项检验批； 电梯分部：1个子分部、11个分项、121项检验批； 　　各检验批、分项、子分部、分部的验收程序符合规范，参加验收的人员到位，工程质量经验收均符合设计文件及规范要求，评定为优良。

质量控制资料核查及安全和功能性检测情况：
共审查质量控制资料41项，符合要求41项，其中：1.建筑与结构，10项；2.给水排水与采暖，7项；3.通风与空调，7项；4.建筑电气，6项；5.智能建筑，6项；6.电梯，5项。质量控制资料齐全、真实、有效。 　　共对工程的建筑与结构、给水排水与供暖、通风与空调、建筑电气、智能建筑、建筑节能、电梯等分部的主要安全和功能检查项目均符合要求，综合结论：优良。

质量控制和管理情况：
1.原材料质量控制情况：符合设计及施工规范要求。 2.施工工艺管理情况：符合设计及施工规范要求。 3.质量检查制度落实情况：符合设计及施工规范要求。 4.隐蔽工程质量控制情况：符合设计及施工规范要求。 5.工序的成品保护措施情况：符合设计及施工规范要求。

执行施工合同及设计文件情况：
我施工单位依法承揽工程，资质相符并签订合同，严格按照合同要求和工程设计文件施工，完成合同及设计文件约定的各项内容。

参加竣工预验收及施工质量问题整改情况：
施工过程中对监理单位及有关部门提出的须整改的质量问题，我公司项目部及时进行了整改处理，现已整改完毕，并于××××年××月××日参加了由监理单位组织的竣工预验收，针对竣工预验收提出的问题已进行了整改处理。
工程施工竣工意见：
现该工程质量控制资料齐全，已完成设计和施工合同约定的内容，各分部、分项施工质量均达到设计和规范要求，经我公司综合评定为优良工程，特申请竣工备案。
项目经理签章：公司技术（质量）部门负责人签章： 公司法人签章：   　　　　　　　　　　　　　　　　　　　　　　　日期（公章）：××××年××月××日

注：1）本表由施工单位填写；

　　2）本表要求字迹清楚，用钢笔或墨笔填写，或计算机打印；

　　3）本表一式三份，两份竣工验收时交建设单位，一份留存。

工程竣工验收报告（示例）　　　　　　　　表 9-1-5

工程名称：××××建设工程项目

建设单位：××××开发有限公司（公章）

工程名称	××××建设工程项目			工程地址		××县××路	
建筑面积	49800m²	层数	7层	结构形式	框架	工程造价	26500.5万元
开工日期	××××年××月××日			竣工日期		××××年××月××日	
建设单位	××××开发有限公司			施工单位		××××建设集团有限公司	
设计单位	×××设计院			勘察单位		××××工程勘察院	
监理单位	×××监理有限公司			质监机构		××市建设工程质量监督站	

工程概况：
××市××××活动中心建设工程位于××××地块内，基础为泥浆护壁反循环钻孔灌注桩基础。工程为7层框架结构，建筑面积为49800m²。 　　本工程勘察单位为××××工程勘察院，由××××设计院设计，由××××监理有限公司监理，由××××建设集团有限公司施工，由××市建设工程质量监督站监督。
工程项目管理责任人及分工： ×××项目负责人 ×××甲方现场代表 ×××甲方现场代表
施工分包、专项承包单位及承包内容和施工质量情况： 　　该工程主体结构工程由××××建设集团有限公司承建，该工程电梯工程由××××电梯工程有限公司承建，该工程智能化工程××××××智能网络技术有限公司承建，该工程剧场工程××科技工程发展有限公司承建，以上工程的施工质量均良好。

执行建设程序情况（计划、规划、招标、施工许可证、规划许可证号：建字第号，监督注册编号、施工图审查及其文号）： 　　本工程按照国家规范程序立项、招标、报建、报监、开工及竣工，各过程均符合基本建设程序的要求。
竣工验收情况（时间、地点、程序、内容及组织形式）、验收结果： 　　该工程于××××年××月××日在工程现场进行了该工程验收，该验收由我单位×××为组长，在×××的组织下，设计单位、勘察单位、监理单位，各施工单位均派主要人员参加。经现场对工程质量观感、安全性功能抽查，质量保证资料检查，以上质量较好，资料均齐全，经各方一致验收意见为合格。
消防、环保认可情况及专项验收情况： 　　消防、环保等相关单位已对该工程进行了验收，并出具了验收合格文件。
参加验收单位及验收组组成人员： 　　单位人员名称职务 ×××开发有限公司项目负责人：××× ×××开发有限公司甲方现场代表：××× ×××开发有限公司甲方现场代表：××× ×××监理有限公司总监理工程师：×× ×××监理有限公司监理工程师：×× ×××建设集团有限公司技术负责人：××× ×××建设集团有限公司项目经理：××× ×××设计院项目负责人：××× ×××设计院结构设计负责人：××× ×××工程勘察院项目负责人：×××
竣工验收组对勘察、设计、施工、监理等方面的评价： 　　勘察单位严格按照工程建设强制性标准、规范进行地质勘察，工程质量与勘察报告相符。 　　设计单位设计工作严格执行工程建设强制性标准、规范，设计单位对设计变更及技术核定单认可，工程质量符合设计图纸及有关的设计文件。 　　施工单位严格按照施工质量验收规范的要求精心组织施工，对工程中建设单位、监理单位出具的质量整改都做了处理，并经验收合格。工程质量符合设计图纸及强制性标准、规范要求。 　　监理单位对工程质量按工程建设强制性标准、规范监督，完成工程设计及合同约定的各项内容，达到竣工标准，工程质量核定等级与现行标准相符，对工程质量缺陷和质量事故进行跟踪和验收。
竣工验收提出问题及整改结果： 　　我建设单位、监理单位、设计单位、勘察单位一致认为该工程质量符合设计及各专业施工质量验收规范的要求。
执行合同、设计变更、工程结（决）算情况： 　　　　　　　严格执行合同及设计变更，工程决算齐全。
工程竣工验收意见： 　　　　　　　验收合格。

项目负责人（签字）：××× 建设单位负责人（签字）：×××	（单位公章） ××××年××月××日

　　注：1）本表为竣工验收后对工程项目验收总结的书面报告，由建设单位填写，一式四份；
　　　　2）本表要求字迹清楚，用钢笔或墨笔填写，或计算机打印；
　　　　3）建设单位申请竣工验收备案时，需提供本表（原件）一份。

9.2　竣工验收备案文件

9.2.1　竣工验收备案资料的基本内容

《建设工程质量管理条例》第四十九条规定：建设单位应当自建设工程竣工验收合格之日起 15 日内，将建设工程竣工验收报告和规划、公安消防、环保等部门出具的认可文件或者准许使用文件报建设行政主管部门或者其他有关部门备案。

9.2.2　竣工验收备案范围、备案资料及程序

（1）备案范围

凡是在城区规划区内所有新建、改建、扩建的建筑物、构筑物、市政公用设施工程（包括工业建筑、民用建筑、城市道路、交通、桥涵、供水、排水、供气、供热、园林建筑、环境治理、电力、防汛、排污、军事、人防、铁路、港口、机场等设施及管线），建设单位应当自工程竣工验收合格之日起 15 日内，依照规定，向工程所在地的县级以上地方人民政府建设主管部门（以下简称"备案机关"）备案；建设单位必须在工程竣工验收后 3 个月内向所在地城建档案馆（室）报送建设工程档案。竣工验收备案文件依据《房屋建筑工程和市政基础设施工程竣工验收暂行规定》以及《房屋建筑和市政基础设施工程竣工验收备案暂行管理办法》执行。

（2）工程竣工验收备案提交的执行文件

1）工程竣工验收备案表。

2）工程竣工验收报告。竣工验收报告应当包括工程报建日期，施工许可证号，施工图设计文件审查意见，勘察、设计、施工、工程监理等单位分别签署的质量合格文件及验收人员签署的竣工验收原始文件，市政基础设施的有关质量检测和功能性试验资料以及备案机关认为需要提供的有关资料。

3）法律、行政法规规定应当由规划、环保等部门出具的认可文件或者准许使用文件。

4）法律规定应当由公安消防部门出具的对大型的人员密集场所和其他特殊建设工程验收合格的证明文件。

5）施工单位签署的工程质量保修书。

6）法规、规章规定必须提供的其他文件。

7）《住宅质量保证书》和《住宅使用说明书》。

9.2.3　备案成果

备案机关收到建设单位报送的竣工验收备案文件，验证文件齐全后，应当在

工程竣工验收备案表上签署"文件收讫"字样。工程竣工验收备案表一式两份，一份由建设单位保存，一份留备案机关存档。

9.2.4 竣工验收备案的程序

（1）工程完工后，施工单位向建设单位提交工程竣工报告，申请工程竣工验收。实行监理的工程，工程竣工报告须经总监理工程师签署意见。

（2）建设单位收到工程竣工报告后，对符合竣工验收要求的工程，组织勘察、设计、施工、监理等单位和其他有关方面的专家组成验收组，制定验收方案。

（3）建设单位应当在工程竣工验收7个工作日前将验收的时间、地点及验收组名单书面通知负责监督该工程的工程质量监督机构。

（4）建设单位组织工程竣工验收：

1）建设、勘察、设计、施工、监理单位分别汇报工程合同履约情况和在工程建设各个环节执行法律、法规和工程建设强制性标准的情况。

2）审阅建设、勘察、设计、施工、监理单位的工程档案资料。

3）实地查验工程质量。

4）对工程勘察、设计、施工、设备安装质量和各管理环节作出全面评价，形成经验收组人员签署的工程竣工验收意见。参与工程竣工验收的建设、勘察、设计、施工、监理等各方不能形成一致意见时，应当协商提出解决的方法，待意见一致后，再重新组织工程竣工验收。

5）建设单位提请工程竣工验收备案。

第10章　建设工程文件归档、验收与移交

10.1　建设工程文件归档整理依据

对与工程建设有关的重要活动、记载工程建设主要过程和现状、具有保存价值的各种载体文件，均应收集齐全，整理立卷后归档。工程文件的具体的归档范围应符合《建设工程文件归档规范》GB/T 50328—2014（2019年版）的要求；声像资料的归档范围和质量要求应符合《城建档案业务管理规范》CJJ/T 158的要求。

10.2　建设工程资料的归档

1.归档的纸质工程文件应为原件。

2.工程文件的内容及其深度必须符合国家现行有关工程勘察、设计、施工、监理等标准的规定。

3.工程文件的内容必须真实、准确，应与工程实际相符合。

4.工程文件应采用碳素墨水、蓝黑墨水等耐久性强的书写材料，不得使用红色墨水、纯蓝墨水、圆珠笔、复写纸、铅笔等易褪色的书写材料。计算机输出文字和图件应使用激光打印机，不应使用色带式打印机、水性墨打印机和热敏打印机。

5.工程文件应字迹清楚、图样清晰、图表整洁、签字盖章手续完备。

6.工程文件文字材料幅面尺寸规格宜为A4幅面（297mm×210mm），图纸宜采用国家标准图幅。

7.工程文件的纸张应采用能够长期保存的韧力大、耐久性强的纸张。

8.所有竣工图均应加盖竣工图章，图章的尺寸大小及内容应符合以下规定：

（1）竣工图章的基本内容应包括："竣工图"字样、施工单位、编制人、审核人、技术负责人、编制日期、监理单位、总监理工程师、监理工程师；

（2）竣工图章尺寸为：50mm×80mm；

（3）竣工图章应使用不易褪色的红印泥，应盖在图标栏上方空白处。

9.施工图绘制与改绘应符合国家现行有关制图标准的规定。

10.不同幅面的工程图样应按《技术制图　复制图的折叠方法》GB/T 10609.3—2009统一折叠成A4幅面（297mm×210mm），图标栏露在外面。

11.归档的建设工程电子文件应采用表10-2-1所列开放式文件格式或通用格式进行存储。专用软件产生的非通用格式的电子文件应转换成通用格式。

建筑工程电子文件格式　　　　　　　　　　表 10-2-1

文件类别	格式
文本（表格）文件	PDF、XML、TXT
图像文件	JPEG、TIFF
图形文件	DWG、PDF、SVG
影像文件	MPEG2、MPEG4、AVI
声音文件	MP3、WAV

12.归档的建设工程电子文件应包含元数据，以保证文件的完整性和有效性；元数据应符合现行行业标准《建设电子档案元数据标准》CJJ/T 187的规定。

13.归档的建设工程电子文件应采用电子签名等手段，所载内容应真实和可靠。

14.归档的建设工程电子文件的内容必须与其纸质档案一致。

15.离线归档的建设工程电子档案载体，应采用一次性写入光盘，光盘不应有磨损、划伤。

16.存储移交电子档案的载体应经过检测，应无病毒、无数据读写故障，并应确保接收方能通过适当设备读出数据。

10.3　工程资料归档的规定

1.归档文件范围和质量应符合《建设工程文件归档规范》GB/T 50328—2014（2019年版）的要求。

2.归档文件必须经过分类整理，并应符合《建设工程文件归档规范》GB/T 50328—2014（2019年版）工程文件立卷的要求。

3.电子文件归档包括在线式归档和离线式归档两种方式，可根据实际情况选择其中一种或两种方式进行归档。

10.4　工程资料归档时间规定

1.根据建设程序和工程特点，归档可分阶段分期进行，也可在单位或分部工程通过竣工验收后进行。

2.勘察、设计单位应在任务完成后，施工、监理单位应在工程竣工验收前，将各自形成的有关工程档案向建设单位归档。

10.5　工程档案移交的规定

1.勘察、设计、施工单位在收齐工程文件并整理立卷后，建设单位、监理单位应根据城建档案管理机构的要求，对归档文件完整、准确、系统情况和案卷质量进行审查，合格后方可向建设单位移交。

2.工程档案的编制不得少于两套，一套应由建设单位保管，一套（原件）应移交当地城建档案管理机构保存。

3.勘察、设计、施工、监理等单位向建设单位移交档案时，应编制移交清单，双方签字、盖章后方可交接。

4.设计、施工及监理单位需向本单位归档的文件，应按国家有关规定和《建设工程文件归档规范》GB/T 50328—2014（2019年版）的要求立卷归档。

10.6　工程资料的验收

1.在组织工程竣工验收前，建设单位应将项目工程竣工资料报送城建档案管理机构对工程档案进行预验收。建设单位未取得城建档案管理机构出具的认可文件的，不得组织工程竣工验收。

2.申报条件：建设工程全部完工，并通过规划、消防、环保、质量监督等部门验收，且具备完整的技术档案和施工管理资料。

3.办理程序：建设、施工和监理单位应按照《建设工程文件归档规范》GB/T 50328—2014（2019年版）中的工程归档内容进行收集、整理，并按组卷要求进行立卷。建设单位按要求提请城建档案管理机构对工程档案进行预验收，预验收合格后，由城建档案管理机构出具《工程资料预验收意见》。

预验收的内容：

（1）工程档案齐全、系统、完整，能全面反映工程建设活动和工程实际状况；

（2）工程档案已整理立卷，立卷符合《建设工程文件归档规范》GB/T 50328—2014（2019年版）的规定；

（3）竣工图的绘制方法、图式及规格等符合专业技术要求，图面整洁，盖有竣工图章；

（4）文件的形成、来源符合实际，要求单位或个人签章的文件，其签章手续完备；

（5）文件的材质、幅面、书写、绘图、用墨、托裱等符合要求；

（6）电子档案格式、载体等符合要求；

（7）声像档案内容、质量、格式等符合要求。

10.7 工程资料的移交

施工资料的移交是设计单位、勘察单位、施工单位、监理单位等有关单位应在工程竣工验收前将工程档案按合同或协议规定的时间、套数移交给建设单位，办理移交手续。工程资料移交归档应符合国家现行有关法规和标准的规定：

1. 列入城建档案管理机构接收范围的工程，建设单位在工程竣工验收后3个月内，必须向城建档案管理机构移交一套符合规定的工程档案。

2. 停建、缓建建设工程的档案，可暂由建设单位保管。

3. 对改建、扩建和维修工程，建设单位应组织设计、施工单位对改变部位据实编制新的工程档案，并应在工程竣工验收后3个月内向城建档案管理机构移交。

4. 施工单位应向建设单位移交施工资料。

5. 实行施工总承包的，各专业承包单位应向施工总承包单位移交施工资料。

6. 监理单位应向建设单位移交监理资料。

7. 工程资料移交时应及时办理相关移交手续，填写工程资料移交书、移交目录。

8. 建设单位应按照国家有关法规和标准的规定向城建档案管理部门移交工程档案，应提交移交档案目录，办理移交手续，双方签字、盖章后方可交接。有条件时，向城建档案管理部门移交的工程档案应为原件。

10.8　工作难点与解析

10.8.1　建筑施工组织设计内容有哪些

答：施工组织设计不仅具有指导施工现场施工的作用，还要对工程商务运作进行规划。施工组织设计除了施工组织与技术措施外，还需包含单位工程施工的经济效益分析，成本控制等措施。具体包括如下内容：

（1）封面。一般包含工程名称、施工组织设计或专项施工方案、编制单位、编制时间、编制人、审批人、编制企业标识。

（2）目录。包括施工组织设计或专项施工方案的各组成部分，可以让使用者快速而方便地找到所需的内容。

（3）编制依据。国家工程建设法律、法规和政策要求以及主管部门的批文及要求，主要有工程合同、施工图纸、技术图集，所需的标准、规范、规程等，工程预算及定额，建设单位施工条件以及施工企业的生产能力、机具设备状况、技术水平、施工现场的勘察资料等，有关的参考资料及施工组织设计实例等。

（4）工程概况。简述工程概况和施工特点，包括：工程名称、工程地址、建设单位、设计单位、监理单位、质量监督单位、施工总包方、主要分包方的基本情况；合同的性质、合同范围、合同的工期、工程的难点与特点、建筑专业设计概况、结构专业设计概况、其他专业设计概况等；建设地点的地质、水质、气温、风力等；施工技术和管理水平，水、电、场地、道路及四周环境，材料、构件、机械和运输工具的情况等。

（5）施工方案。是从时间、空间、工艺、资源等方面确定施工顺序、施工方法、施工机械和技术组织措施等内容。

（6）施工进度计划。计算各分项工程的工程量、劳动量和机械台班量，从而计算工作持续时间、班组人数，编制施工进度计划。

（7）施工准备工作及各项资源需要量计划。编制施工准备工作计划和劳动力、主要材料、施工机具、构件及半成品的需要量计划等。

（8）施工现场平面图。确定起重运输机械的布置，搅拌站、仓库、材料和构件堆场、加工场的位置，现场运输道路的布置，管理和生活临时设施及临时水电管网的布置等内容。

（9）主要经济技术指标。主要包括工期指标、质量和安全指标、实物消耗量指标、成本指标和投资额指标等。

（10）文明施工技术措施。主要包括施工现场及周边环境卫生、噪声治理、扰民问题解决方案，社区精神文明建设及文明施工费用计划安排等。

（11）新技术、新材料和新工艺的使用。对工程项目施工中可能采用的新技术、新工艺、新材料的使用情况、效果、效益等的分析。

（12）其他。如冬期施工措施，极端气候条件下的应对措施等。

对于一般常见的建筑结构类型和规模不大的建筑工程，施工组织设计可以编写得简单一些，内容一般以施工方案、施工进度计划、施工平面图为主，同时辅以简单的文字说明即可。

10.8.2　建筑施工组织设计编制的要求有哪些

答：施工组织设计编制要求包括如下内容：

（1）技术文件层次划分。施工组织设计是对一个项目工程的战略性的宏观部署，具有指导性；方案是每个分部或分项工程的战略计划，需要细致、全面、明确；措施交底是针对作业层编制的细化的施工安排，须突出可操作性。

（2）工程难点、重点和特点的体现。应充分考虑施工中可能遇到的各种情况，针对工程设计和施工条件的特点制定切实可行的施工方案和保障措施。

（3）合同内容的体现。施工组织设计的编制应满足合同条件的约束，将各方权利和义务具体化。

（4）经济效益的保障。施工组织设计必须提供合理的施工组织、工序安排、施工方法和施工机械的选择，在确保工程质量的前提下，减少成本投入，为实现经济效益目标提供条件。

（5）技术措施合理。施工组织设计必须符合工程设计和现场条件，施工方法先进、恰当、合理、可行。

（6）体现创新意识，反映现场施工水平。施工组织设计应体现出管理的创新意识，反映出现场的管理水平，通过细化的施工组织管理保障整个项目的有序运作。

（7）施工方案合理。编制各类施工组织设计均应进行多方案比较，选择技术先进、可行、可靠、优质、低成本及工序进度合理，能加速过程整体按期或提前交工的方案，以提高业主和施工企业双方的低投入、高产出的经济效益。

10.8.3　建筑工程竣工验收备案的程序包括哪些

答：（1）建设工程竣工验收备案应具备的条件：

1）工程竣工验收已合格，并完成竣工验收报告；

2）工程质量监督机构已出具工程质量监督报告；

3）已办理工程监理合同登记核销及施工合同（总包、专业分包和劳务分包合同）备案核销手续；

4）各项专项资金等已经结算。

（2）建设单位向备案机关领取《房屋建设工程和市政基础设施工程竣工验收备案表》。

（3）建设单位持加盖单位公章和单位项目负责人签名的《房屋建设工程和市政基础设施工程竣工验收备案表》一式4份及规定的材料，向备案机关备案。

（4）备案机关在收齐、验证备案材料后15个工作日内在《房屋建设工程和市政基础设施工程竣工验收备案表》上签署备案意见（盖章），建设单位、施工单位、监理单位和备案机关各持一份。

10.8.4　施工单位备案基础工作包括哪些

答：（1）在自检的基础上组织好工程质量竣工验收工作，完善相关资料文件并向城市建设档案部门提交。

（2）核查和完善工程施工管理资料、工程监理资料。

（3）向建设单位征集工程前期规划、土地、工程建设手续，征集工程勘察、设计、招标手续和规定的相关文件。

（4）编写工程竣工验收报告。

（5）会同建设单位向备案机关领取《房屋建设工程和市政基础设施工程竣工验收备案表》并按规定份数如实签写，加盖建设单位公章和项目负责人章。

（6）以建设单位名义向建设工程备案管理机关办理备案手续。

10.8.5　工程质量监督设施的主体有哪些规定，建筑工程质量监督内容有哪些

答：（1）工程质量进度的主体

住房和城乡建设部负责全国房屋建筑和市政基础设施工程质量监督管理工作；县级以上地方人民政府建设主管部门负责本行政区域内工程质量监督管理工作。

工程质量监督管理的具体工作可以由县级以上地方人民政府建设主管部门委托所属的工程质量监督机构实施。

（2）工程质量监督的内容

1）执行工程建设法律、法规和工程建设强制性标准的情况；

2）抽查涉及工程主体结构安全和主要使用功能的工程实体质量；

3）抽查工程质量责任主体和质量检测等单位的工程质量行为；

4）抽查主要建筑材料、建筑构配件的质量；

5）对工程竣工验收进行监督；

6）组织或参与工程质量事故的调查处理；

7）定期对本地区工程质量状况进行统计分析；

8）依法对违法违规行为实施处罚。

10.8.6 施工单位在什么条件下，怎样提出申请竣工验收

答：整个建设项目如果分成若干个合同交予不同的施工单位，施工方已完成了合同工程或按合同约定可分步移交工程的，均可申请竣工验收。竣工验收一般是单位工程，但在某些特殊情况下也可是单项工程的施工内容，如特殊基础处理工程、电站单台机组完成后的移交等。施工单位的施工达到竣工条件后，自己应首先进行预检验，修补有缺陷的工程部位，设备安装工程还应与甲方和监理工程师共同进行无负荷的单机和联动试车。施工单位在完成了上述工作和准备好竣工资料后，即可向甲方提交竣工验收报告。

10.8.7 资料员参加分部分项工程验收的具体工作内容有哪些

答：（1）负责备案资料的填写、会签、整理、报送、归档。进行工程备案管理，对竣工验收相关指标（包括质量资料审查记录、单位工程综合验收记录）作备案处理；对桩基工程、基础工程、主体工程、结构工程备案资料核查；严格遵守资料整编要求，符合分类方案、编码规则，资料份数应满足资料存档的需要。

（2）监督检查施工单位施工资料的编制、管理，做到完整、及时，与工程进度同步。对施工单位形成的管理资料、技术资料、物资资料及验收资料，按施工顺序进行全程督查，保证施工资料的真实性、完整性、有效性。

（3）按时向公司档案室移交档案。在工程竣工后，负责将文件资料、工程资料立卷移交公司。文件材料移交与归档时，应"归档文件材料交接"，交接双方必须根据移交目录清点核对，履行签字手续，移交目录一式二份，双方各持一份。

（4）负责向市城建档案馆的档案移交工作。提请城建档案馆对列入城建档案馆接收范围的工程档案进行预验收，取得《建设工程竣工档案预验收意见》，在竣工验收后将工程档案移交城建档案馆。

（5）指导工程技术人员对施工技术资料（包括设备进场开箱资料）保管。指导工程技术人员对施工组织设计及施工方案、技术交底记录、图纸会审记录、设计变更通知单、工程洽商记录等技术资料分类保管交资料室；指导工程技术人员对工作活动中形成、已办理完毕、具有保存价值的文件材料，一项基建工程进行鉴定验收时归档的科技文件材料，已竣工验收的工程项目的工程资料分级保管交资料室。

10.8.8　资料员负责的计划、统计管理工作的具体内容是什么

答：（1）负责对施工部位、产值完成情况的汇总、申报，按月编制施工统计报表。在平时统计资料基础上，编制整个项目当月进度统计报表和其他信息统计资料。编报的统计报表要按现场实际完成情况严格审查核对，不得多报、早报、重报、漏报。

（2）负责与项目有关的各类合同档案的管理。负责对签订完成的合同进行收编归档，并开列编制目录，做好借阅登记，不得擅自抽取、复制、涂改，不得遗失，不得在案卷上随意划线、抽拆。

（3）负责向销售策划提供工程主要进度信息。向各专业工程师了解工程进度，随时关注工程进展情况，为销售策划提供确实、可靠的工程信息。

10.8.9　资料员负责工程项目的内业管理工作的具体内容是什么

答：（1）协助项目经理做好对外协调、接待工作。协助项目经理对内协调公司、部门间，对外协调施工单位间的工作；做好与有关部门及外来人员的联络接待工作，树立企业形象。

（2）负责工程项目的内业管理工作。汇总各种内业资料，及时准确统计、登记台账，报表按要求上报；通过实时跟踪、反馈监督、信息查询、经验积累等多种方式，保证汇总的内业资料能反映施工过程中的各种状态和责任，从而再现施工时的情况，找到施工过程中的问题所在；对产生的资料进行及时的收集和整理，确保工程项目的顺利进行；有效地利用内业资料记录、参考、积累，为企业发挥它们的潜在作用。

（3）负责工程项目的后勤保障工作。做好文件收发、归档工作；负责部门成员考勤管理和日常行政管理等经费报销工作；负责对竣工工程档案整理、归档、保管，便于有关部门查阅调用；负责公司文字及有关表格等打印；保管工程印章，对工程盖章登记，并留存备案。

10.8.10　资料安全管理职责有哪些

答：资料安全管理主要包括如下内容：

（1）资料管理部门应履行资料安全管理工作职责。

1）各级资料管理部门负责单位工程资料安全的综合管理工作。

2）上级资料管理部门负责指导下级资料管理部门的档案安全管理工作。

3）各级资料管理部门对同级各单位资料安全管理工作负有指导、监督、检查的职责。

4）上级机关对下级机关、单位的资料安全管理工作负有指导、监督、检查的职责。

（2）各单位应加强工程资料安全宣传教育，要采取多种形式开展教育活动，增强全员资料安全意识，并使资料安全教育经常化、制度化。

（3）建立健全工程资料安全管理制度，每年计划预算中应确保合理的经费投入，保证资料安全管理工作的需要，做到每年有计划、有检查、有总结。

（4）各资料管理部门应根据本单位实际情况制定周密细致、便于操作、切实有效的突发性灾害、事故应急处置预案（包括应对火警、防台防汛、地震、信息管理系统受侵害、意外事故等），不断完善应急措施，随时应对可能出现的各种突发性事件，确保资料实体和资料信息的安全。

（5）工程资料管理人员应熟知资料安全保护知识，定期进行资料安全检查，做好检查记录，发现问题或安全隐患应该及时向分管领导汇报，并采取相应的处理措施。

（6）各级资料管理部门应定期在所辖行政区域开展全面、细致的资料安全检查，对检查情况和发现的问题要进行认真分析，并采取切实有效的措施，监督有关单位限时整改。

（7）发生资料安全事故的单位应及时向主管领导和上级机关报告，同时在第一时间组织进行抢救恢复，严禁瞒报、迟报。

10.8.11 档案库房安全管理的内容有哪些?

答：档案库房安全管理的内容如下：

（1）资料室（库）面积应符合本单位收集和保管文件资料的需要。

（2）资料室（库）门窗应具有防火性能，并具有良好的密闭性，以防环境的不良因素对资料室（库）的影响。资料室（库）门窗要采取相应的防光设施，加强资料室（库）的防光能力。

（3）资料室（库）内应配有火灾自动报警系统和适合资料室使用的灭火设备。消防器材应定期检查，及时更换过期的消防器材。库区内消防通道畅通，应急照明完好、疏散标志清晰。库房内不得堆放与文件资料无关的物品，严禁将易燃易爆及其他物品与档案一同存放。

（4）资料室（库）区内应安装安全防护监控系统或防盗报警系统装置，库房门窗应有防盗设施；资料室（库）房通道与阅览室须配备视频监控录像设备，监控录像应至少保留3个月。

（5）资料室（库）内应配置有效的温湿度调节设备与检测系统，温度应控制在14～24℃（±2℃），相对湿度控制在45%～60%（±5%）；存放特殊载体的文件资料库房应配备空气净化装置或空气过滤设施。

（6）资料室（库）应配有防虫、防霉、防鼠等有害生物的药品，有效的控制面积应达到100%；建立定期虫霉检查制度，适时更换过期防治药品，及时发现和杜绝档案霉变或虫蛀现象的产生和蔓延。

（7）资料室（库）照明应选择无紫外线光源，如使用荧光灯或其他含紫外线的光源灯，要采取相应的过滤措施。

（8）资料室（库）应建立特藏室或专柜，对馆藏重要、专柜文献资料采取特殊的安全防护措施，确保重要、珍贵文件资料的绝对安全。

创新篇

第11章　工程档案数字化建设

11.1　建筑工程档案概念

1.传统式档案。建筑工程档案是建筑施工过程中形成的原始的、图物相符的、真实的记录，它记载着管理、技术、进度、造价、验收等信息，是建设项目管理如投资计划、设计、施工、使用、过程维修及改建扩建等活动中形成的纸质档案文件。工程档案管理是工程建设项目过程中的重要组成部分，对规划、管理、建设等环节具有记录作用。

2.数字化档案。利用扫描仪或数码相机等设备对建筑工程纸质档案进行数字化处理，将其转化为JPG、PDF等数字图像或数字文本的形式，在专门的档案管理软件中分类、归档，并上传至网络平台。把纸质档案数字化后可以实现档案的远程查询和去向查询，更能方便档案调用和管理。

11.2　档案管理数字化的作用

1. 科学分类管理档案信息

档案是一个浩大的工程，需要耗费大量的人力物力来完成。而数字化档案采用新的手段和方式，通过网络采集、数字化管理实时将建设完成的档案上传到档案系统，使建筑工程档案的编制与建设工程的同步实施。新的技术手段既减轻了劳动强度，减少了环节，又缩短了档案整理的周期。数字化可以更大程度保障所有归档文件内容真实性、有效性、完整性，能真实反映工程建设全过程，且实时上传的特性使档案工作不得延迟、事后补填；发生人员调动时，可清晰查阅档案交接情况，始终保持档案资料与工程进度的一致性，并严格执行档案借阅制度，防止档案遗失或随意更改。

2. 提高利用率

随着科技的高速发展，计算机应用逐渐普及，电子文件将逐步取代纸质文件。电子档案的应用使资料整理工作更加方便和快捷，不受时间、空间的限制，为以后档案数据的迁移、移交工作提供了更多便利。

3. 提高稳定性

电子档案可以通过设置终端浏览权限来区分涉密文档和非涉密文档，保障了档案的安全性。电子档案的保存更加稳定，存储时间更长，存读方便快捷、便于信息传递，受外部环境影响更小。

4. 痕迹化管理

档案管理工作中不可避免会出现档案增加、更改、删除的问题。对于记录着重要数据的档案，内容发生变更和删除可能会直接影响到事故的判决、责任的认定。数字化档案管理引入信息技术手段将所有的操作记录留存下来，对于档案内容的修改可直接进行追溯，并留存更改前后的档案内容以备查验；在档案管理系统内，可建立变更资料索引，记录查阅人的账号信息、变更内容以及变更时间；对数字档案进行更改的，也可采用线上审批的模式，对于变更内容层层审核批准。数字化管理办法能够规范变更工作，有助于痕迹化管理。

5. 完善借阅制度

完善的借阅和归还制度对于档案管理有着重要的作用，采取纸质化档案对该制度的执行有着一定的困难。电子档案能够使借阅者清楚了解所有的归档内容，无须在借阅时进行现场查找和资料管理员确认。对于线上借阅，可将所有纸质档案扫描后形成电子备份，再建立电子索引，若有人员需要借阅，根据索引即能快速确定需要的档案名称和编号，通过线上审批流程后；借阅者就可以浏览电子档案，不会出现丢失、篡改等问题。电子档案可通过电子签名和水印的方式明确归属，保证档案的真实性。数字化档案的借阅和归还流程更加简单，对于档案保密、档案原件保存等有着重要意义。

11.3　档案数字化工作流程

传统档案数字化工作包括数字化前处理、数据采集、数据处理、数据存储和数字化后处理五个基本环节。

1. 传统档案数字化前处理

（1）档案出库

传统档案数字化加工之前，档案保管部门要将档案信息资源进行整理，按照档案信息化建设的要求，在数字化转换之前对档案信息进行普遍、全面的鉴定和加工整理。

（2）档案的交接

档案保管部门将需数字化处理的档案移交给业务承包方，承包方应当对照档案目录核对档案的卷数，在档案保管部门和承包方确认无误的情况下，签订《纸质档案数字化原件交付单》。

2. 传统档案数字化数据采集

（1）设备选择

档案扫描应根据纸质档案原件实际情况、数字化目的、数字化规模、计算机网络和存储条件等选择相应的扫描设备，进行相关参数的设置和调整。参数的设置和调整应保证扫描出来的数字图像清晰、完整、不失真，图像效果最接近档案原貌。

常用的纸质档案数字化设备有平板扫描仪、高速扫描仪、宽幅扫描仪、零边距扫描仪、数码翻拍仪等，不同的设备有不同的适用范围。

（2）参数设置

在扫描前使用专用硬件设备校验显示器参数，使之与扫描仪的参数保持一致，防止扫描结果在显示器上显示时产生亮度和色彩的偏差。

（3）数字化操作

采用专业扫描仪或者数码翻拍仪等设备将纸质档案进行扫描并转化为电子文件，要保证扫描的质量和准确度。"扫描"操作完成后，为图像文件命名，然后按设置好的文件格式进行存储。

3. 传统档案数字化处理

（1）图像处理

将扫描图像与档案原件进行对照，如果图像模糊，应当重新扫描；如果偏斜等问题，应采用计算机自动处理或人工处理。

纠偏：对出现偏斜（如图像倾斜度大于1度）的图像应进行纠偏处理（也可批量纠偏），以达到视觉上基本不感觉偏斜为准；对方向不正确、不符合阅读习惯的数字图像应进行旋转调整。

去污：对图像页面中出现影响图像质量的杂质，如在扫描过程中产生的黑点、黑线、黑边框等，应进行去污处理，以底色填充；对原件边上有遮字的图像要放出白边。在处理过程中，应遵循展现档案原貌的原则，不得去除档案页面原有的纸张褪变斑点、水渍、污点、装订孔等痕迹。

图像拼接：对大幅面纸质档案进行分幅扫描时，相邻图像之间应留有足够的重叠，并且建议采用标板、标尺等方式明确说明分幅方法、起止页、原件大小等信息；分幅扫描形成的多幅数字图像，后期可通过应用软件自动拼接的方式进行拼接处理，合并为一个完整的图像。

裁边处理：采用白色做底色的彩色模式扫描的图像，应进行拉框或裁边处理，去除多余的白边，以有效缩小图像文件的容量，节省存储空间。

图像优化：对字迹褪色不清晰的文件，在扫描后应采用图像处理技术调整亮度和对比度，使字迹变得清晰。

（2）图像质量检查

扫描完毕后应及时进行图像数据质量检查，发现图像不符合质量要求时，应重新进行处理；发现扫描、格式转换有问题时，应及时整改；对扫描或转换后图像质量不理想的，应对相应参数进行调整，如亮度、对比度、饱和度、色阶、色彩平衡等，调整所选择的参数类型和数值，以调整后的图像不失真、效果最清晰完整为准。

4. 传统档案数字化数据存储

（1）存储格式的选择

纸质档案数字化成果，包括有档案内容数据和档案目录数据两大类。内容数据存储格式的选择，应该从保真性强、兼容性好、存储容量小这几个方面进行综合考量，纸质档案数字图像长期保存格式为TIFF、JPEG或JPEG2000等通用格式。纸质档案数字图像利用时，也可从网络浏览速度、易操作性、存储空间占用等方面进行综合考量，将图像转换为OFD、PDF等其他格式。正常情况下多选择TIF、JPEG、PDF和OFD四种文件格式进行保存。

（2）文件存储的组织

文件存储应将一卷或一件档案中的单页图像文件紧密地组合在一起。利用文件夹组织方式，可以将多页图像文件存储在以该档号命名的文件夹中，也可以将单页图像文件合并为多页图像文件。

（3）目录数据库建立

选择数据库时应考虑在计算机环境下，能够有效、准确、完整、安全地存储，并能上网利用的格式，且此格式可转换为通用数据格式，以便于数据交换。

数据录入应按照档案著录的结果进行文件目录及案卷目录数据的规范输入。此外，还应将纸质档案数字化前处理工作中对纸质档案目录进行修改、补充的备注结果一并录入数据库，形成准确、完整的目录数据。

（4）存档

将经过质检的纸质档案数字图像，挂接到档案目录数据库中，实现目录数据与数字图像的关联，以便利用者通过档案目录数据库可直接调阅档案全文。

5. 传统档案数字化后处理

（1）数字化成果验收

由档案保管机构内部进行纸质档案数字化加工的，建议档案部门成立专门的验收组对纸质档案数字化成果进行验收，可采用计算机自动检验与人工检验相结合的方式进行验收检验。

（2）档案装订与归还入库

纸质档案数字化工作完成后，对拆除过装订物的档案要进行重新装订恢复原样。数字化加工完毕，要对纸质档案进行检查，并重新装订还原成卷，检查无误后交还给档案管理部门，按照档案入库要求档案完善入库手续确保档案的完整性。

（3）数字化成果移交

（4）数字化成果管理